GENERATION Y – NOT HAVE IT ALL?

»Wahnsinn, ich versteh das alles. Es ist total easy. Warum sagt einem denn niemand, dass es so einfach ist?!«, schrie ich jubelnd meinen Freund an, während alle um uns herum entspannt am See lagen und die gerade noch herrschende Stille genossen. Am liebsten wäre ich direkt aufgesprungen, hätte meine Sachen zusammengepackt und mich in die S-Bahn zurück Richtung München gesetzt, um ein Aktiendepot zu eröffnen und einen ETF-Sparplan aufzusetzen. Ich war voller Tatendrang und freute mich auf goldene Zeiten! Bis zu diesem Tag hatte ich mir nicht viel aus Finanzen gemacht. Ich wusste, irgendwas sollte ich mit meinem Geld schon machen, und es immer nur für Schuhe, Restaurants und unnötigen Schnickschnack auszugeben war irgendwie auch nicht gut. Dass man auf dem Sparbuch keine Zinsen mehr bekam, das wusste ich schon. Mehr als Girokonto, Lebensversicherung und Bausparvertrag waren mir aber auch nicht bekannt. Das ganze BWL-, Banken- und Finanzzeug interessierte mich einfach nicht. Abgesehen davon war Mathe mein schlechtestes Schulfach gewesen – also brauchte ich mit so etwas ja wohl gar nicht erst anzufangen ...

Trotzdem nagte das schlechte Gewissen an mir: »Du bist jetzt fast dreißig und hast null Rücklagen und kein Sparkonto.« Andere in meinem Alter hatten schon ein fertiges Haus, eine fertige Altersvorsorge und eine fertige Familie. Also war ich nun auf der Suche nach etwas, womit ich mein Geld sparen und idealerweise auch vermehren konnte. Aber wie sollte ich das anstellen? Einen Finanzberater wollte ich nicht aufsuchen. Das letzte Mal, als ich die heiligen Hallen meiner Bank betreten hatte und mich nach Anlagemöglichkeiten erkundigen wollte, wurden mir lauter Prospekte in die Hand gedrückt, die ich nicht verstand und die mir niemand erklärte. Mir war klar, dass der Typ mir einfach irgendetwas andrehen wollte, schließlich werden solche Berater nach Verkaufsprovision bezahlt – und nicht nach meinem eigenen finanziellen Erfolg. Ich wusste, es war Zeit, etwas zu unternehmen, und beschloss, meine Finanzen eben selbst in die Hand zu nehmen.

Zunächst wollte ich nur ein wenig Geld sparen, damit ich etwas auf der sogenannten hohen Kante hätte, falls mal ein Umzug anstand oder auch ein schöner Urlaub. Man darf sich ja auch mal etwas gönnen! Ich wusste an diesem Tag am Ammersee allerdings noch nicht, wie schlecht es tatsächlich um meine zukünftige Rente und meine Altersvorsorge bestellt war. Noch Wochen später war ich überzeugt davon, dass ich, wenn ich heute arbeite und einigermaßen okay verdiene, auch später abgesichert bin und genug haben werde – ein absoluter Irrglaube. Denn was ich heute in die Rentenversicherung einzahle, wird morgen an die siebzigjährige Frau Schnabel aus dem zweiten Stock ausgezahlt. Das nennt man Umlageverfahren, und das funktioniert, solange die Bevölkerung wächst – aber nicht, wie im Falle Deutschlands, wenn sie schrumpft und alt wird. Wenn wir in dreißig oder vierzig Jahren in Rente gehen, sind einfach zu wenige Arbeitnehmer da, um das Rentensystem aufrechterhalten zu können. Aber zum Glück wusste ich an diesem wunderschönen, heißen Augusttag noch nichts davon und konnte in Ruhe Pläne schmieden: Finanzpläne.

Am See hatte ich die Erleuchtung und konnte es noch gar nicht fassen, dass ich endlich verstanden hatte, wie das mit den Aktien und der Börse und dem Investieren funktioniert. Aus reiner Neugier hatte ich mir ein paar Finanzbücher in der Stadtbibliothek ausgeliehen und mit zum See genommen. Ich hatte wohl einen masochistischen Moment. Jedenfalls verstand ich nach ein paar Stunden, worum es ging, und checkte auf einmal, dass man Geld anlegen musste, da es sonst an Wert verliert und schrumpft wie unsere Bevölkerung. Hätte ich im Jahr 2009 für 1000 Euro Netflix-Aktien gekauft, hätte ich zehn Jahr später volle 82.290 Euro in meinem Depot gehabt. Stattdessen habe ich das Geld damals lieber für ein iPad und ein rotes Fahrrad ausgegeben. Schöne, nützliche Dinge, aber jetzt erst ging mir auf, dass Aktien gar nicht so riskant waren, wie uns Finanzberater oft vermitteln wollen, nur damit sie uns ihre eigenen teuren Produkte verkaufen können. Und dass man nicht reich sein musste, um Geld zu investieren, sondern schon mit einem kleinen monatlichen Betrag damit anfangen konnte. Ich fühlte mich ein wenig wie Neo in *Matrix*, nachdem er die rote Pille geschluckt hatte. Ich war finanzerleuchtet.

⤴ Die blaue Pille

Wir sind die Millennials, die Generation Y, die um die Jahrhundertwende Geborenen, diejenigen, die den Internetboom miterlebt haben und auch noch wissen, was eine Diskette ist. Wir sind die mit der unermüdlichen Forderung nach einer Work-Life-Balance und der tiefen Sehnsucht nach Selbstverwirklichung. Die noch junge Generation Z hält uns für materialistische Egoisten, denen Nachhaltigkeit nicht wichtig genug ist und die tatsächlich noch immer Milch trinken und Gluten essen – und das noch nicht einmal ausschließlich bio! Für die ältere Generation vor uns sind wir die Digital Natives, diejenigen, die mit den ersten Heimcomputern und Handys aufgewachsen sind. Die als besonders fleißig geltende Generation X (sie haben quasi das Wort »Workaholic« erfunden) sieht in uns faule Angestellte, die ihren Job nur aufgrund der angebotenen Benefits und flexiblen Arbeitszeiten auswählen. Getreu dem Motto: YOLO! Wir selbst sehen uns eher als die Generation, die es irgendwie niemandem recht machen kann und oft missverstanden wird.

»Ich bin fast 18 und hab keine Ahnung von Steuern, Miete oder Versicherungen. Aber ich kann 'ne Gedichtanalyse schreiben. In 4 Sprachen«, twitterte die damals siebzehnjährige Naina unter dem Nutzernamen @nainablabla am 10. Januar 2015. Leider trifft dieser Zustand nicht nur auf ihre Generation zu, sondern auch auf die davor und die danach. Zahlreiche Medien griffen das Thema damals auf, und die *FAZ* titelte schon voller Euphorie auf die vermeintlich kommenden Veränderungen im Bildungssystem: »Wie ein Tweet eine Bildungsdebatte auslösen konnte.«[1] Auch im Fernsehen wurde darüber diskutiert, und selbst die damalige Bundesbildungsministerin Johanna Wanka meldete sich zu Wort, doch dann geschah das eigentlich Unfassbare – nämlich nichts. Wie schon die *FAZ* bemerkte, blieb es lediglich bei einer Debatte.

Auch ich hätte mich rückblickend eher darüber gefreut, etwas über unser Rentensystem, die Versorgungslücke und Anlagemöglichkeiten zu erfahren, als ein halbes Jahr lang die Nibelungensage zu lesen und den Unterschied zwischen dem ersten, dem zweiten und dem dritten Prager Fenstersturz zu lernen. Stattdessen wusste ich lange Zeit nur, wie man Zinsen berechnen konnte, aber nicht wie man sein Geld für sich arbeiten ließ und es erfolgreich anlegte. Als ich 2004 mein Abitur machte, hatte ich keine Zeit und nur wenig Interesse daran, Diskussionen im Bundestag über die Rente zu verfolgen. Leider. Dass Akademikern beispielsweise ihre Studienzeit nicht mehr angerechnet wird und sie dadurch monatlich etwa 55 Euro weniger Rente haben werden und diese auch noch zu immer größeren Teilen versteuern müssen, ging damals komplett an mir vorbei. Mein Kopf hing zu diesem Zeitpunkt schon tief in den Büchern für die Abiprüfungen, und wenig später verbrachte ich den letzten gemeinsamen Sommer mit meinen Freunden aus der Schulzeit. Das Abi wollte gefeiert werden, und so traf man uns tagsüber am See und abends in den Bars der Stadt. Danach trennten sich unsere Wege in die verschiedenen Großstädte Deutschlands. Es war ein toller, unbeschwerter Sommer, und wir hatten das Gefühl, die ganze Welt steht uns jetzt offen.

Mich zog es nach München, und statt wie meine Freunde zu studieren, fing ich zunächst eine Ausbildung an. Ich arbeitete in einer kleinen Plattenfirma und wollte dem damals neuen Ausbildungsberuf der Medienkauffrau nachgehen: Musik, PR Arbeit und abends Konzerte. In der Berufsschule lernte ich das erste Mal etwas über die Aufstellung von Bilanzen, den Unterschied von Vermögenswerten und -forderungen und über meine Rechte und Pflichten als Arbeitnehmerin. All das Gelernte weiß ich zu einem Großteil immer noch, da es mir täglich im Leben begegnet und so manche Entscheidung in meinem Leben beeinflusst hat. Trotzdem wusste ich immer noch nicht, wie ich einen Teil meines Gehalts anlegen konnte, geschweige denn, dass dazu überhaupt die Notwendigkeit bestünde. Später, im Studium, fand ich mich in einer ähnlichen Situation wie beim Abitur wieder: mit lauter Theorien und Analysen, aber ohne lebensnotwendiges Wissen.

Und so machen auch heute Jahr für Jahr Schüler, Auszubildende und Studenten einen Abschluss, auf den sie lange hingearbeitet haben, um ihren Traum zu ergreifen, ihr erstes Geld zu verdienen – und dann eigentlich gar nicht so recht zu wissen, was sie mit diesem Geld machen und wie sie damit umgehen sollen. Wir bleiben finanzielle Analphabeten, weil wir nicht einmal das Buchstabieren beigebracht bekommen. Die Folgen sind schon lange nicht zu übersehen: Die Reichen werden immer reicher und die Armen immer ärmer. Durch unser Gehalt wird zwar unsere Arbeit entlohnt – wirklich profitieren tun aber diejenigen, die auch die Gewinne einstreichen. Und das sind nicht die Arbeitnehmer eines erfolgreichen Unternehmens, sondern die Aktionäre. Wenn auch wir an der Wirtschaftsleistung des Landes teilhaben möchten, müssen wir uns zum Beispiel in Form von Aktien auch an Unternehmen beteiligen. Robert Kiyosaki bringt es in seinem Weltbestseller *Rich Dad, Poor Dad* mit diesem viel zitierten Satz auf den Punkt: »Die Armen und die Angehörigen der Mittelschicht arbeiten für Geld. Die Reichen lassen Geld für sich arbeiten.«[2] Wirklich verstanden habe ich das aber erst, als ich dann tatsächlich selbst damit anfing, mein Geld anzulegen. Denn Geld, das angelegt wird, kann sich genauso schnell vermehren wie afrikanische Treiberameisen.

Aber interessiert uns Geld überhaupt? Laut einer Studie des Zukunftsinstituts[3] zählen für unsere Generation in der Arbeitswelt vor allem Unabhängigkeit, Spaß und eine sinnvolle Tätigkeit. Daraus geht auch hervor, dass uns Geld nicht wichtig ist. Trotzdem wollen drei von vier Befragten mal eine Immobilie kaufen und jeder zweite auf Weltreise gehen. Aber das kostet nun mal alles Geld. Und auch wenn uns Geld irgendwie immer zuwider ist, weil es einen schlechten

Ruf hat und den Charakter verdirbt, wird es Zeit, uns diesem »Monster« zu nähern und es zu bezwingen. Doch wir müssen gar keine Angst davor haben, im Gegenteil. Und gefährlich könnte es auch nur werden, wenn wir alles so lassen, wie es ist. Wagen wir doch mal gemeinsam einen kleinen Ausblick in die Zukunft.

↗ Die rote Pille

Wenn wir mal alt sind, dann sind die Babyboomer und die Generation-X-Workaholics noch viel älter. Viele von ihnen sind dann schon gar nicht mehr da. Allein bis 2030 steigt das Durchschnittsalter der Deutschen von aktuell 43 auf 47 Jahre. Im Jahr 2060 sogar auf 50 Jahre. Jede oder jeder Dritte wird dann über 65 Jahre alt sein.[4] Ich, als 85er-Jahrgang, bin dann auch schon in Rente. Und ganz allgemein wird dann einer immer größeren Anzahl von Senioren eine immer kleiner werdende Gruppe Erwerbstätiger gegenüberstehen. Eigentlich habe ich mich bei dem Gedanken an meine Rente immer mit einer sonnenverbrannten Elefantenhaut gesehen, die ich von den vielen Reisen als rüstige Rentnerin bekommen habe, und wie ich so tagsüber mit meinen Freundinnen Karten spielend und Prosecco trinkend im Garten sitze und am Abend mit meinem Mann überlege, ob wir unserer Enkeltochter nicht doch das Geld für den Führerschein einfach schenken sollen. Aber leider rückt diese Vorstellung für viele meiner Generation in immer weitere Ferne. Schuld sind der stetig voranschreitende Demografiewandel und insbesondere die Alterung unserer Gesellschaft.

Warum das alles ein Problem für meine und deine Rente ist? Die staatliche Rente funktioniert nach dem erwähnten

Prinzip des Umlageverfahrens, und dieses Verfahren existiert bereits seit über sechzig Jahren. In der Zwischenzeit wurde der Minirock erfunden, der erste Mensch in den Weltraum befördert und das World Wide Web entwickelt. Wir kommunizieren miteinander, indem wir unsere Nachrichten auf kleinen Hochleistungscomputern mit nanobeschichtetem Glas tippen und diese in Echtzeit um die ganze Welt verschicken, während unser Rentensystem aus einer Zeit stammt, als das Fernsehen noch schwarz-weiß war und längst nicht jeder Haushalt ein eigenes Gerät hatte. Seither wurde dieses alte System immer wieder angepasst. Auch Ende 2018 wurde ein neues Rentenpaket beschlossen: Verbesserung der Erwerbsminderungsrente, Ausweitung der Mütterrente und Erleichterungen für Geringverdiener. Viele Paragrafen, viel Papier und viel Geld wurden herumgewirbelt. Auf 4,1 Milliarden Euro belaufen sich die Kosten dafür[5] – und ein Ende der Kosten ist nicht in Sicht. Ausgetragen wird das auf den Schultern unserer Generation, denn während die Kosten für die Renten steigen, kommt immer weniger Geld in die Kassen rein. Man muss kein Zukunftsforscher sein, um zu erahnen, auf welches Schlamassel wir zusteuern.

 Die staatliche Rente funktioniert nach dem Umlageverfahren.

Immer mehr Beitragsempfängern stehen immer weniger Beitragszahler gegenüber.

Es geht leider noch weiter mit den schlechten Nachrichten: Allein im Jahr 2018 haben die Sparer in Deutschland satte 40 Milliarden Euro verloren! Wie kann man Geld verlieren, das man eigentlich spart?, fragst du dich jetzt vielleicht. Das ist ganz einfach: Die Zinsen, die man bei deutschen Banken für sein gespartes Geld bekam, lagen bei durchschnittlich 0,19 Prozent. Gleichzeitig werden Güter aber immer teurer und das Geld weniger wert. Diese sogenannte Teuerungsrate oder Inflation lag 2018 bei durchschnittlichen 1,8 Prozent. Das heißt: Geld, das ich auf der Bank liegen lasse, anstatt es zu investieren, verliert an Wert. Allein um den Wertverlust auszugleichen, müssten die Zinsen somit zehnmal höher sein – sind sie aber leider nicht. Und somit schrumpft das eisern gesparte Geld, wenn es nicht angelegt wird.

 Geld, das du nicht investierst, verliert an Wert.

Dein Easy Money

Hätte ich in der Schule nur etwas besser aufgepasst, dann wäre ich später nicht so überrascht gewesen, als ich mehr über den Zinseszins lernte. Hier ein Vorgeschmack für alle, die wie ich keine Mathegenies waren: Bei einer monatlichen Sparrate von nur 25 Euro, die gut angelegt 6 Prozent Zinsen pro Jahr bringen, erhalte ich in zehn Jahren stolze 4082,75 Euro. Das Tolle ist aber: Ich selbst habe nur 3000 Euro davon gespart. Der Rest ergibt sich aufgrund des Zinseszinseffekts. Andersrum: Wenn ich 3000 Euro habe, sie nicht anlege, sondern unter dem Kopfkissen horte und einer jährlichen Inflation von 2 Prozent ausgesetzt bin, dann ist mein Geld in zehn Jahren nur noch 2461,04 Euro wert. Der gute Albert Einstein wusste schon, wovon er sprach, als er den Zinseszinseffekt das achte Weltwunder nannte. Als jemand, der in der Medienbranche arbeitete, schleppte ich zwar keine Schubkarren voll Geld nach Hause, aber diese Rechnung hatte mich endgültig überzeugt.

Spätestens jetzt, hoffe ich, hast auch du erkannt, wie wichtig es ist, dass du deine Finanzen selbst in die Hand nimmst. Dass nicht nur die von deiner Arbeit profitieren, die eh schon viel haben. Dass du dir auch deine Wünsche erfüllen und dich gleichzeitig entspannen kannst, weil du einen Notgroschen hast. Dass du dir keine Gedanken mehr über Altersarmut machen musst, weil du selbst für dich vorgesorgt hast. Auch wenn uns in der Schule niemand etwas über Aktien erzählt und wir mit der Denke aufwachsen, die Finanzwelt sei kompliziert und unbezwingbar, so gibt es doch ein paar einfache Möglichkeiten, vorzusorgen und gleichzeitig gut zu leben. Du wirst sehen – an dieser Stelle möchte ich gerne Erobique zitieren, einen meiner Lieblingskünstler: »It's easy, it's easy, it's easy mobisi.«[6]

⋀ Was du in diesem Buch erfährst

Wir werden uns auf den folgenden Seiten also um deine Finanzen kümmern, und ich werde dir Folgendes zeigen:

- 🪙 Warum es okay ist, nach Geld zu streben, und dass du dadurch trotzdem keine Karmapunkte einbüßt.

- 🪙 Wie du deine Vermögensplanung selbst gestaltest, ohne die maroden Räume deiner ortsansässigen Sparkasse betreten zu müssen.

- 🪙 Warum du manchmal Sachen kaufst, die du nicht brauchst, für Geld, das du nicht hast – und wie du dies änderst.

- 🪙 Welche Versicherungen du wirklich brauchst und welche Versicherungsvertreter du gemeinsam mit den Zeugen Jehovas davonjagen solltest.

- Warum Aktien nicht gefährlich sind und wie auch du easy mit ihnen handeln kannst.

- Wie du dein Geld investieren kannst, ohne deine ganze Freizeit dafür zu opfern.

- Wie du dich selbst überlistest und nicht auf die bösen Psychofallen an der Börse hereinfällst.

WARUM DU VERMÖGEN AUFBAUEN MUSST

Um zu verstehen, weshalb mir die persönliche Vorsorge unserer Generation so am Herzen liegt, solltest du ein klein wenig Bescheid wissen über die Hintergründe, die das Thema für uns Millennials so brennend machen. Wer es kaum noch aushält und sich endlich ans Eingemachte machen möchte, könnte dieses Kapitel überspringen – aber nicht zu voreilig! Denn ein kleiner Blick zurück in die Geschichte macht deutlich, wie wir dorthin gekommen sind, wo wir heute stehen, und vor allem, in welche Richtung wir uns bewegen müssen, um easy in die Zukunft blicken zu können. Deshalb beginnen wir mit einer kurzen Zeitreise.

Wie es zu der Rentenmisere kam

Wir schreiben das Jahr 1957. Angesichts des andauernden Wirtschaftswunders und steigender Löhne sind die Rentenkassen leer. Konrad Adenauer, der zu diesem Zeitpunkt bereits in seiner zweiten Amtszeit regiert, sieht seine Beliebtheit und einen erneuten Wahlsieg langsam, aber sicher schwinden. Die SPD rückt ihm immer weiter auf die Pelle, und die Rentner sind zudem alles andere als glücklich über ihre Lage: Denn während die Jungen vom Aufschwung profitieren, sehen sich die Alten mit Altersarmut konfrontiert. Diese Bevölkerungsgruppe ist groß im Nachkriegsdeutschland und bildet daher eine wichtige Wählergruppe. Und so wittert Adenauer seine Chance auf einen erneuten Wahlsieg und fordert: Eine Rentenreform muss her! Trotz vieler Widerstände der Wirtschaftsverbände und Einwände aus dem Finanz- und dem Wirtschaftsministerium schaffte er es tatsächlich, eine Rentenreform durchzusetzen. Diese Reform brachte damals zwei große Änderungen mit sich. Zum einen wurde die Rente dynamisiert, das heißt, sie wurde an die Löhne angepasst. Denn das, was die Menschen vorher in den 1920er und 1930er Jahren in ihre Rentenversicherung eingezahlt hatten, war natürlich nichts mehr wert. Außerdem galt ab sofort das Umverteilungsprinzip, nach dem die arbeitenden Beitragszahler die laufende Rente der Empfänger finanzierten.

Das neue Verfahren sollte die Renten im Schnitt um 60 Prozent anheben. Der damalige Finanzminister Schäffer und die Bundesbank äußerten zwar Bedenken aufgrund der unsicheren demografischen Entwicklung und Geldstabilität,[7] aber es wollte ja auch eine Wahl gewonnen werden. Am Ende siegten Adenauer, die CDU – und die Rentner: Freudestrahlend liefen die deutschen Rentnerinnen und Rentner zur Post und ließen sich ihr Geld dort auszahlen. Online-Banking war damals nämlich noch nicht so weit verbreitet. Mit der ersten Rentenanpassung nur zwei Jahre später erhöhten sich die Rentenleistungen um weitere 6,1 Prozent. Jackpot! Und dieses System, bestehend aus der dynamisierten Rente und der Umverteilung, besteht noch heute.

Wer diesen kleinen geschichtlichen Exkurs aufmerksam gelesen und meine Ausführungen zum demografischen Wandel in Erinnerung hat, müsste jetzt eigentlich nur noch eins denken: »Oh, Shit!« Statt der aktuell fast 52 Millionen Menschen im erwerbsfähigen Alter wird es im Jahr 2060 im schlechtesten Fall nur noch 40 Millionen Menschen zwischen 20 und 66 Jahren geben.[8] Diese Menschen sollen ja eigentlich gemäß dem Umlageverfahren meine Rente bezahlen, schließlich denkt die Deutsche Rentenversicherung nicht weiter als bis morgen und hat gerade einmal Geld für den nächsten Tag in der Kasse.[9] Ja, richtig: Immer nur bis morgen. Was übermorgen ist, ist ungewiss. Wie soll das dann aber erst mit meiner schönen Rente werden? Wer finanziert mir meine Reisen und meine Prosecco-Nachmittage, wenn es kaum Menschen gibt, die arbeiten und Beiträge für mich einzahlen? Das von mir monatlich gezahlte Geld wird ja direkt weitergereicht an die jetzigen Renten-Nutznießer. Während gegenwärtig drei Arbeitnehmer einen Rentner absichern, werden in zwei Jahrzehnten nur noch zwei Beschäftigte für die Rente einer Person aufkommen müssen. Und dabei reicht es schon heute nicht mehr: 2018 musste der Bund die allgemeine Rentenversicherung mit über 35 Milliarden Euro bezuschussen.[10] Tendenz jährlich steigend. Und wir sprechen hier über ein System, das eigentlich so gedacht war, dass es sich selbst finanziert.

Dem Adenauer kann's jetzt ziemlich wurscht sein, was aus seiner glorreichen Idee wurde. Die Rentner bekommen es allerdings schon heute zu spüren. Wer hat noch nicht in neuester Zeit eine adrett gekleidete ältere Dame dabei beobachtet, wie sie lauernd neben einer Mülltonne im U-Bahnhof steht und sich freut, wenn sie aus dem Augenwinkel eine leere Bierflasche entdeckt. Dann schwankt der Blick das Gleis entlang, einmal absichernd nach links und rechts, ob nicht doch noch eine Bekannte vorbeiläuft, noch einmal tief Luft geholt, und schon verschwindet die kleine Hand im versifften Mülleimer, aus dem schnell die 8-Cent-Beute gezogen und in der Handtasche verstaut wird. 8 Cent! Hinzu kommen noch das Gewicht und der Gestank der Flasche, die sie bis zum nächsten Supermarkt bei sich trägt. Und wir sprechen hier von einer alltäglichen Szene aus dem Land, das das wirtschaftsstärkste der ganzen EU ist.

Dass unser Rentensystem nicht das beste ist, sehe übrigens nicht nur ich so, sondern zum Beispiel auch der Melbourne Mercer Global Pension Index (MMGPI). Dieser vergleicht weltweit Rentensysteme hinsichtlich ihrer Angemessenheit, Nachhaltigkeit und Integrität miteinander und erstellt anhand einer Notenvergabe ein entsprechendes Ranking. Insbesondere beim Punkt Nachhaltigkeit schneidet Deutschland schlecht ab. Bewertet wurde dieser Teil unseres Rentensystems, das übrigens so alt ist wie die Erfindung des Sekundenklebers und ebenso fest wie dieser in unserem Sozialsystem haftet, mit der Note D.[11] Wäre unser Rentensystem ein Auto, hätte es mit dieser Bewertung vielleicht noch den TÜV, aber definitiv keine grüne Umweltplakette bekommen. Aber wir fahren damit weiter und hoffen, dass uns die giftigen Abgase nicht umbringen. Doch schauen wir uns unser Rentensystem selbst einmal genauer an.

 Deutschlands Rentensystem belegte 2018 in einem weltweiten Ranking nur Platz 13 von 34.

⫽ Das deutsche Rentensystem

Wenn du älter als 27 Jahre bist oder mindestens fünf Monate Rentenbeiträge gezahlt hast, bekommst du einmal im Jahr Post von der Deutschen Rentenversicherung. Darin steht die voraussichtliche Höhe deiner gesetzlichen Rente. Dies ist allerdings nur eine Hochrechnung, die sich im Laufe der Zeit ändern kann und sehr wahrscheinlich auch wird. Entweder zum Positiven, weil dein Gehalt mit den Jahren steigt und deine Beiträge höher werden, oder zum Negativen, weil du Kinder bekommst und in Elternzeit gehst, nur noch Teilzeit arbeitest oder vielleicht sogar eine Zeit lang arbeitslos wirst. Vielleicht denkst du dir auch mal zwischendurch, dass du ein Jahr Pause machen und die Welt bereisen oder mit vierzig noch einmal studieren möchtest. Du weißt nie, was das Leben noch für dich bereithält und welche Abenteuer dich noch erwarten. Unser altbackenes Rentensystem hält aber leider nichts von deinem Sabbatical, nur weil du gerade den Sinn deines Lebens in Indien oder auf Bali suchst. Denn dein Rentenbescheid geht stur davon aus, dass du ohne Pause durcharbeitest.

⫽ Die drei Säulen der Altersvorsorge

Unser Rentensystem ist auf drei Säulen aufgebaut: gesetzliche Altersvorsorge, betriebliche Altersvorsorge und private Altersvorsorge. Ja genau, der Staat erwartet von dir, dass du dich zusätzlich zur herkömmlichen Rente auch selbst um die finanzielle Vorsorge deines Lebensabends kümmerst. Falls du das noch nicht gemacht hast, besteht kein Grund, gleich in Panik zu verfallen. Darauf, was du selbst tun kannst und lassen solltest, kommen wir später noch zurück. Fangen wir mit der ersten Säule an: der gesetzlichen Rentenversicherung.

✎ Erste Säule: Die gesetzliche Rentenversicherung

Laut einer Statistik der Deutschen Rentenversicherung liegt die monatliche Standardrente 2019 bei 1487,25 Euro – vor Steuern.[12] Davon lässt es sich je nach Wohnort doch eigentlich ganz passabel leben. Bloß leider wird die Standardrente nur vom sogenannten Eckrentner erreicht. Eckrentner ist, wer 45 Jahre lang stets das Durchschnittsgehalt aller Versicherten bezogen und daraus auch immer in die Rentenversicherung eingezahlt hat – ein statistisches Phänomen, dem man im wahren Leben nie begegnet. Falls du ein Jahr lang Yoga auf Bali machen oder eine Großfamilie gründen möchtest oder auch einfach nicht permanent das Durchschnittsgehalt von knapp 30.000 Euro netto[13] verdient hast, musst du dich leider von der Standardrente verabschieden. So lag die tatsächlich ausgezahlte durchschnittliche Rente Ende 2018 bei schlappen 864 Euro.[14] In München könnte ich dafür nicht mal mehr eine Ein-Zimmer-Wohnung bezahlen. Und habe ich eigentlich schon erwähnt, dass man ab dem Jahr 2040 die Rente voll versteuern muss? Die Krankenversicherung möchte natürlich auch gezahlt werden, und man kann sich vorstellen, dass man im Alter vielleicht doch den einen oder anderen Gang zum Arzt und in die Apotheke zu bewerkstelligen hat. Und da wäre so ein stylisher, ultraleichter Carbon-Rollator mit weichem Echtledersitz und einer schicken, serienmäßig eingebauten Einkaufstasche inklusive Gehstockhalterung schon praktisch. Kostet aber 480 Euro, und die muss man bei 864 Euro Rente ja auch erst einmal haben.

Aber wie viel brauchst du überhaupt im Alter zum Leben? Da man nicht weiß, wie sich die Wirtschaft und die Inflation entwickeln und wie viel man am Ende wirklich brauchen wird, bleibt das natürlich eine schwierige Prognose. Die jeweiligen Bedürfnisse und Lebenssituationen sind schließlich sehr individuell. Experten gehen jedoch davon aus, dass man idealerweise 80 Prozent vom letzten Nettogehalt oder 60 Prozent vom Bruttogehalt im Alter zur Verfügung haben sollte.

Spielen wir das Ganze doch einmal beispielhaft durch. Angenommen, du möchtest morgen in Rente gehen und verdienst aktuell 3000 Euro brutto. Dann solltest du mindestens 1800 Euro (= 60 Prozent vom Bruttogehalt) an monatlicher Rente haben, damit du deinen Lebensstil halten kannst. Dabei ist aber schon von vornherein klar, dass der Staat diesen Beitrag allein durch die gesetzliche Rentenversicherung nicht abdecken wird. Solltest du doch zu der unwahrscheinlichen Spezies Eckrentner oder Eckrentnerin gehören, gratuliere ich dir, weil dann circa 48 Prozent durch die gesetzliche Rentenversicherung abgedeckt sind. Mit dem aktuellen Rentenniveau wären das nach heutigem Stand also 1440 Euro. Dieses Niveau wird vom System nicht zu halten sein, das wird in Zukunft weiter abnehmen. Aber selbst wenn es bei den 48 Prozent bliebe, fehlen dir schon jetzt jeden Monat 360 Euro zum Überleben, wenn du dich ausschließlich auf die gesetzliche Altersvorsorge verlässt. Es ist also bereits vorgesehen, dass du dich um die restlichen 12 Prozent selbst kümmerst. Dies ist die sogenannte Versorgungslücke, von der du mit Sicherheit schon einmal gehört hast. Und falls nicht, dann wird es jetzt höchste Zeit, denn diese Lücke wird tendenziell größer werden. Aber nur die Ruhe, schließlich hältst du dieses Buch in den Händen – mit dem du deine Finanzen in den Griff bekommen kannst und dir in Zukunft keine Sorgen über deine Rente machen musst.

Standardrente bekommt nur, wer 45 Jahre lang das Durchschnittsentgelt aller Versicherten einbezahlt hat.

Faustregel: Man braucht im Alter 60 Prozent des Bruttogehalts.

Die gesetzliche Rentenversicherung deckt nur 48 Prozent des Bruttogehalts ab – sofern man die Standardrente bekommt.

N Zweite Säule: Die Betriebsrente

Die zweite Säule der Altersvorsorge ist die Betriebsrente. Diese funktioniert folgendermaßen: Sagen wir, du möchtest jeden Monat 100 Euro in deine Altersvorsorge investieren. Dann wird dir dieser Betrag direkt vom Bruttogehalt abgezogen und an die Versicherung weitergegeben. Falls du einen netten Chef oder eine nette Chefin hast, übernimmt er oder sie einen Teil der Kosten und beteiligt sich zum Beispiel mit 20 Euro, sodass nur noch 80 Euro von deinem Gehalt gezahlt werden müssen. Diese Form der finanziellen Zuwendung ist allerdings freiwillig. In manchen Betrieben wird die Betriebsrente sogar vollkommen vom Arbeitgeber übernommen. Eine Frage mehr, die man im nächsten Bewerbungsgespräch neben der Erkundigung nach Gehalt und Urlaubstagen stellen kann.

Durch die Entgeltumwandlung besteht seit 2002 für alle Arbeitnehmer ein gesetzlicher Anspruch auf eine Betriebsrente. Das heißt: Du hast ein Anrecht darauf, nicht nur einen Teil deines Gehalts, sondern auch dein Weihnachts- und Urlaubsgeld in die Betriebsrente einzuzahlen. Das Schöne ist zum einen, dass es vom Brutto abgezogen wird und nicht versteuert werden muss. Zum anderen sinkt dadurch dein Einkommen, wodurch sich auch deine Sozialversicherungsabgaben verringern. Allerdings fällt das auf die erste Vorsorgesäule zurück, denn du zahlst dann ja weniger Geld in die gesetzliche Rentenversicherung ein. Da beißt sich die Katze also ein wenig selbst in den Schwanz – was im Übrigen in der Tiermedizin als Hilferuf gilt, der durch psychische Belastungen ausgelöst wird. Und belastend sind leider auch die Nachteile der Betriebsrente.

Ein baldiger Altersruhesitz im Ausland ist vorerst gestrichen. Solltest du also einen vorzeitigen Ruhestand in Südfrankreich planen, musst du dich erst einmal mit deinen Ersparnissen begnügen. Die Auszahlung der Betriebsrente kann zwar ins Ausland erfolgen, aber erst dann, wenn du auch Anspruch auf die gesetzliche Rente hast. Aktuell ist dies ab 67 Jahren der Fall. Doch bleiben wir mal realistisch: Vermutlich müssen wir noch arbeiten, bis wir siebzig sind. Mindestens. Eine Kündigung der Betriebsrente ist zudem nicht möglich. Du kannst sie nur beitragsfrei stellen. Dies gilt auch im Falle des Arbeitsplatzwechsels. Den Vertrag schließt nämlich nicht du mit der Versicherung ab, sondern dein Arbeitgeber. Sollte dein neuer Arbeitgeber den Vertrag nicht übernehmen wollen, weil er einen anderen Anbieter bevorzugt, musst du deinen alten Vertrag beitragsfrei stellen und einen neuen eröffnen. Beides ist natürlich mit Verwaltungskosten und erneuten Abschlusskosten verbunden. Auch hier wird wieder mehr als deutlich, dass wir es mit einem veralteten, unflexiblen System zu tun haben, das immer noch davon ausgeht, dass man wie früher ein Leben lang ein und demselben Unternehmen treu bleibt.

Von der ausgezahlten Betriebsrente entfallen dann später auch noch Beiträge auf die Kranken- und Pflegeversicherung, die deinen Ertrag nochmals um aktuell knapp 18 Prozent schmälern. Wirklich lukrativ ist die Betriebsrente also erst dann, wenn dein Arbeitgeber mindestens 20 Prozent der Beitragshöhe übernimmt. Hinzu kommt, dass die Pensionskassen aufgrund der Niedrigzinspolitik kaum noch rentable Geldanlagen erzielen und Zusagen über die Auszahlungshöhe zu sinken drohen.[15] Dann würdest du am Ende sogar noch weniger rausbekommen, als jetzt schon zu erwarten ist.

Fassen wir zusammen: Die Betriebsrente lohnt sich vor allem dann, wenn der Arbeitgeber etwa 20 Prozent der Beitragszahlungen übernimmt, wenn die Verwaltungskosten möglichst gering sind und wenn du deinen Arbeitsplatz im Idealfall nur selten wechselst. Und falls du doch wechselst, ist die Übernahme deines alten Vertrags beim neuen Arbeitgeber auf jeden Fall ein wichtiger Verhandlungspunkt.

> Betriebsrente lohnt sich nur noch, wenn dein Arbeitgeber mindestens 20 Prozent der Beitragszahlungen übernimmt.

Dritte Säule: Die private Altersvorsorge

Die bekanntesten Formen der privaten Altersvorsorge sind die Riester- und die Rürup-Rente. Dabei zahlt man monatlich jeweils einen festgelegten Betrag in eine Versicherung ein. Generell hat man die Wahl zwischen einem Banksparplan, einer klassischen Rentenversicherung, einem Fondssparplan und einer fondsgebundenen Rentenversicherung. Solltest du dich fürs Riestern entscheiden, lohnt sich der Vergleich. Dabei solltest du sowohl die möglichen Erträge als auch die anfallenden Kosten miteinander vergleichen. Ein großer Vorteil des Riesterns sind die Zulagen vom Staat: Die jährliche Zulage vom Staat beträgt 175 Euro. Für jedes Kind, für das Anspruch auf Kindergeld besteht, bekommst du zusätzlich bis zu 300 Euro geschenkt – und zwar jedes Jahr! Falls du bei Vertragsabschluss noch unter 25 Jahre alt bist, erhältst du außerdem einmalig einen sogenannten Berufseinsteigerbonus in Höhe von 200 Euro. Um die volle staatliche Förderung zu erhalten, musst du mindestens 4 Prozent deines Einkommens auch einzahlen. Interessant wird die Riester-Rente beim Punkt Steuern: Bis zu 2100 Euro Beitragszahlungen kannst du nämlich von der Steuer absetzen.

Ein weiterer Vorteil der Riester-Rente ist, dass du sie bereits ab dem 62. Lebensjahr ausgezahlt bekommen kannst. Wo wir wieder beim verfrühten Ruhestand in Südfrankreich wären. Außerdem kannst du dir bis zu 30 Prozent des angesparten Kapitals auszahlen lassen. Dies sollte schon mal für die Umzugskosten reichen. Problematisch wird es, wenn du statt in Südfrankreich deinen Lebensabend auf den Malediven verbringen möchtest, da die Riester-Rente nicht ins außereuropäische Ausland ausgezahlt wird. Falls du bereits einen Riester-Vertrag abgeschlossen hast und ihn jetzt kündigen möchtest, weil du deinen Ruhesitz schon auf den Malediven gebaut hast, solltest du beachten, dass du im Falle einer Kündigung die Zulagen und Steuervorteile wieder zurückzahlen musst. Außerdem solltest du bedenken, dass du die Riester-Auszahlungen später noch versteuern musst.

Riestern kann übrigens jeder, der rentenversicherungspflichtig ist. Das sind zum Beispiel Angestellte, Beamte, Mitglieder der Künstlersozialkasse, aber auch Bezieher von Arbeitslosengeld. Für Selbstständige und Freiberufler gibt es hingegen die Rürup-Rente.

 Riester-Rente lohnt sich insbesondere bei Kindern.

Die Rentenauszahlungen musst du später versteuern.

Die Rürup-Rente (auch Basisrente genannt) wurde 2005 eingeführt, damit auch Selbstständige staatlich gefördert für das Alter vorsorgen können. Im Gegensatz zur Riester-Rente bekommst du bei der Rürup-Rente jedoch keine staatlichen Zulagen. Dafür darfst du steuerlich wesentlich mehr Geld als Vorsorgeaufwendungen geltend machen: Rund 23.700 Euro lassen sich von der Steuer absetzen. Außerdem kannst du deinen Lebensabend auch getrost auf den Malediven verbringen, da Auszahlungen ins Ausland hierbei möglich sind. Bevor du jetzt Hals über Kopf losrennst, um eine Rürup-Rente abzuschließen und ordentlich Steuern zu sparen, solltest du allerdings einen Steuerberater zurate ziehen. Nur er kann dir wirklich sagen, ob es sich in deinem individuellen Fall lohnen wird, eine Rürup-Rente abzuschließen.

Wichtig: Frage deinen persönlichen Steuerberater oder einen Honorarberater. Wenn du zu einem Finanzberater gehst, kann ich dir jetzt schon sagen, wie die Antwort ausfallen wird: Kaufen! Denn sein Ziel ist es, dir etwas zu verkaufen. Was du in vierzig Jahren davon hast, könnte ihm heute nicht egaler sein. Der Unterschied zwischen einem Honorarberater und einem Finanzberater ist, dass du Ersteren aus deiner eigenen Tasche für die Beratung bezahlst. Der Finanzberater ist für dich kostenlos, erhält aber für die Verträge, die über ihn abgeschlossen werden, eine Provision. Oder anders gesagt: Der Honorarberater berät dich in deinem Sinne, der Finanzberater berät dich in seinem Sinne.

◥ Was nun?

Alle drei Säulen unseres Rentensystems haben also ihre Tücken. Entweder weil die Generationen vor uns trotz sexueller Aufklärung, des *Playboys* und Beate Uhse nicht genug Kinder gezeugt haben, die uns mal unsere Rente zahlen. Oder weil wir Jobvagabunden sind, die nicht vorhaben, wie unsere Eltern von der Ausbildung bis zur Rente beim selben Arbeitgeber zu bleiben, der uns schön die Rente mitfinanziert. Oder auch, weil die Notlösungen vom Staat eben nichts weiter als Notlösungen sind und so manche Hindernisse oder Nachteile mit sich bringen. Die Beiträge für die Renten reichen nicht, die Zuschüsse vom Staat werden immer größer, und das bedeutet nichts anderes, als dass der Steuerzahler einspringt. Schon bald werden die Zuschüsse bei über 100 Milliarden Euro jährlich liegen. Satte 28 Prozent der Steuern gehen in die Rentenkassen![16] Das ganze System bröckelt. Was können wir also tun, um unsere Prosecco-Nachmittage zu retten? Die Antwort lautet: Geld sparen und investieren, damit es sich vermehrt. Doch was bedeutet überhaupt investieren? Und was ist Geld wirklich? Klären wir erst einmal ein paar Begrifflichkeiten, damit wir nicht durcheinanderkommen.

GELD, INVESTITIONEN, VERMÖGEN – ALLES EASY

Vielen Menschen fällt es bereits schwer, die Grundbegriffe rund um Finanzen sauber auseinanderzuhalten. Das liegt auch daran, dass in der Finanzbranche gerne mit kompliziert klingenden Begriffen um sich geworfen wird, damit wir auch ja auf Hilfe angewiesen sind, um uns in diesem Dschungel zurechtzufinden. Aber so verwirrend ist das gar nicht, wenn man die Basics erst einmal gecheckt hat. Schauen wir uns deshalb als Nächstes einmal an, was Kredite, Investitionen, Verbindlichkeiten, Vermögenswerte & Co. eigentlich bedeuten und was sie unterscheidet. Fangen wir am besten mit dem an, was am selbstverständlichsten klingt: Geld.

Warum Geld vollkommen wertlos ist

Wenn ich in mein Portemonnaie schaue, finde ich neben den kleinen kupferfarbenen, den silbern und golden glänzenden Münzen im besten Fall auch unterschiedlich große, bunte Scheine. Diese geben mir in der Regel ein gutes Gefühl, da ich weiß, ich kann damit meinen Kühlschrank mal wieder auffüllen, unterwegs ein Eis essen und mich abends mit Freunden entspannt auf ein Bierchen in meiner Lieblingsbar treffen. Was wäre allerdings, wenn sich in meinem Wohnzimmer plötzlich ein schwarzes Loch auftun, mich mitsamt meinem Portemonnaie in der Hand einsaugen und inmitten des Amazonas-Regenwaldes bei einem isoliert lebenden indigenen Volk wieder ausspucken würde? Möglich, dass ich erst einmal erklären müsste, warum ich meine Beine mit einer Jogginghose bedecke, wo doch ein luftiges Bananenblatt um die Hüften viel gemütlicher ist. Spätestens aber, wenn ich mit meinen Scheinen wedelnd, über die ich mich eben noch gefreut habe, um eine Überfahrt zur nächstgrößten Stadt bitten würde, stieße ich auf Missverständnis. Was sollten diese Leute auch mit meinem Geld anstellen? Essen kann man es nicht. Für ein neues Outfit wäre es zu wenig Material. Bliebe noch Feuer machen. Aber dazu eignen sich die vielen Bäume und Hölzer um uns herum eigentlich viel besser. Wir sehen: Ich wäre also trotz eines vollen Portemonnaies vollkommen aufgeschmissen.

Gut, die Sache mit dem schwarzen Loch ist unwahrscheinlich, aber sie macht eines deutlich: Das Geld, wie wir es heute kennen, hat keinen reellen Wert. Es ist vollkommen wertlos. Oder wie es ein Volkswirt mal formuliert hat: »Geld wird nicht akzeptiert, weil es Wert hat, sondern es hat Wert, weil es akzeptiert wird.«[17] Während früher Münzen tatsächlich noch aus Gold bestanden, das man theoretisch einschmelzen und zu einem hübschen Ring verarbeiten konnte, ist unser heutiges Geld an sich nichts wert. In unserer heutigen, zivilisierten Gesellschaft hat es dennoch einen Wert, weil wir daran glauben und darauf vertrauen, dass die anderen es auch tun. Wenn ich einen grünen Schein in meinem Portemonnaie finde, glaube ich, dass er 100 Euro wert ist, und ich vertraue darauf, dass ich dafür meinen Kühlschrank ordentlich füllen kann, weil der Kassierer im Supermarkt oder die Verkäuferin auf dem Wochenmarkt dasselbe denken. Ohne Glaube und Vertrauen würde unser ganzes Finanzwesen zusammenbrechen. Nicht umsonst stammt das Wort »Kredit« vom lateinischen *credere*, was nichts anderes bedeutet als glauben. Die Bank leiht mir Geld, weil sie glaubt, dass sie es zurückbekommt. Und ich leihe mir Geld von der Bank, weil ich glaube, dass ich mir davon etwas Schönes kaufen kann. Fun Fact am Rand: Die Motive und Gebäude auf den Euro-Scheinen sind genauso fiktiv wie der reale Wert der Papierscheine – sie existieren nämlich gar nicht.[18]

⬈ Die Funktion des Geldes

Neben dem Glauben an den Wert des Geldes, der selbst alle Atheisten eint, erfüllt Geld in erster Linie drei Aufgaben: Es ist Tauschmittel, Recheneinheit und Wertaufbewahrungsmittel.

⬈ Tauschmittel

Bevor man das Geld erfand und es als Tauschmittel nutzte, galt der Naturaltausch. Der Bauer, der seine Frau mit einem neuen Küchenmesser beglücken wollte, ging also zum Schmied, legte ihm seine beste Wurst auf den Tresen und bekam dafür ein hübsches neues Messer. Was aber, wenn der neumodische Schmied Vegetarier war oder gerade keine Lust auf Wurst hatte, sondern lieber Mehl für Brot oder leckere Törtchen gehabt hätte? Dann standen beide vor einem Problem. Entweder musste der Bauer zum Müller und hoffen, dass der ihm für die Wurst von seinem Mehl gibt, oder der Schmied musste die Wurst nehmen, die er eigentlich nicht wollte, und selbst versuchen, sie umzutauschen.

Im Einzelfall ging das natürlich noch gut, aber mit der steigenden Vielfalt der Waren stieg schließlich auch die Zahl der möglichen Tauschpartner. Und für einen Spontankauf wäre es für den Bauern auf Dauer ganz schön unpraktisch gewesen, immer genügend Würste dabeizuhaben, und für den Schmied mit seinen schweren Messern wäre Shopping auch kein Spaß gewesen. Ein schwieriges Unterfangen, das nach der Geburtsstunde des Geldes sehr viel einfacher wurde, fast schon easy.

Je nachdem, wie dringend der Bauer das Messer haben wollte, ist er auch bereit gewesen, zwei Würste gegen das Mehl einzutauschen. Das funktioniert auch heute noch so, wie ich kürzlich erst selbst zu spüren bekam. Auf einer Reise nach Vietnam haben mein Freund und ich einen Zwischenstopp in Peking eingelegt und wollten von dort aus die Chinesische Mauer besuchen. Es war Dezember und wir auf dem Weg in sommerliche Gefilde. In Peking herrschten ähnliche Temperaturen wie in Deutschland, weshalb wir mit warmen Pullis ausgestattet waren. Was wir leider nicht bedacht hatten: Die Chinesische Mauer liegt natürlich in der Bergregion, wo es nochmals einige Grad kühler ist und im Dezember ein eisiger Wind durch die Landschaft pfeift. Als Münchner hätten wir vielleicht eher draufkommen können, dass es in der Bergregion kälter sein könnte als in der Stadt, aber jetzt war es zu spät. Angekommen in Mutianyu, etwa 70 Kilometer nördlich von Peking, mussten wir einen kleinen touristischen Weg bis zum Sessellift hochlaufen. »Oh, you will be cold«, empfingen uns schon die Standverkäufer, die genau mit dem ausgerüstet waren, was wir vergessen hatten: warme Mützen. Am ersten Stand hätte mich die Mütze umgerechnet 7 Euro gekostet. Viel zu viel für eine gefälschte Jack-Wolfskin-Mütze. Wir zogen an etwa zehn Ständen vorbei, immer nett und zitternd den Kopf schüttelnd, dass wir keine Mützen brauchten. Als ich schließlich schon rote Ohren hatte, fragte ich dann doch an einem Stand nach dem Preis für die Mütze: 10 Euro für eine schlecht gefälschte Nike-Mütze. Wir gingen weiter. Am letzten Stand wurde mir dann bewusst, dass es gerade erst der Anfang unserer »Mauer-Expedition« war und wir noch einige Höhenmeter vor uns hatten. Alles, was ich in diesem Moment wollte, war eine dicke Mütze, unter der ich meine nicht mehr spürbaren Ohren bedecken konnte. Und so zahlte ich schließlich dankbar und glücklich 15 Euro für eine schwarzbraune Mütze mit der Aufschrift »Wanjinli«, was vermutlich so viel wie Vollidiot bedeutet.

Mein chinesischer Mützenkauf zeigt, dass Geld als Tauschmittel und der damit verbundene Wert einer Ware auch immer individuell unterschiedlich und situationsabhängig sind. In dem Augenblick hätte ich vermutlich noch mehr Geld für warme Ohren ausgegeben, und deshalb habe ich nicht einmal versucht zu handeln, da ich das Gefühl hatte, mein Gehirn erfriert gleich. Zwei Tage später am wunderschönen vietnamesischen Strand hätte ich keinen Euro für dieses scheußliche Teil ausgegeben. Mehr zur Psychologie des Geldes kommt noch im nächsten Kapitel (»Dein Money-Mindset«), jetzt schauen wir uns erst einmal die zweite und dritte Funktion des Geldes für unser tägliches Leben an.

⟋ Wertmaßstab oder Recheneinheit

Geld als Wertmaßstab oder Recheneinheit ermöglicht es, Waren miteinander zu vergleichen. In meiner prekären Mützensituation habe ich mich vielleicht ein wenig über den Tisch ziehen lassen, da der Wert der Mütze und das Geld, das ich dafür bezahlt habe, nicht im direkten Zusammenhang standen. Den schlauen chinesischen Verkäufern sei es vergönnt, und ich habe es auch verkraftet.

Zurück in Deutschland auf dem Weihnachtsmarkt, hatte ich dann allerdings die Möglichkeit, Waren anhand ihres festgelegten Preises miteinander zu vergleichen. Ein einfacher Glühwein kostete 4 Euro, einer mit Schuss 6 Euro und somit gleich 50 Prozent mehr. Oder: Drei normale Glühwein kosteten so viel wie zwei mit Schuss. Die Schlussfolgerung für mich: Der Glühwein mit Schuss musste in irgendeiner Form besser sein, sei es, dass er mich schneller wärmt oder schneller betrunken macht.

Genauso kann ich den Preis einer Pizza beim Nobelitaliener und beim Straßenverkäufer vergleichen und in der Regel davon ausgehen, dass die Pizza für 25 Euro mit hochwertigeren und besseren Zutaten belegt ist, auf einem schicken Porzellanteller und von einem freundlichen Kellner im weißen Hemd serviert wird. Während die Pizza für 10 Euro möglicherweise nur mit Analogkäse statt Büffelmozzarella belegt ist und ich sie in einem Pizzakarton selbst nach Hause zu meinem Sofa tragen muss. Egal welche Wertmaßstäbe wir ansetzen und welche Entscheidung wir am Ende treffen: Mit Geld können wir Waren und Angebote in Relation setzen. Der Preis macht sie für uns vergleichbar.

◢ Wertaufbewahrungsfunktion

Die dritte Funktion, die Geld innewohnt, ist die Wertaufbewahrung. Anders als die Pizza, die ich kaufe, wird Geld nicht schlecht. Es hat kein Verfallsdatum, und auch wenn ich es irgendwo zwischen den Sofaritzen verliere und erst nach Wochen wiederfinde, freue ich mich über das Wiedersehen mit meinem 2-Euro-Stück – im Gegensatz zu einem alten Pizzastück.

Die Wertaufbewahrung funktioniert allerdings nur, solange der Geldwert stabil ist und ich für die 2-Euro-Münze auch noch nach ein paar Wochen genauso viel kaufen kann wie zuvor. Sollte das nicht der Fall sein, sprechen wir von Inflation oder Kaufkraftverlust. Dann sind Waren und Dienstleistungen in der Zwischenzeit teurer geworden, und ich bekomme für dieselbe Münze nicht mehr dieselbe Menge oder Leistung. Fällt die Inflations- oder Teuerungsrate besonders krass aus, handelt es sich sogar um eine Hyperinflation – aber das ist bei uns zum Glück schon länger nicht mehr passiert.

1923 erlebte Deutschland die stärkste Inflation aller Zeiten. Der Erste Weltkrieg lag gerade einmal fünf Jahre zurück und hatte neben Leid und Tod auch enorme Kosten verursacht. Zunächst das ganze Geld für Munition, Waffen, Logistik und Verpflegung der Soldaten. Nach dem verlorenen Krieg mussten Reparationsleistungen an die Siegermächte gezahlt werden. Doch woher das Geld nehmen, wenn man keins mehr hat, weil die Kassen leer sind? Um die Staatsschulden zu bezahlen, druckte die Deutsche Reichsbank also Geld. Sehr, sehr viel Geld. Das führte allerdings dazu, dass zwar die Anzahl gedruckter Geldscheine stieg, nicht aber die Menge der Waren. Dem vielen Geld fehlte der reale Gegenwert. Das hatte zur Folge, dass die Teuerungsrate durch die Decke ging und das Geld rasant entwertet wurde. Musste man am 9. Juni 1923 schon 800 Mark für ein Ei auf den Tisch legen, waren es sechs Monate später unglaubliche 320 Milliarden Mark.[19] Auf ihrem Höhepunkt erreichte die Inflation sagenhafte 100 Millionen Prozent – von einer Hyperinflation spricht man übrigens schon, wenn sie noch bei »überschaubaren« 50 Prozent ist. Die Hyperinflation von 1923 stellte alles auf den Kopf und bedrohte ganze Existenzen. Wer zuvor sein Geld gespart hatte, konnte davon kaum noch etwas kaufen. Gewinner waren die Menschen, die noch Sachwerte besaßen (zumeist reiche Leute) oder tief verschuldet waren (zumeist arme Leute), denn ihre Schulden lösten sich genauso in Luft auf wie die Guthaben der Sparer.

Geld hat keinen inhärenten Wert.

Es hat drei Funktionen: Tauschmittel, Recheneinheit und Wertaufbewahrungsmittel.

↗ Was sind Investitionen?

Deine Sammlung an Designer-Handtaschen oder dein neues Auto gehen leider nicht als Geldanlage oder Investition durch. Auch wenn man damit den ein oder anderen überteuerten Kauf gerne mal rechtfertigt und sich schönredet. Es sei denn, wir reden hier von der Birkin Bag von Hermès in Krokodilleder oder einem Mercedes-Benz 300 SL. Solltest du im Besitz auch nur einer dieser beiden Annehmlichkeiten sein, wirst du dieses Buch mit Sicherheit nicht brauchen. Oder du bist der ehemalige Deutsche-Bank-Chef Josef Ackermann, der einmal, angesprochen auf die Verluste des Unternehmens, ganz ungeniert antwortete: »Das sind keine Verluste, das sind Investitionen.«[20] Für alle anderen bedeutet eine Investition, Geld für etwas auszugeben, damit man später einmal mehr Geld dafür bekommt.

Wenn ich heute ein Haus kaufe, dann hoffe ich, dass es durch die steigenden Immobilienpreise in zwanzig Jahren mehr wert ist und ich es verkaufen kann. Oder ich vermiete es und sichere mir mein Leben lang ein monatliches Einkommen, das im besten Falle durch den aktuellen Trend der steigenden Mieten ebenfalls wächst. Wenn du dein Geld also für die neueste Gucci-Tasche oder ein neues Auto ausgibst, wirst du feststellen müssen, dass dir niemand mehr dafür zahlen wird, als du selbst gezahlt hast. Und das ist dann unterm Strich das Gegenteil einer Investition: Wenn du weniger Geld für etwas bekommst, als du selbst vorher reingesteckt hast.

Wenn es dein größter Wunsch ist, statt für deine Rente auf eine Weltreise zu sparen, dir für 10.000 Euro eine Birkin Bag oder für eine halbe Million Euro einen alten Mercedes zu kaufen, dann soll dir dieses Buch auch dabei helfen. Denn bei aller Angst vor Altersarmut, die besonders unsere Generation ernst nehmen muss, leben wir dennoch im Hier und Jetzt. Und ich kann jetzt schon sagen, beides funktioniert: Man kann privat fürs Alter vorsorgen und sich dennoch schon heute sein Leben schön gestalten. Man muss es sogar! Denn sonst sitzen wir eines Tages verbittert in unserem Garten, trinken statt Prosecco zwar Champagner, trauern dabei allerdings all den schönen Reisen, die wir nicht gemacht, den Autos, die wir nicht gefahren, und den Schuhen, die wir nicht getragen haben, hinterher. Und das kann es ja auch nicht sein.

 Investition bedeutet, dass ich heute Geld für etwas ausgebe, das mir später noch mehr Geld einbringt.

Vermögenswerte und Verbindlichkeiten

Wann ist man denn eigentlich vermögend? Wenn man ein Haus hat? Wenn man ein schickes Auto fährt? Wenn man eine Jacht besitzt? Wir lassen uns gerne von Äußerlichkeiten blenden. Insbesondere bei den Punkten Haus und Auto. Hat der Nachbar ein neues Auto, muss er wohl wieder eine Gehaltserhöhung bekommen haben. – Na, so was aber auch!

Leider sind weder das (selbst bewohnte) Eigenheim noch der teure SUV Vermögenswerte. Es ist wichtig, den Unterschied schon am Anfang zu verstehen: Ein Auto muss instand gehalten werden. Es kostet Steuern und Versicherungen, benötigt Untersuchungen und Reparaturen, und natürlich kostet es uns auch täglich Benzin. Abgesehen davon verliert es an Wert, sobald wir es beim Autohändler vom Parkplatz fahren. Damit ich mir die Kosten für Haus und Auto leisten kann, muss ich arbeiten gehen. Und von dem Geld bezahle ich Monat um Monat meine Verbindlichkeiten, die mich zwingen zu arbeiten, statt mich zu entspannen. Ich selbst besitze übrigens kein Auto und habe auch nicht vor, mir eins zu kaufen. Wenn ich wirklich eins brauche, dann miete ich es mir. Auf kurze Dauer nutze ich Stadtteilangebote und bei einem Urlaub mit dem Auto einen Mietwagen. Aber das kommt nur sehr selten vor.

Während Verbindlichkeiten wie Auto und Haus (das ja genauso unterhalten werden muss) Geld kosten und ihren Wert verlieren, bringen uns Vermögenswerte Geld ein. Kaufe ich ein Haus und bewohne es nicht selbst, sondern vermiete es, dann kann ich durch die Mieteinnahmen zunächst die Zinsen tilgen und später von den Mieteinnahmen leben. Auch wenn dieses Buch keine Immobilien behandelt, wirst du sehen, wie du mit deinem Geld, statt Verbindlichkeiten zu kaufen, Vermögenswerte kaufst. Mit Vermögenswerten kannst du zwar deinen Nachbarn nicht so toll beeindrucken, dafür generieren sie Geld – ohne dass du etwas dafür tun musst. Und wer weiß, vielleicht ermöglicht es dir auch einen vorzeitigen Ruhestand, in dem du deine Zeit mit deiner Familie und deinen Freunden anstatt mit deinen Arbeitskollegen verbringen und dein Leben oder deine Freizeit viel intensiver genießen kannst – zum Beispiel auf den Malediven statt nur auf Malle.

Spare, spare, Häusle baue – das ist Geschichte

Früher war es einfach: Girokonto, Sparbuch, Lebensversicherung und Bausparvertrag – fertig war die Finanz- und Vermögensplanung. Danke, tschüs. Noch heute gelten die Deutschen als eifrige Sparer und überaus vorbildlich, was ihre Rücklagen betrifft. Aus unterschiedlichen Quellen geht hervor, dass sie zwischen 10 und 17 Prozent ihres Haushaltseinkommens beiseitelegen. Damit liegen sie im europaweiten Vergleich auf dem ersten Platz. Seltsamerweise besitzen sie trotzdem nicht das meiste Geld. Mit einem Gesamtvermögen von 49.760 Euro pro Kopf[21] liegen sie weit hinter Ländern wie Schweden (95.050 Euro), den Niederlanden (87.980 Euro), Großbritannien (84.080 Euro) oder Dänemark (81.590 Euro). Nun kann man damit argumentieren, dass das durchschnittliche Brutto-Einkommen in diesen Ländern tatsächlich höher ist als in Deutschland. Die Dänen sind mit durchschnittlich 4664 Euro im Monat die Spitzenverdiener in Europa.[22] Und auch Schweden, Niederländer und Briten liegen mit 3409 Euro bis 3755 Euro noch vor den Deutschen, die 2014 durchschnittlich 3380 Euro brutto verdient haben. Wir könnten uns jetzt mit diesem Vergleich zufriedengeben, zurücklehnen und sagen, dass wir nun mal weniger verdienen und daher trotz der größten Sparquote hinterherhinken. So einfach ist die Sachlage jedoch nicht.

Werfen wir einen Blick auf unsere direkten Nachbarländer, in denen der Verdienst geringer ist. Die Belgier verdienen 3346 Euro und haben ein stolzes Gesamtvermögen von 92.080 Euro, und die Franzosen haben es geschafft, mit einem Verdienst von 2864 Euro ein Vermögen von rund 56.040 Euro aufzubauen. Am meisten überraschen allerdings die Italiener: Mit gerade einmal 2585 Euro monatlichem Bruttoeinkommen verfügen sie pro Kopf über ein Vermögen von 54.530 Euro. Wir können uns also nicht mit der Ausrede zurückziehen, dass wir weniger verdienen als andere Europäer und daher über weniger Vermögen verfügen. Das Problem ist ein anderes: Die meisten Deutschen sparen zwar fleißig, legen ihr Geld aber oft nicht an. So befinden sich etwa 38,4 Prozent des Geldvermögens in Versicherungen und Pensionskassen und weitere 36,4 Prozent in sogenannten Spar-, Sicht- und Termineinlagen, besser bekannt als Sparkonto, Tagesgeldkonto oder Festgeldkonto. Der große Haken an dieser Art der Geldanlage sind Zinsen und Inflation. Auch ohne Hyperinflation und mit einem relativ stabilen Geldwert, wie wir ihn heute haben, lohnt sich das Sparen trotzdem nicht mehr. Statt zur Wertaufbewahrung »dient« diese Geldanlage eher als Geldvernichtungsanlage.

Die meisten Deutschen sparen ihr Geld und legen es nicht an.

Bedingt durch die Inflation verliert Geld real an Wert.

Geldpolitik: Zinsen und Inflation

»Bundesbank schlägt Alarm! Inflation frisst Erspartes und Gewinne auf. – Was Sie jetzt tun müssen. Amtlich! Die Minizinsen fressen unser Vermögen auf!« So titelte die *Bild*-Zeitung am 21. August 2018, und ich dachte nur: Wow! Gerade einmal zehn Jahre nachdem zunächst die Federal Reserve Bank (US-Notenbank, auch Fed genannt) und später die Europäische Zentralbank begannen, den Leitzins schrittweise auf fast 0 Prozent zu senken, kam auch Deutschlands größtes Boulevardblatt darauf, dass Nullzinsen in Verbindung mit Inflation eine gefährliche Mixtur sind. Na, lieber spät als nie, und immerhin lässt es uns nun noch abschließend einen Blick auf die Aufgaben der Geldpolitik werfen – und darauf, was die großen Rahmenbedingungen der Politik für uns alle im Alltag bedeuten.

Grundsätzlich besitzt jedes Währungsgebiet eine Zentralbank. Im Euroraum ist das die Europäische Zentralbank, kurz EZB, die ihren Sitz im Bankenmekka Frankfurt am Main hat. Ihr oberstes Ziel ist die Gewährleistung der Preisstabilität. Sie soll also vermeiden, dass es nicht erneut zu einer Hyperinflation kommt, wie 1923 in Deutschland. Dafür kann sie den Leitzins bestimmen, an dem sich auch deine Bankfiliale um die Ecke orientiert, und hat die alleinige Befugnis, Euro-Banknoten und Münzen herauszugeben, sprich: Geld zu drucken.

Um die Preisstabilität zu gewährleisten, hat die EZB stets ein wachsames Auge auf die Preisveränderungen von Konsumgütern. Der Consumer Price Index (CPI), zu Deutsch: der Verbraucherpreisindex, erhebt und vergleicht jeden Monat 300.000 Einzelpreise von 600 Güterarten, verteilt in 94 Regionen im gesamten Bundesgebiet.[23] Was kostet ein halbes Kilo Salz? Was kostet ein Kinoticket? Wie viel Geld muss ich für eine Busfahrt ausgeben? Was kostet mich das Glas Wein am Feierabend? Sind Toaster günstiger geworden? Und wie viel Geld muss ich für einen neuen Haarschnitt auf den Tisch legen? Aus all diesen Daten lässt sich dann eine Inflationsrate ermitteln, die ein möglichst realistisches Abbild unseres Alltags geben soll.

2018 betrug diese Inflationsrate 1,8 Prozent. Das heißt, dass das Preisniveau im Durchschnitt um 1,8 Prozent gestiegen ist. Falls du also im Jahr davor für 100 Euro im Supermarkt eingekauft hast, musstest du jetzt für die exakt gleiche Menge 101,80 Euro bezahlen. (Ganz nebenbei bemerkt ist der Punkt Inflation auch immer ein gutes Argument bei deiner Gehaltsverhandlung: Schließlich ist dein Gehalt auch 1,8 Prozent weniger wert als noch vor einem Jahr.) Was passiert aber nun, wenn du dein Geldvermögen bar zu Hause versteckt hast, wie immerhin noch 3 Prozent der Deutschen? Was passiert mit den 1000 Euro, die du mühsam angespart oder von der Oma zum Studienabschluss geschenkt bekommen hast und noch immer in einem Umschlag im Bücherregal aufbewahrst? Jetzt musst du tapfer sein: Nach einem Jahr sind deine 1000 Euro nämlich nur noch 982,32 Euro wert, und wenn du vier weitere Jahre wartest und die Inflationsrate bei 1,8 Prozent bleibt, hast du nur noch einen Gegenwert von 914,66 Euro im Umschlag. Ohne etwas zu tun, hast du 85 Euro verloren. Einfach so – puff, und weg. Die EZB verfolgt sogar ein Inflationsziel von 2 Prozent. Wenn sie das schafft, schrumpft der Wert deiner 1000 Euro innerhalb von fünf Jahren sogar auf 905,73 Euro. Das ist die Macht des Zinseszinseffekts – nur in die unangenehme Richtung.

Nehmen wir an, du möchtest von den 1000 Euro eine neue Espressomaschine kaufen. Falls die Preise im Gegensatz zu einer Inflation nicht steigen, sondern fallen, würdest du natürlich noch ein paar Monate warten, bis du dir das Gerät kaufst. Das könnte für dich von Vorteil sein – nicht zu kaufen ist aber ein Dolchstoß für die Wirtschaft: Der Hersteller verkauft keine Maschinen und kann seine Angestellten nicht mehr bezahlen. Diese werden dann auf die Straße gesetzt, verdienen kein Geld mehr und können selbst wiederum nichts kaufen. Davon gehen dann weitere Firmen bankrott. Ein Teufelskreis entsteht, die gesamte Wirtschaft stagniert oder bricht sogar zusammen. Um dieses Horrorszenario zu vermeiden, streben viele Ökonomen ein stetiges Wirtschaftswachstum an – aber kein schnelles, sondern ein langsames, idealerweise um die 2 Prozent jährlich.

Warum möchte nun aber die EZB, dass der Wert deines Geldes schrumpft? Neben der Geldwertstabilität ist die EZB auch für die Förderung der Wirtschaft verantwortlich. Eine starke Wirtschaft bedeutet, dass Unternehmen Investitionen in neue Produkte tätigen und mehr Mitarbeiter einstellen, diese wiederum mehr Geld haben, sich ein neues Auto oder eine Immobilie kaufen. Davon profitiert dann wieder der Automobilhersteller oder der Bauträger, die auch jeweils mehr Aufträge bekommen und dadurch mehr Menschen einstellen können und so weiter. Damit Unternehmen und Privatpersonen große Investitionen tätigen können, benötigen sie jedoch das nötige Kleingeld, welches sie sich in Form von Krediten beschaffen. Doch warum wurden die Zinsen gesenkt, wie die *Bild*-Zeitung mit Erschrecken feststellte? Ganz einfach: Die Nullzinspolitik in Europa soll bewirken, dass Unternehmen wieder mehr Geld investieren und Haushalte mehr konsumieren. Die Wirtschaft soll zum Florieren gebracht werden. Durch die Senkung des Leitzinses auf mittlerweile 0 Prozent können sich Banken Geld von der EZB quasi zum Nulltarif leihen und dies wiederum zu einem Schleuderpreis an ihre Kunden weitergeben. Zur großen Freude von Unternehmen und Häuslebauern!

Das Ganze hat jedoch einen Haken für alle fleißigen Sparer, die ihr Geld in Lebensversicherungen stecken oder auf ein Sparkonto einzahlen, denn auch die Zinsen, die man auf einem Festgeld- oder Tagesgeldkonto erhält, werden gesenkt. Banken orientieren sich stets an dem Leitzins, und zwar in beide Richtungen: Wenn sie ihr eigenes Geld nur noch billig verleihen können, zahlen sie den Sparern auch keine attraktiven Zinsen mehr aus. Übersteigt die Inflation den Zinssatz für Spareinlagen, verliert das Geld während dieser Zeit auf dem Sparkonto ebenso an Wert wie zu Hause unter dem Kopfkissen oder in Omas Umschlag. Und genau das passiert. Banken sprechen von Negativrenditen, damit es wenigstens noch so halbgut klingt, aber eigentlich wirft man sein Geld zum Fenster raus.

Da es auf die klassischen Investitionsmöglichkeiten kaum noch Zinsen gibt, wird in den letzten Jahren zwar ver-mehrt Geld in Aktien investiert, trotzdem stecken die Deut-schen gerade einmal 6,7 Prozent ihres Vermögens in solche Wertpapiere. Dabei sind Aktien die heimlichen Gewinner bei der Nullzinspolitik. Während wir uns trotzdem noch immer an Sparbücher klammern, sind unsere europäischen Nachbarn schon weiter und aufgeschlossener gegenüber den rentableren Aktienmärkten: In den Niederlanden besitzt nahezu jeder dritte Bürger und jede dritte Bürgerin Aktien, in Großbritannien immerhin jede vierte Person, und auch Schweden (18,6 Prozent) und Frankreich (14,5 Prozent) lie-gen weit vor Deutschland. Alles Länder, deren Einwohner mehr Vermögen besitzen als die Deutschen, wie wir gesehen haben. Kann das Zufall sein? Ich denke, das ist alles andere als Zufall, zumal viele der genannten Länder höhere Lebens-haltungskosten haben. Neben dem Wissen um die Basics spielt vor allem die eigene Einstellung zu Geld- und Finanz-themen eine entscheidende Rolle: dein Money-Mindset.

 Aufgrund der niedrigen Zinsen muss das Geld investiert werden, um seinen Wert zu behalten oder an Wert zu gewinnen.

DEIN MONEY-MINDSET –
DER SCHLÜSSEL ZU ALLEM

Kurz nachdem ich meine Erleuchtung am See hatte, stand mein erstes Aktiendepot, und ich tätigte den ersten Aktienkauf – ich war so aufgeregt und froh und wollte meine Freude nun teilen. Ich wollte hören, was meine Freunde in Sachen Vorsorge so machten. Wie weit waren sie schon in ihrer Finanzplanung? Wie viel Geld sparten sie jeden Monat? Wo und in was legten sie ihr Geld an? Legten sie es überhaupt an? War ich etwa die Letzte, die sich mit dem Thema auseinandersetzte, während alle anderen für ihr Alter längst vorgesorgt hatten und über ein fettes Aktiendepot verfügten? Fragen über Fragen gingen mir durch den Kopf, und ich konnte es kaum erwarten, sie loszuwerden und mich mit meinen Freunden auszutauschen.

Da saßen wir also wie jede Woche beim Abendessen im Restaurant, tranken vergnügt Wein, ärgerten uns über unsere Vorgesetzten und erzählten uns von unseren neuesten Erlebnissen. Wir gaben uns alle ein Update über unsere vergangene Woche, trösteten uns gegenseitig über dies hinweg und freuten uns füreinander über jenes. Wie immer verfielen wir dabei in schallendes Gelächter. Nach der zweiten Flasche Wein stellte ich dann endlich die Frage, die mir schon den ganzen Abend unter den Nägeln brannte: »Sagt mal, was macht ihr eigentlich mit eurem Geld? Spart ihr auch was? Oder legt ihr es irgendwie an?« Schlagartig wurde es ruhig. Ich sah irritierte Blicke, große Augen und offene Münder. Meinen engsten Freunden, mit denen ich mich eben noch über Verdauungsbeschwerden, die ersten Falten auf der Stirn und riesige Schwangerschaftsstreifen am Po, über Ärger im Job und Probleme mit dem Partner unterhalten hatte, verschlug es die Sprache. Denn ich hatte das Thema auf dem Tisch gebracht, über das man einfach nicht spricht: Geld.

Laut einer Umfrage der Norisbank gaben gerade einmal 32 Prozent der Befragten an, sich mit ihren engen Freunden über Geld auszutauschen.[24] Und dabei reden wir hier nicht einmal von Geldsorgen, also zum Beispiel, dass man den Rest des Monats nur noch Nudeln essen kann, weil man unbedingt noch die elfte Jeans kaufen musste. Mit wem unterhalten sich denn die Deutschen sonst noch gerne über Finanzen? 35 Prozent redeten mit ihren Eltern über Geld, und immerhin 86 Prozent, die in einer Beziehung lebten, behaupteten, sie hätten vor ihrem Partner keine Geheimnisse hinsichtlich ihrer Einkommenssituation. Das bedeutete allerdings auch, dass in 14 Prozent der Fälle der Partner nicht wusste, was seine bessere Hälfte verdiente. Dabei könnte man im Freundeskreis so viel voneinander lernen oder sich etwas von den Eltern abschauen und von deren Fehlern genauso wie von den guten Entscheidungen profitieren. Auch in der Partnerschaft ist ein offener Austausch sinnvoll. Wie sonst kann man wissen, welchen Urlaub man sich als Paar leisten kann – Rom oder Rhön? –, in welche Art von Wohnung man mal gemeinsam ziehen könnte – Altbau oder Plattenbau? – oder welches Restaurant man am Abend auswählen soll – Michelin oder McDonald's?

Trau dich, auch mit deinen Freunden und deiner Familie über Geld zu sprechen. Mach es nicht zum Tabuthema.

Geld ist in unserem Leben allgegenwärtig, und gleichzeitig ist es ein Tabuthema. In unserer Gesellschaft gelten Sparsamkeit und Genügsamkeit als moralisch gut, das ist biblisch und historisch begründet, wie wir gleich noch sehen werden. Ein Mensch, der den Wunsch nach Reichtum und einem luxuriösen Leben hat, kann nur ein schlechter Mensch sein: ohne Anstand, ohne Skrupel und ohne Gewissen. Offen und frei über Geld zu sprechen ist in vielen Familien einfach nicht üblich. Wie sollen aber die Kinder etwas lernen, wenn schon die Eltern sie nicht über Finanzfragen aufklären? Und warum ist das überhaupt so? Um zu verstehen, warum Geld in unserer Gesellschaft so verpönt ist, machen wir noch einmal eine kleine Zeitreise, diesmal zu den alten Philosophen und Propheten.

Geld unter Philosophen und Propheten

In der heutigen Zeit ist als Philosoph der materiellen Mäßigung vor allem Karl Marx bekannt. Dabei predigte er Wasser und trank gerne Wein – und zwar in vornehmster Gesellschaft. Im Kampf gegen den Kapitalismus musste er ins Londoner Exil fliehen, wo er fast vollkommen mittellos auf die finanzielle Unterstützung seines Freundes Friedrich Engels angewiesen war. Eine große Depression überkam ihn, als er merkte, dass all seine Kritik am Kapitalismus und sein Kampf für den Kommunismus kaum Anklang fanden. Auch seine Bücher verkauften sich zu Lebzeiten miserabel. Doch Marx dachte nicht daran, sich trotz eines chronisch leeren Geldbeutels einzuschränken: Man wohnte im vornehmen Chelsea inklusive Dienstmädchen, die Töchter nahmen Klavierunterricht, und natürlich mussten sie auch einen Ball für die feine Gesellschaft geben. Mit 45 Jahren klagte der arme Philosoph: »Wüsste ich nur irgendein business anzufangen! Grau, teurer Freund, ist alle Theorie, und nur das bisschen business ist grün. Ich bin leider zu spät zu dieser Einsicht gekommen.«[25] Vom »business« und vom Umgang mit Geld verstand er leider nur wenig, und so blieb Marx nichts anderes übrig, als regelmäßig Bettelbriefe nach Deutschland zu schicken und auf eine milde Gabe von Engels zu warten. Und so klagte auch seine Frau Jenny Marx: »Ich wünschte, daß mein lieber Karl mehr Zeit damit verbracht hätte, Kapital anzuhäufen, statt nur darüber zu schreiben.«

Werfen wir einen Blick Richtung Griechenland. Okay, heute hat das Land immer noch mit den Folgen der schweren Finanzkrise zu kämpfen. Jahrelang wurden Beamte eingestellt, die nie zur Arbeit erschienen, und wohlhabende Bürger umgingen hohe Summen an den Staat, indem sie ihren Hauptwohnsitz auf ihre Jachten verlegten, wodurch sie keine Steuern mehr zahlen mussten – laut griechischem Recht war dies völlig legal und ein beliebtes Steuerschlupfloch. Aber ich meinte eigentlich die alten Griechen und ihre großen Philosophen.

Wer kennt nicht die Geschichte von Diogenes, der lange vor dem aktuellen Hype um Minimalismus ein Leben in Einfachheit und ohne große Ansprüche proklamierte. Seinen Wohnstil würde man aber wohl nicht unter dem Hashtag #minimalism auf Instagram oder Pinterest finden. Denn seine schlichte Wohnung bestand aus einem einfachen Fass, in dem er wohnte. Ganz ohne Hygge-Ratgeber war er bereits so glücklich und bedürfnislos, dass ihm, als Alexander der

Große großzügig anbot, ihm einen seiner Wünsche zu erfüllen, nichts anderes einfiel als: »Geh mir nur ein wenig aus der Sonne.« Und auch andere berühmte Philosophen wie Sokrates und Platon befürworteten das einfache Leben. Selbst bei den Römern, die bekannt sind für ausschweifende Feste und zügellose Dekadenz, gab es Vertreter der (monetären) Zurückhaltung. Marc Aurel und Seneca lehrten Genügsamkeit und die Verachtung materieller Güter. Für Seneca lag das wahre Glück nicht im Genuss, sondern in der Mäßigung, da wahrer Reichtum nur von innen kommen könne.

Nachdem die Philosophie der Antike viele Jahrhunderte im Zentrum des gesellschaftlichen Lebens gestanden hatte, wurde sie mit der Zeit mehr und mehr von »the next big thing« abgelöst: den Religionen. Egal ob im Christentum, im Buddhismus, Judentum oder Islam – in allen vier Weltreligionen wird das Streben nach irdischem Reichtum verachtet, und als Belohnung winken Engelschöre, Jungfrauen, Milch- und Honigflüsse oder auch einfach mal das nirvanische Nichts. Auch wenn bei uns in Deutschland Religion nur noch eine untergeordnete Rolle spielt (außer in Bayern), so kann man nicht bestreiten, dass sie noch immer von religiösen Werten geprägt ist. Und sollten wir uns nicht alle ein Vorbild an Jesus nehmen? Dem, der nichts hatte und selbst sein letztes Tuch mit den Armen teilte? Der stets genügsam war und keine weltlichen Güter besaß? Ein bekanntes Bibelzitat besagt, dass eher ein Kamel durch ein Nadelöhr gehe, als dass ein reicher Mensch einst in den gelobten Himmel komme. Selbst Jesus warnt in seiner Bergpredigt: »Niemand kann zwei Herren dienen: Entweder er wird den einen hassen und den andern lieben, oder er wird an dem einen hängen und den andern verachten. Ihr könnt nicht Gott dienen und dem Mammon.« Glaube und Geld können also erst gar nicht Hand in Hand gehen. Ganz gleich, welche guten Taten man sonst noch in seiner Freizeit vollbringen mag – wer Geld hat, ist ein schlechter Mensch. Punkt. Schließlich wurde auch Judas für seinen Verrat an Jesus nicht etwa mit einem köstlichen Essen oder einer schönen Reise belohnt, sondern er verkaufte Jesus' Vertrauen gegen Geld. Ob im Alten oder im Neuen Testament – wer reich werden will, befindet sich schon in den Fängen des Teufels, hat seine Seele praktisch bereits an ihn verkauft und kann die Engelschöre im Himmel für immer abhaken. Und wer möchte schon in aller Ewigkeit in der Hölle schmoren, nur weil man sich in der kurzen Zeit auf Erden mal ein schönes Wellnesswochenende oder etwas Luxus gegönnt hat? Dann doch lieber christliche Bescheidenheit und hoffen, dass man nach seinem Tod dafür belohnt wird.

Menschen, die sich dem christlichen Glauben fest versprachen, führten ein Leben in vollkommener Askese. Die Benediktiner lebten getreu dem Motto »ora et labora« – bete und arbeite. Wer damals sündigte, musste sich durch den Ablasshandel von einem Teil seines Geldes verabschieden. Und war ein Bauer mal knapp bei Kasse, so musste er halt einen Teil seines Bodens an die Kirche abtreten. Alles natürlich nur, damit seine Seele in den Himmel kommt und er nicht in der Hölle schmoren muss. Klar. Die schöne Ironie: Heute ist die katholische Kirche nicht nur steinreich, sondern auch der größte Großgrundbesitzer in der westlichen Welt. Allein die sechs größten Rechtsträger der Erzdiözese München-Freising kamen Ende 2015 auf ein Vermögen von stolzen 5,5 Milliarden Euro,[26] und derselbe Verwaltungsbezirk kommt auf ein jährliches Einkommen von etwa 660 Millionen Euro.[27] Das meiste davon aus der Kirchensteuer. Dazu kommen allein in dieser Erzdiözese noch 5000 Hektar Wald und 7000 Gebäude, zu denen auch gewerbliche Gebäude zählen. Und ja, die Kirche investiert ihr Geld auch in Aktien und andere Wertanlagen.

Warum ich das alles hier erzähle? Nicht etwa, weil ich dich von deinen sonntäglichen Kirchgängen abhalten möchte. Ich selbst war bis zu meinem achtzehnten Lebensjahr Messdienerin und habe ganz freiwillig acht Jahre lang fast jeden Sonntag in einem schwarzweißen, schweren Gewand die Weihrauchkugel hin- und hergeschwenkt. Als ob das nicht genug wäre, war mein erster Traumberuf als Kind Pastorin. Leider haben Frauen in der katholischen Kirche geringere Karrierechancen als in Seehofers Ministerium, und so habe ich diesen Berufswunsch schnell aufgegeben. Nein, ich erzähle dies alles, weil religiöse Normen und Moralvorstellungen noch heute großen Einfluss auf unsere persönlichen Einstellungen gegenüber Geld und Reichtum haben, auf unseren Money-Mindset – ob es uns nun bewusst ist oder auch nicht. Das Streben nach Geld ist bei Weitem nicht so schick wie das Streben nach Glück. Hängt aber nicht beides auch irgendwie miteinander zusammen?

Geld und Glück

Es gibt da diesen ganz bekannten Spruch: Geld allein macht nicht glücklich. Und ich glaube, jeder kann ihm zustimmen, egal ob arm oder reich. Allerdings heißt es auch Geld *allein*. Es gilt als bewiesen, dass uns vor allem intakte Beziehungen und soziale Kontakte am glücklichsten machen. Was bringt es mir, in einem Fünf-Sterne-Resort auf den Malediven zu sein, mich von Austern und Champagner zu ernähren und abends den Sonnenuntergang über dem Meer zu genießen, wenn ich es mit niemandem teilen kann? In Zeiten von Social Media könnte ich zwar auf Instagram damit angeben und alle fünf Minuten den Stand meiner Likes checken, aber so erfüllend wie gemeinsame Erlebnisse wäre das natürlich bei weitem nicht. Auf der anderen Seite muss ich mit meinen liebsten Freunden nicht in ein schickes und teures Restaurant gehen, um mich gut zu amüsieren – das kriegen wir überall gut hin. Trotzdem wirkt sich Geld positiv auf das Wohlergehen aus. Die Lebenserwartung in reichen Ländern ist viel höher als die in armen Ländern. Während die Menschen in Monaco fast neunzig Jahre alt werden, werden die Menschen im zentralafrikanischen Tschad gerade einmal fünfzig Jahre alt.[28]

Jetzt könnte man natürlich sagen: »Moment! Das liegt natürlich an der unterschiedlichen Versorgung im Land.« Das ist richtig, aber auch innerhalb unserer Landesgrenzen gibt es signifikante Unterschiede. Eine Studie des Robert Koch-Instituts fand heraus, dass reiche Menschen auch in Deutschland länger leben als arme Menschen. Armutsgefährdete Männer erreichen im Durchschnitt ein Alter von 70,1 Jahren, armutsgefährdete Frauen werden 76,9 Jahre alt.[29] Von der armutsgefährdeten Schicht über die Unterschicht, untere Mittelschicht, obere Mittelschicht und bis schließlich zur Oberschicht steigt die Lebenserwartung um etwa zwei Jahre je Gesellschaftsschicht. Reiche Menschen aus der Oberschicht erreichen im Durchschnitt ein stolzes Alter von 80,9 (Männer) beziehungsweise sagenhaften 85,3 Jahren (Frauen).[30]

 Reiche Menschen leben länger als arme Menschen.

Das heißt, die vermögende Zahnärztin lebt durchschnittlich 15 Jahre länger als ihr armer Patient oder der Bäckereiverkäufer, bei dem sie jeden Sonntag die Brötchen für sich und ihre Familie kauft. Wer Geld hat, kann es für die Mitgliedschaft in einem stylishen Fitnessstudio, das frischeste

Bio-Gemüse oder den entspannenden Skiurlaub ausgeben. Wer kein Geld hat, kann sich vermutlich nicht mal ein neues Paar Laufschuhe leisten und ist auf das billigste Essen im Discounter angewiesen. Ich kann mich sehr gut daran erinnern, was ich während meiner Ausbildung und anschließend während des Studiums gegessen habe. Die Menüvariationen reichten in etwa von Toastbrot mit Butterkäse zu Nudeln mit Tomatensoße aus der Dose. Mein Körper muss sich zu dem Zeitpunkt bei jedem Brokkoliröschen und jedem Apfel, den er bekommen hat, gefreut haben wie ein Schneekönig. Als ich nach meinem Auszug das erste Mal meine Eltern besucht habe, öffnete ich deren Kühlschrank, nahm alles in die Hand und strahlte voller Glück über geräucherten Lachs, weiche Pfirsiche und frischen Spinat. Vermutlich war das der erste Moment seit meinem Auszug, in dem ich frischen Spinat zu schätzen wusste. All diese Sachen konnte ich mir mit meinem lächerlichen Ausbildungsgehalt von 400 Euro in München einfach nicht leisten.

Allerdings war das für mich damals auch keine psychische Belastung. Mir war egal, was auf den Tisch kam. Hauptsache, ich konnte meine Freunde treffen und hatte eine gute Zeit. Anders ist das natürlich, wenn man wirklich erwachsen ist, Verantwortung trägt und vielleicht auch noch eine Familie zu ernähren hat. Dann können sich Geldnöte nicht nur negativ auf die Gesundheit auswirken, sondern leider auch auf die Psyche. In seinem Buch *Philosophie des Geldes* beschreibt der Philosoph und Soziologe Georg Simmel bereits im Jahr 1900 die Geldopferfrage, die sich arme Menschen immer wieder stellen müssen. Statt unbekümmert etwas zu kaufen, müssen diese immer abwägen, wofür sie ihr Geld ausgeben möchten. Heutzutage würde die Frage lauten: Kaufen Sie die frische Ananas und verzichten dafür lieber auf den teuren Spargel? Oder dient als Beilage zum teuren Fisch dann lieber Reis als frisches Gemüse? Für reiche Menschen ist es natürlich wesentlich leichter, weil sie die angebotenen Nahrungsmittel, Waren oder Dienstleistungen einfach genießen können, ohne sich Sorgen darüber zu machen, ob sie diesen Monat noch über die Runden kommen. Wenn man sich täglich einer so elementaren Frage stellen muss, ob man sich dieses Essen auch wirklich leisten kann, betrifft das nicht nur Geldbeutel, Körper und Psyche – es hat leider auch Auswirkungen auf unsere Partner und Kinder.

 Geldsorgen wirken sich negativ auf die Gesundheit aus.

Laut einer Studie zeigen bereits 43 Prozent der Briten Symptome des sogenannten Money-Sickness-Syndroms (MSS).[31] Durch das ständige Grübeln über ihr Einkommen, die Miete oder die nächste Ratenzahlung fürs Auto leiden immer mehr Menschen unter Herzklopfen, Kopfschmerzen, Übelkeit, Durchfall, Appetitlosigkeit oder schlechtem Schlaf. Zu diesen körperlichen Symptomen kommen noch psychische wie Konzentrationsschwäche, Stimmungsschwankungen und Nervosität hinzu. MSS tritt somit nicht nur in den ärmsten Schichten der Gesellschaft auf, sondern kann jeden treffen. Eine neue Zahnkrone oder eine kaputte Waschmaschine können bei manchen Menschen für schlaflose Nächte sorgen, wenn das Konto gerade wieder im Minus ist, weil man sich noch dringend eine neue Lederjacke kaufen musste und sie jetzt nicht mehr umtauschen kann. So etwas kann sich jedoch auch stark auf das Sozialleben auswirken: 37 Prozent der Befragten sagen, sie verbringen wegen Geldsorgen weniger Zeit mit dem Partner oder der Partnerin, und jeder fünfte Elternteil vernachlässigt deswegen die eigenen Kinder. Satte 19 Prozent leiden aufgrund des Money-Sickness-

Syndroms an einem Verlust der Libido. All die Grübeleien, Sorgen und Ängste führen also dazu, dass wir unsere liebsten Menschen vernachlässigen und unsere Beziehungen gefährden, die doch für unser Glück mitverantwortlich sind.

Natürlich kann auch jemand, der wenig Geld hat, glücklich sein. Aber wenn man jeden Euro zweimal umdrehen muss, ist das auf Dauer belastend und nimmt uns eine gewisse Leichtigkeit. Geld ist eine Voraussetzung dafür, ein würdevolles Leben führen zu können. Der Wunsch nach mehr Geld ist nicht einfach mit Gier gleichzusetzen, wie es vielleicht manche Philosophen oder Religionen gerne mal tun. Vielmehr steht hinter einem geregelten Finanzplan auch der Wunsch nach Perspektiven und Freiheit. Und dieser muss auch nicht immer eigennützig sein, sondern kann sich auch darin äußern, seine Familie versorgt zu wissen und seinen eigenen Kindern im Alter nicht zur Last zu fallen, weil man sich frühzeitig um seine Altersvorsorge gekümmert hat.

Bisher gilt, dass Kinder gegenüber ihren Eltern verpflichtet sind, Unterhalt zu zahlen. Haben sich die Eltern also während ihres Lebens keine Gedanken darüber gemacht, Geld beiseitezulegen, und besitzen sie daher keine Ersparnisse, um ein Pflegeheim zu bezahlen, müssen die eigenen Kinder einspringen. Einen Teil dieser Pflegekosten übernimmt zwar die gesetzliche Pflegeversicherung, doch deren Leistung ist zu gering, um die kompletten Kosten zu decken. Können die pflegebedürftigen Eltern den verbleibenden Eigenanteil nicht selbst zahlen, springt zunächst das Sozialamt ein. Anschließend wendet sich das Amt jedoch an die unterhaltspflichtigen Kinder und bittet diese zur Kasse. Haben die Eltern also nicht vorgesorgt, müssen die Kinder zahlen – ganz gleich, ob der Kontakt zwischen Eltern und Kind besteht oder nicht. Im August 2019 hat die Bundesregierung schließlich einen Gesetzentwurf auf den Weg gebracht: Nur wer jährlich 100.000 Euro brutto oder mehr verdient, muss die Eltern im Pflegefall finanziell unterstützen. Die meisten von uns können jetzt entspannt aufatmen – sofern aus dem Entwurf auch ein Gesetz wird.

Wer sich bisher nicht mit seinen Finanzen auseinandergesetzt hat, weil er meinte, dass der Kapitalismus böse ist oder man dafür in die Hölle kommt – Stichwort: Kamel und Nadelöhr –, der dachte nicht so weit, dass man dies nicht nur für sich selbst macht. Ob mit oder ohne das sogenannte »Angehörigen-Entlastungsgesetz«: Durch eine eigene Finanzplanung gibt man seinen eigenen Kindern auch die Chance, ein freies Leben zu führen, eigene Träume zu verwirklichen und etwas aufzubauen – ohne die Angst, dass der Staat Geld haben möchte, weil ich mir mit dreißig Jahren lieber teure Schuhe gekauft habe, als mein Geld anzulegen. Dass beides geht und dass man trotz eines Shopping-Marathons auch noch Geld für die Altersvorsorge beiseitelegen kann, werden wir noch sehen. Doch erst einmal geht es darum, den eigenen Umgang mit Geld zu durchleuchten und die dahinterliegenden Glaubenssätze zu entlarven.

 Wer nicht selbst vorsorgt, liegt später seinen Kindern auf der Tasche.

Der Staat nimmt dabei den Kindern nicht ihr gesamtes Vermögen weg, und das Eigenheim ist in der Regel davor geschützt, für die Pflegekosten der Eltern herhalten zu müssen. Dieser Selbstbehalt beläuft sich auf 1800 Euro monatlich. Das ist der Betrag, den die Kinder einbehalten dürfen, um ihre eigene Miete zu bezahlen und für die eigenen Kinder zu sorgen. Vom überschüssigen Einkommen darf die eine Hälfte einbehalten werden, die andere wandert in den Elternunterhalt.

↗ Negative Glaubenssätze

Es wird also Zeit, dass wir unser Geld in die Hand nehmen und damit auch etwas für unsere Gesundheit, unser Glück und unsere Libido tun – alles wissenschaftlich bewiesen. Das wissen wir jetzt, unser Unterbewusstsein weiß es aber vielleicht noch nicht. In der Psychologie werden Glaubenssätze als tief verankerte Überzeugungen definiert, die im Unterbewusstsein schlummern und unser Denken und Handeln beeinflussen. Es geht hier nicht um esoterischen Hokuspokus, sondern darum, deine Einstellung gegenüber Geld zu ändern, derer du dir vielleicht noch gar nicht bewusst bist. Vielleicht fühlst du dich auch einfach nur etwas unwohl bei dem Gedanken an Geld. Vielleicht hast du sogar Abscheu vor dem Thema, und in deinem Freundeskreis ist man stolz darauf, dass Geld keine Rolle spielt. Das wäre keine gute Ausgangssituation, um mit deiner Vermögensplanung zu starten, muss dich aber nicht beunruhigen. Denn das lässt sich easy ändern.

Das 1937 erschienene Buch *Denke nach und werde reich* von Napoleon Hill wurde zu einem weltweiten Bestseller, der sich seitdem über 70 Millionen Mal verkauft hat. Darin geht es einzig und allein darum, wie Gedanken unseren Umgang mit Geld und den damit verbundenen Erfolg steuern: »Jeder Mensch wird letztlich durch die Gedanken, von denen er sich beherrschen lässt, zu dem, was er ist.« Angeblich hat sogar Mahatma Gandhi für das Buch geworben – und den würden wohl die wenigsten als geldgeilen Menschen bezeichnen.

Es gibt drei Schritte, wie du deinen Glaubenssätzen auf die Schliche kommen und sie – falls nötig – in eine positive Grundeinstellung gegenüber Geld umwandeln kannst. Los geht's.

✎ 1. Schritt: Was sind deine Glaubenssätze?

Lehn dich zurück, mach es dir bequem und denke an Geld: Was sind die ersten Gedanken, die dir dabei in den Sinn kommen? Welche Sprichwörter fallen dir ein, die du selbst auch glaubst? Wie siehst du dich selbst im Umgang mit Geld? Das kann zum Beispiel so aussehen:

- Geld verdirbt den Charakter.
- Geld ist der Ursprung allen Übels.
- Geld ist nicht wichtig in meinem Leben.
- Ich kann nicht mit Geld umgehen.

Meine negativen Glaubenssätze:

_____

_____

_____

_____

✎ 2. Schritt: Gehe deinen Glaubenssätzen auf den Grund

Falls dir das alles zu esoterisch war, wird es jetzt rationaler: Schau dir deine Glaubenssätze an und belege sie: Gibt es Studien dafür, die besagen, dass Geld den Charakter verdirbt? Ist Geld wirklich der Ursprung allen Übels? Und was bedeutet das überhaupt?

Wie sieht es mit den Glaubenssätzen aus, die sich auf dich persönlich beziehen: Wenn Geld nicht wichtig ist in deinem Leben, warum gehst du dann überhaupt arbeiten?

Und könntest du auch ein Leben vollkommen ohne Geld führen? Warum kannst du nicht mit Geld umgehen? Und was müsstest du ändern, um besser damit umgehen zu können?

_____

_____

_____

_____

⚡ 3. Schritt: Kehre deine Gedanken um

Hast du deine negativen Glaubenssätze zum Geld entlarvt und entkräftet, wird es Zeit, die Gedanken umzukehren und neu zu definieren. Schreibe sie einfach anhand der rationalen Begründung, die du vorgenommen hast, um. Zum Beispiel so:

- 🪙 Geld allein macht keinen schlechten Menschen. Es gibt viele Menschen, die einen Großteil ihres Geldes spenden und damit Gutes tun.

- 🪙 Geld gibt Menschen die Möglichkeit, die Welt besser zu gestalten. Wie sonst würden Hilfsorganisationen auf der ganzen Welt überleben.

- 🪙 Auch wenn Geld nicht der Mittelpunkt meines Lebens ist, kann ich es nutzen, um mir mein Leben schöner zu gestalten.

- 🪙 Ab sofort werde ich lernen, besser mit Geld umzugehen.

Meine neuen Glaubenssätze:

_____

_____

_____

_____

Du siehst, das Ganze funktioniert ganz ohne Hokuspokus und esoterische Hintergrundmusik. Alles, was du tun musst, ist, dich mit deiner eigenen Einstellung auseinanderzusetzen und neu zu denken.

Für mehr mentale Unterstützung findest du unter _fortunalista.de_ auch passende Online-Kurse.

⚡ Schmeiß die Fuffis in den Club

In meinem Leben haben negative Glaubenssätze keine große Rolle gespielt. Ich hatte mit fünfzehn den ersten Job, und während Ausbildung, Praktikum und Studium habe ich immer versucht, irgendwie Geld in die Kasse zu bekommen. Allerdings habe ich es nie gespart, sondern immer schön ausgegeben. Mein Geldproblem war nämlich ein anderes. Die ersten drei Jahre nach meinem Studium habe ich mein gesamtes Einkommen ausgegeben.

Es war das erste Mal in meinem Leben, dass ich mit meinem Gehalt nicht nur meine Kosten decken konnte – ich konnte mir jetzt endlich auch etwas leisten. Wenn ich nach der Arbeit durch die Stadt ging, hatte ich das Gefühl, ich könnte alles kaufen, worauf ich Lust hatte. Natürlich stimmte das nicht. Aber wenn man noch wenige Monate vorher von

600 Euro gelebt und davon sogar Miete gezahlt hatte (in Leipzig war das möglich), kamen einem die ersten 1800 Euro Monatsverdienst wahnsinnig viel vor. Parallel zu meinem Einkommen schossen auch meine Bedürfnisse in die Höhe. Ziellos lief ich nach einem langen Tag durch die Stadt und ließ mich inspirieren. Vollkommen wahllos kaufte ich Dinge, die ich schon nach kurzer Zeit so scheußlich fand, dass ich mir den Kauf nicht mehr erklären konnte. Da wäre der schwarzweiß gefleckte Mops aus Keramik, dem irgendein Einrichtungsdesigner Kopfhörer auf die Ohren gesetzt hat. Das Ding steht immer noch in meinem Regal und erinnert mich mittlerweile daran, meine Einkäufe bewusster zu tätigen. Immerhin.

Wenn ich heute zurückblicke, kann ich gar nicht mehr verstehen, wie ich so acht- und ziellos durchs Leben schreiten konnte. Damals kam ich erst gar nicht auf die Idee, etwas von meinem Einkommen zu sparen. Heute weiß ich, warum: Ich hatte keinen Plan und kein konkretes Ziel. Mein Horizont war damals so beschränkt, dass ich einfach in den Tag hineinlebte und mir keinerlei Gedanken darüber machte, was ich eigentlich mal erreichen möchte. Dabei rede ich nicht von einem idealistischen Lebensziel, dem Sinn meines Lebens oder anderen tiefgründigen existenziellen Fragen. Ich meine damit, dass ich mir nicht einmal Gedanken darüber machte, ob es nicht schön wäre, wenn ich am Ende des Monats etwas Geld übrig hätte. Da du dir dieses Buch gekauft hast, bist du offenbar schon weiter als ich damals und hast vor, nicht dein gesamtes Gehalt für hässliche Keramikmöpse auf den Kopf zu hauen.

⤴ Motivation und die richtige Zielsetzung

Motivation ist der Motor, der uns antreibt, und der läuft bei jedem Menschen mit einem anderen Treibstoff. Sie setzt einen inneren Prozess in Gang, der sogar dazu führt, dass wir haufenweise Glückshormone und -botenstoffe ausschütten, neue Lebenskräfte entwickeln und uns auch wirklich anstrengen, unsere Ziele zu erreichen. Kommen die Hirnareale Amygdala, Thalamus, präfrontaler Cortex und Nucleus accumbens so richtig in Fahrt, dann werden hier ordentlich Dopamin, Serotonin & Co. ausgeschüttet, und wir fühlen uns, als könnten wir Bäume ausreißen – oder zumindest mal wieder unsere Wohnung putzen. Und das ist auch nötig, denn: »Ohne genug Dopamin machen wir nichts, rein gar nichts, keinen Handschlag und keinen Finger krumm, weil zu wenig Dopamin in den Dopamin-Synapsen deckungsgleich mit Freud-, Antriebs-, Lust- und Interesselosigkeit einhergeht.«[32]

Damit die kleinen Hirnwindungen in unserem Kopf anfangen, munter Glückshormone auszuschütten, braucht es laut der Motivationspsychologie ein ganz konkretes Ziel. Und je größer die Erfolgswahrscheinlichkeit ist, das Ziel zu erreichen, desto eher fangen wir an, für dieses Ziel zu arbeiten. Falls ich mir also vornehme, meine Wohnung nicht nur zu putzen, sondern vollkommen neu zu gestalten und zu sanieren, habe ich ein Problem: Wo fange ich an? Eigentlich müsste ein neuer Boden her, die Farbe an der Wand gefällt mir auch nicht mehr, und einen neuen Kleiderschrank müsste ich erst einmal suchen, dann irgendwie nach Hause transportieren und auch noch stundenlang aufbauen. Wer schon mal einen Kleiderschrank mit seinem Partner zusammen aufgebaut hat, weiß, dass dieser Prozess grundsätzlich immer mit Streit verbunden ist. Meiner Meinung nach sollte man bei der Zeit-angabe, die auf der Bedienungsanleitung steht, noch die zwei Stunden für Streit und Versöhnung mit einrechnen. Meistens sind diese Angaben sowieso schon äußerst optimistisch. Vor lauter Überforderung setze ich mich dann doch lieber aufs Sofa und denke mir: »Ach, eigentlich passt das schon so. Und putzen werde ich lieber morgen. Oder übermorgen.«

Genauso ging es mir anfangs auch bei der Geldanlage: Natürlich hätte ich auch gerne mal mehr Geld auf der hohen Kante gehabt. Aber ich bekam nun mal keine 10.000 Euro Monatsgehalt, wovon sollte ich also so viel sparen? Was hilft mir die größte Motivation, wenn das Ziel unerreichbar scheint und ich überhaupt nicht weiß, wo ich anfangen soll? Die Lösung des Problems ist genauso einfach wie genial: Man erstellt einen Plan!

 Der Unterschied zwischen einem Traum und einem Ziel ist ein Plan.

⚡ Smarte Zielsetzung

Fangen wir mit einer einfachen Übung an: Stell dir folgende Situation vor und beende den folgenden Satz:

Joe sitzt in einem Restaurant und trinkt eine Tasse Kaffee. Er denkt darüber nach, was in der nächsten Zeit passieren wird, wenn …

_____

_____

_____

Versuche, dich in Joe hineinzuversetzen, und überlege, was er in diesem Moment über seine Zukunft denken könnte. Du kennst Joe nicht und musst nichts weiter über ihn wissen, als dass er gerade Kaffee trinkt und nachdenkt.

Machen wir mit einer nächsten Übung weiter:
Nach dem Aufwachen denkt Bill über seine Zukunft nach. Allgemein geht er davon aus, dass ...

Du kannst auch hier aufschreiben, was du möchtest. Es gibt kein richtig oder falsch. Und auch über Bill musst du nicht mehr wissen, als dass er über seine Zukunft nachdenkt. Bevor du weiterliest, solltest du allerdings die beiden Denkübungen ausführen, denn allein durch diese zwei banalen Situationen kannst du viel über dich selbst herausfinden.

Fertig? Gut.

Bei beiden Übungen handelt es sich um ein Experiment, das Psychiater mit Heroinabhängigen in einer Drogenklinik in Burlington durchgeführt haben. Sie ließen die schwer suchtkranken Menschen die beiden Sätze beenden. Daneben stellten sie einer Kontrollgruppe mit den gleichen demografischen Eigenschaften die gleiche Aufgabe. Das Ergebnis war erstaunlich: Während die Kontrollgruppe bei Joe und seinen Gedanken über »die nächste Zeit« in etwa eine Woche vorausschaute, dachten die Heroinsüchtigen gerade einmal über die nächste Stunde nach. In Bills Fall, der sich morgens im Bett seine Zukunft ausmalt, dachte die Kontrollgruppe über langfristige Pläne nach, wie Heirat oder berufliche Ziele, die Suchtgruppe dachte hingegen an einen Arztbesuch oder ein Treffen mit Verwandten. Statt über einen zeitlichen Horizont von durchschnittlich viereinhalb Jahren nachzudenken wie die Kontrollgruppe, dachten die Heroinabhängigen über eine Zeit von gerade einmal neun Tagen nach. Dieses Verhalten lässt sich als typisch in vielen Lebensbereiche nachweisen: Menschen, die suchtanfällig sind, wählen auch beim Kartenspielen riskantere Strategien und denken nur an den Augenblick, statt in die Zukunft zu schauen. Wenn sie die Möglichkeit haben, entweder sofort 375 Dollar zu bekommen oder 1000 Dollar in einem Jahr, entscheiden sich die meisten von ihnen für das sofortige Geld. Wer es aber geschafft hatte, seine Sucht zu überwinden, erreichte wieder einen mental längeren Zeithorizont.

Warum ich das erzähle? Drogensüchtige sind ein anschauliches Beispiel für die Gefahren kurzfristigen Denkens. Falls du in beiden Fällen oben nur an kurzfristige Ziele gedacht hast, musst du keine Angst haben, dass du bald zur Spritze greifst und abhängig wirst – es gibt hier keinen zulässigen Umkehrschluss. Viel wichtiger ist, dass du dich mit deiner Zukunft auseinandersetzt und lernst, die Dinge in Relation zu sehen. Kurzfristiges Denken ist nicht nur ungesund für unseren Körper, sondern auch für unser Portemonnaie. Sparen und investieren bedeutet oftmals, sich heute in seinem Konsum einschränken zu müssen, um zu einem späteren Zeitpunkt die Ernte einzufahren. Die 100 Euro, die du heute nicht ausgibst, sondern anlegst, können in zehn Jahren 200 Euro oder mehr wert sein.

Am besten gelingt die Zielsetzung, indem du dir konkrete Ziele setzt. Dazu gehört die Definition sowohl von langfristigen als auch von kurzfristigen Zielen. Natürlich war auch mir klar, dass ich mit spontanen Shoppingtouren kein großes Vermögen anhäufen konnte – zumindest nicht, solange ich mir keine Ziele gesetzt hatte. Und das musste ich erst einmal lernen. Dabei bin ich auf eine altbekannte Methode gestoßen, die mir geholfen hat: die SMART-Methode. Anstatt einfach zu sagen, dass du Geld sparen oder reich werden möchtest, solltest du deine Ziele nach folgenden fünf Prinzipien definieren.

S = spezifisch

Deine Ziele sollten klar definiert und so präzise wie möglich sein. Vielleicht hast du schon ein Bild im Kopf, was du mit deinem angesparten Geld machen möchtest. Das heißt, du solltest ganz konkret überlegen, was du mit dem angesparten Geld erreichen möchtest. Vielleicht möchtest du damit eine einjährige Weltreise finanzieren? Oder vielleicht möchtest du das angesparte Geld in Aktien anlegen und deine Altersvorsorge damit finanzieren. Vielleicht ist dein großer Wunsch auch ein Immobilienkauf, und du träumst von einer schicken Wohnung mitten in Hamburgs Nobelviertel Eimsbüttel oder einem Haus im wunderschönen Meran. Was auch immer dein Ziel ist – stelle es dir so konkret wie möglich vor und spezifiziere es für dich.

M = messbar

Bei einer Weltreise informierst du dich vermutlich vorher in entsprechenden Büchern oder Blogs, welches Reisebudget du benötigst. Soll es eine Low-Budget-Reise werden, bei der dir gerade einmal 10.000 Euro für ein ganzes Jahr reichen? Oder möchtest du dir auf deiner Reise auch mal ein Häuschen am Strand von Koh Phangan, einen Rundflug zum Mount Everest oder einen Retreat-Aufenthalt im Dschungel von Costa Rica gönnen? Denn dementsprechend musst du auch dein Budget skalieren. Also halte fest, welchen genauen Betrag du sparen möchtest oder musst, um deinen

Traum zu erfüllen. Ein motivierender Nebeneffekt ist, dass du mit einem klaren Ziel vor Augen genau sehen kannst, wie du dich mit jedem gesparten Euro deinem Ziel näherst und wie viel noch fehlt – das motiviert unheimlich in schwachen Zeiten.

↗ A = attraktiv

Wovon träumst du? Was möchtest du erreichen? Und wo siehst du dich eines Tages? Was spornt dich an? Dein Ziel muss attraktiv für dich sein. Der Gedanke daran, Geld für meine Rente sparen zu müssen, ist auch für mich nicht sehr verlockend. Denke ich hingegen daran, dass ich später weiterhin ein schönes Leben dadurch führen kann und meinen Kindern nicht zur Last fallen muss, ist dies für mich bereits eine relevante Motivation. Stichwort: Prosecco-Nachmittage.

↗ R = realistisch

Wenn du 2000 Euro netto verdienst und Ausgaben in Höhe von 1200 Euro hast, ist es sehr unrealistisch, 10.000 Euro im Jahr sparen zu wollen. Man muss ja schließlich auch von etwas leben – und zwar nicht nur von Toast mit Käse. Dein Ziel sollte erreichbar sein, aber auch eine kleine Herausforderung. Wenn dein Ziel von Beginn an unrealistisch ist, wirst du nicht die nötige Motivation aufbringen, überhaupt anzufangen. Wer sich als Geringverdiener den Kauf eines großen Hauses wünscht, wird nach kurzer Zeit frustriert aufgeben. Genauso verhält es sich, wenn du dir deine Ziele zu klein steckst. In letzter Zeit machen immer wieder Spar-Challenges die Runde im Internet, bei denen man jeden Tag einen Euro sparen soll und jedes Mal sein Sparziel abhakt. Für manche Menschen sind 30 Euro im Monat ein gutes Ziel, da es eine erreichbare Summe ist, die auch nicht zu leicht erreicht wird. Falls du auch mal schnell 30 Euro im Restaurant für ein Abendessen mit Freunden ausgibst, solltest du dir höhere Ziele stecken, da dich die Sparsumme von 30 Euro nicht genügend herausfordert. Mach es dir also weder zu einfach noch zu schwer – realistisch eben.

T = terminiert

Du brauchst eine Deadline! Genauso wie dein Ziel eine messbare Größenordnung haben sollte, sollte es auch ein Ablaufdatum haben. Nimmst du dir also vor, für eine Weltreise zu sparen, und setzt dir kein zeitliches Limit, erreichst du den benötigten Betrag vielleicht erst, wenn du Kinder hast und das ursprüngliche Ziel gar nicht mehr umsetzbar ist oder den Ansprüchen genügt.

Definiere deine Ziele nach der SMART-Methode.

Deine finanziellen Ziele

Nachdem du in die Geheimnisse der erfolgreichen Zielsetzung eingeweiht bist, geht es nun darum, selbst den Stift in die Hand zu nehmen und dir zu überlegen, was du erreichen möchtest. Die beste Vorgehensweise ist dabei, vom Großen ins Kleine zu denken: Du fängst mit deinem größten und langfristigsten Ziel an und brichst es dann auf Jahre oder Monate herunter. Ist dein großes Ziel in kleinere Etappenziele aufgeteilt, wird auch das Messbarmachen und Terminieren oft einfacher. Dann wird auch eine scheinbar riesengroße Utopie plötzlich ganz nah und greifbar.

Beispiel A:

Ich möchte in drei Jahren 18.000 Euro sparen, damit ich ein Jahr lang ein Sabbatical nehmen und die Welt bereisen kann. (= langfristiges Ziel)

Um dieses Ziel zu erreichen, muss ich jeden Monat 500 Euro sparen. (= kurzfristiges Ziel)

Beispiel B:

Ich möchte später in Frührente gehen, damit ich mein Leben genießen kann. Dafür muss ich bis zu meinem sechzigsten Lebensjahr in vierzig Jahren über ein Geldvermögen von mindestens 250.000 Euro verfügen. (= langfristiges Ziel)

Um das zu erreichen, muss ich – wenn man mal Renditen und Inflation außen vor lässt – ab sofort 6250 Euro im Jahr (= mittelfristiges Ziel) und 521 Euro im Monat (= kurzfristiges Ziel) beiseitelegen.

Du hast noch gar keinen langfristigen Plan? Auch kein Problem. Schließlich sind wir hier nicht in einem Bewerbungsgespräch, wo dich eine einfallslose Personalerin fragt, wo du dich in zehn Jahren siehst. Hier geht es um dich, und wenn du noch nicht weißt, wo du dich in zehn Jahren siehst, dann ist das vollkommen okay. Dann setzt du dir eben erst einmal für das nächste Jahr ein Ziel.

Beispiel C:

In genau zwölf Monaten werde ich endlich heiraten. Für mein Brautkleid möchte ich bis dahin insgesamt 1500 Euro gespart haben. (= mittelfristiges Ziel)

Dafür muss ich jeden Monat 125 Euro sparen. (= kurzfristiges Ziel)

Und jetzt bist du dran. Formuliere deine Ziele so smart wie möglich.

Dein langfristiges Ziel:

_____

_____

_____

Dein mittelfristiges Ziel:

_____

_____

_____

Dein kurzfristiges Ziel:

_____

_____

_____

WIE UNSER GEHIRN
UNS GELD AUSGEBEN LÄSST

Werbung und Marketing beeinflussen uns in unseren Kauf-
entscheidungen – so weit, so bekannt: Eigentlich wissen wir,
wenn wir Nescafé trinken, werden wir nicht so stilvoll und
unwiderstehlich wie George Clooney, mit Coca-Cola haben
wir nicht immer eine Handvoll blendend gelaunter Freunde um uns, und mit Red Bull werden wir nicht zu Extrem-
sportlern oder Workaholics. Die meisten von uns kennen die
Tricks der Werbebranche – und fallen trotzdem darauf rein.

Dabei braucht es aber nicht einmal perfekt inszenierte
Werbekampagnen oder fiese Marketingtricks, um unser Verhalten zu manipulieren und uns in unseren Kaufentschei-
dungen zu beeinflussen. Denn der größte Manipulator sind
wir selbst, genauer gesagt ist es unser Unterbewusstsein. Es
redet ein gewichtiges Wörtchen mit, wenn es darum geht,
wie viel Geld wir ausgeben, und auch, wann wir etwas kaufen oder nicht, und manchmal entscheidet es das alles auch
ganz allein. Unser Unterbewusstsein kann den Ausschlag
geben, ob wir diesen Monat noch ins Theater gehen werden
oder uns doch eher eine neue Kaffeemaschine kaufen. Solchen Entscheidungen liegen dann keine rationalen Gründe
zugrunde; überlassen wir unserem Unterbewusstsein das

Spielfeld, ist es vollkommen egal, was wir gerade eigentlich dringender benötigen – den entspannten Kulturabend oder das aufputschende Getränk am Morgen. Das mit der Rationalisierung versuchen wir dann hinterher. Und wenn wir uns gar nicht mehr erklären können, was wir da angezettelt haben, sprechen wir von Impulskäufen und Spontanentscheidungen.

↗ Mentale Konten

Sommerzeit ist Festivalzeit, und was gibt es Schöneres, als bei Sonnenuntergang mit den besten Freunden und dem Lieblingsbeat unter freiem Himmel in die Nacht hineinzutanzen? Mittlerweile sind die Sommermonate voll mit zahllosen kleinen und großen Festivals, die bald jedes Kuhkaff vorübergehend in ein kleines Coachella verwandeln – nur meistens noch ohne ständig Bilder postende Influencer. Die Preise dabei variieren zwischen 50 und 200 Euro. Nun stell dir vor, es ist Juli und du kommst gerade von einem grandiosen Festival, bei dem du insgesamt 300 Euro für Ticket, Anfahrt und Verpflegung bezahlt hast. Würdest du eine Woche später ein 100 Euro teures Konzertticket für eine deiner Lieblingsbands kaufen? Die Wahrscheinlichkeit ist ziemlich hoch, dass du das Konzert ausschlägst – und zwar nicht nur, weil sich dein Körper erst einmal von den Festivalstrapazen inklusive erhöhtem Alkoholkonsum und ungemütlichen Schlafgegebenheiten erholen muss. Wie hoch ist jedoch die Wahrscheinlichkeit, dass du dir ein paar Tage später neue Schuhe kaufst oder 100 Euro im Supermarkt für hochwertige Lebensmittel bezahlst?

Die Nobelpreisträger Daniel Kahneman und Amos Tversky belegten mit unterschiedlichen Studien, dass diesen scheinbaren Widersprüchen des Geldausgebens eine Theorie zugrunde liegt: die mentale Kontoführung. Demnach benutzen wir Menschen mentale Konten, die wir nach Kategorien einteilen und die uns helfen, unsere Ausgaben besser zu kontrollieren. Stell dir vor, du möchtest ein Theaterstück besuchen und hast bereits 10 Euro für die Karte bezahlt. Als du ankommst, merkst du, dass du die Karte verloren hast. Wie hoch ist die Wahrscheinlichkeit, dass du eine neue Karte kaufst? Hier entschied sich die Mehrheit der von Kahneman und Tversky befragten Personen gegen den erneuten Ticketkauf. Stell dir nun in einem zweiten Szenario vor, du hättest beschlossen, dir das Theaterstück anzusehen, aber noch keine Karte gekauft. Als du das Theater betrittst, fällt dir auf, dass du einen 10-Euro-Schein verloren hast. Wärst du bereit die Theaterkarte für 10 Euro zu kaufen? Falls du so tickst wie 88 Prozent der befragten Personen, dann antwortest du mit Ja. Obwohl in beiden Fällen ein Verlust von 10 Euro entstanden ist, handelt die überwiegende Mehrheit aller Menschen je nach Szenario unterschiedlich – wieso? Die Erklärung der Psychologen: Im ersten Fall ist das Konto »Freizeit« bereits belastet, und ein erneuter Kauf würde den Theaterbesuch doppelt so teuer machen. Im zweiten Fall werden die verlorenen 10 Euro auf einem anderen Konto verbucht, zum Beispiel auf einem allgemeinen Konto »Bargeld«. Daher gibt es trotz des verlorenen Geldes noch ein Budget für die Freizeit.

Der Volkswirt Hanno Beck verdeutlicht in seinem Buch *Geld denkt nicht* die mentale Kontoführung anhand einer schönen Anekdote: Der zweifache Oscar-Gewinner Dustin Hoffman wollte sich eines Tages Geld bei seinem Schauspielerkollegen und ebenfalls zweifachen Oscar-Gewinner Gene Hackman leihen. Als die beiden in Hoffmans Küche gingen, sah Hackman, wie dort verschiedene Einmachgläser voller Geld standen. Beschriftet waren sie mit Begriffen wie

»Bücher«, »Unterhaltung« und anderen Kategorien. Auf die Frage, warum er sich denn welches leihen wollte, wenn er doch über genug Geld verfügte, antwortete er: »Ich kann nicht einfach das Geld aus den anderen Gläsern nehmen.«[33] Ganz offensichtlich setzte Hoffman seine mentalen Konten 1:1 in die Realität um und gab ihnen ein klares, festgelegtes Budget vor. Da er in diesem Fall Geld für Essen brauchte, konnte er seine anderen Konten nicht dafür hernehmen.

Grundsätzlich ist diese unbewusste mentale Konto-führung ganz praktisch, da sie uns davon abhält, allzu viel Geld für einzelne Kategorien wie Kleidung oder Freizeit auszugeben. Denn wichtige Bereiche wie Lebensmittel müssen ja auch abgedeckt werden. Auf der anderen Seite kann es uns aber dazu verleiten, mehr Geld auszugeben, als wir wollen oder können. Denn der Kauf einer teuren Jacke veranlasst uns in der Regel nicht dazu, auf günstigere Lebensmittel umzusteigen oder eine Party auszulassen. Die Grenzen der mentalen Konten sind fließend und werden individuell definiert. Und falls du wirklich unbedingt auf das Konzert gehen möchtest, obwohl du schon auf dem Festival warst, dann wird dir dein Unterbewusstsein sagen, dass es sich beim Festival ja schließlich um einen Ausflug gehandelt hat und beim Konzert um ein Kulturevent. Wer hat seinen Eltern nicht schon mal zusätzliches Shopping-Geld abgeluchst, weil die Jeans zwar ein neues Kleidungsstück (Konto »Mode«), die zusätzliche neue Winterjacke aufgrund der Temperaturen aber wirklich notwendig ist (Konto »Grundausstattung«). Gewitzte Teenager haben das Prinzip der mentalen Konten schon immer genutzt – auch ohne es zu wissen.

Mentale Kontoführung tritt aber auch bei Geschenken zum Vorschein. Wie viele von uns haben wohl das Geld, das sie von der lieben Oma oder der reichen Tante zugesteckt bekommen haben, auch tatsächlich auf ein Konto eingezahlt und gespart? Geschenke sehen wir oft als eine Art Belohnung an. Daher wird dieses Geld in den seltensten Fällen und nur von wirklich disziplinierten Kindern und Jugendlichen gespart. Die meisten geben es direkt aus. Leider ist dies nicht nur im Kindes-, sondern auch noch im Erwachsenenalter so. Jedes Jahr im Frühjahr verschickt das Finanzamt den Steuerbescheid an Millionen von Menschen in ganz Deutschland. Die meisten von ihnen dürfen sich über eine mal größere, mal kleinere Steuerrückzahlung freuen. Was machen aber die meisten mit dem Geld? Richtig, sie geben es aus. Diese Geldeinnahme, die man eigentlich zum Gehalt dazuzählen müsste, weil die Abzüge vorher zu groß waren, wird als zusätzliches Geschenk wahrgenommen – und landet statt auf dem eigenen Tagesgeldkonto dann doch eher auf dem Konto von TUI oder Louis Vuitton.

Interessanterweise funktioniert mentale Kontoführung nur bei einem selbst und nicht, wenn wir versuchen, Entscheidungen für andere zu treffen. Während sich in der oben zitierten Anekdote Gene Hackman über die Einmachgläser von Dustin Hoffman wundert, führt er selbst ja, wie jeder Mensch, auch seine eigenen mentalen Konten. Forscher haben Studenten vor das gleiche Problem mit dem verlorenen Theaterticket beziehungsweise Geldschein gestellt wie Kahneman und Tversky. Und wie vermutet, haben sie bei der Frage, wie die Studenten reagieren würden, ähnliche Ergebnisse erzielt wie die renommierten Psychologen. Als die befragten Studenten jedoch für andere die gleiche Entscheidung treffen sollten, entschieden sie ganz ökonomisch und rational: 10 Euro, die man verloren hatte, waren eben verloren – egal ob als Bargeld oder als Ticket. Daher entschieden sie sich in den meisten Fällen bei Szenario 1 und Szenario 2 gegen den erneuten Ticketkauf.[34]

Was passiert aber, wenn wir ein Festivalticket für 150 Euro kaufen und gleichzeitig sehen, dass kurze Zeit später auch

noch ein Konzert für schlappe 15 Euro in der Stadt statt-
findet? Hier kommt ein weiteres Phänomen ins Spiel: das
Weber-Fechner-Gesetz.

Mentale Kontoführung hilft uns unterbewusst dabei,
nicht zu viel Geld für einen Bereich auszugeben.

Zusätzliche Geldeinnahmen sollten nicht wie Geschenke behandelt und einfach ausgegeben werden.

Das Weber-Fechner-Gesetz

Dieses Gesetz stammt aus dem Feld der Psychophysik und
behandelt eine Alltagserscheinung, die jeder von uns kennt.
Es besagt, dass es eine Beziehung zwischen zwei Reizen
gibt, deren wahrnehmbarer Unterschied direkt propor-
tional zur Intensität der Reize selbst ist. Aha. Es gibt also
eine subjektive Größe in der Wahrnehmung, die von einer
objektiven Größe in der materiellen Welt abhängt. Einfach
ausgedrückt bedeutet das: Wenn ich schon 150 Euro für ein
Festivalticket ausgebe, dann kommt es auf die 15 Euro für
das Konzertticket auch nicht mehr drauf an. Und schon sind
beide Tickets unser.

Im Alltag begegnet uns das Weber-Fechner-Gesetz in
vielen Situationen: Bei 30 Grad Außentemperatur merken
wir nicht mehr, ob es 29 oder 31 Grad heiß ist. Wenn wir
eine Flugzeit von acht Stunden in den Urlaub haben, fallen
uns die zwanzig Minuten Verspätung während des Fluges
auch nicht mehr auf. Und wenn wir beim All-you-can-eat-
Buffet ordentlich zugeschlagen haben, dann kommt es uns
auf das letzte Stück Schokokuchen auch nicht mehr an. Getreu dem Motto: Ist doch jetzt auch egal.

Unternehmen machen sich genau diese Einstellung zunutze. Hand hoch, wer schon mal ein teures Handy oder einen teuren Laptop gekauft und danach die optionale Versicherung für 5 Euro im Monat abgeschlossen hat. Willkommen im Club! Für mein letztes Handy habe ich einen Vertrag abgeschlossen für 30 Euro monatlich. 30 Euro über zwei Jahre macht stolze 720 Euro. Kurz vor Kaufabschluss erschien auf meinem Bildschirm die Option einer zusätzlichen Versicherung für 5 Euro im Monat, die ich jährlich zahlen konnte. Ich überlegte. 5 Euro, das erschien mir zunächst wie ein guter Deal. Zwei Jahre lang war das Handy in einem einwandfreien Zustand, und ich hatte bereits fast 120 Euro an die Versicherung gezahlt. Kurz vor Ablauf des Vertrags, als das Telefon endlich mir gehören und abbezahlt sein sollte, bekam der Touchscreen einen Fehler. Ich kontaktierte also den Kundenservice, der mir eine Mail schickte und die etwa zwanzig Schritte erklärte, die nötig seien, um zu überprüfen, ob der Schaden überhaupt erstattet werden könne. Genervt von so viel Bürokratie kündigte ich die Versicherung, zumal ich eh maximal den anteiligen Zeitwert ersetzt bekommen hätte. Ich behielt den ursprünglichen Handyvertrag und kaufte mir ein neues Telefon – diesmal ohne Versicherung und um eine Erfahrung reicher. Man muss eigentlich kein professioneller Investor sein, um zu wissen, dass ein Handy seinen Wert schneller verliert, als man das Wort »Handyversicherung« überhaupt aussprechen kann, aber das Weber-Fechner-Gesetz macht da keine Unterschiede. Der häufigste Schadensfall bei Handys ist übrigens ein kaputtes Display, und das kann man für einen überschaubaren Betrag mit einem Panzerglasaufsatz schützen lassen. Nur mal so.

Weitere klassische Weber-Fechner-Fallen sind Auto- und Küchenkauf – beides beliebte Statussymbole der Deutschen. 2017 lag der durchschnittliche Neuwagenpreis bei

30.350 Euro,[35] und ich frage mich, wie viele Menschen in ein Autohaus kommen und zum Verkäufer sagen: »Guten Tag, ich möchte gerne Ihr Modell KFZ85 in der Grundausstattung kaufen ohne irgendwelche Extras.« Und das am Ende dann auch genau so machen. Denn die Verkäufer und Autohersteller sind ja nicht blöd: Da gibt es zum Beispiel unterschiedliche Design-Ausstattungen, damit der eigene SUV sich in der Münchner Innenstadt von dem Nachbar-SUV an der roten Ampel auch unterscheidet und man gleich sieht, dass man ein exklusiveres Modell als der arme Kerl neben uns hat. Zwar hat man zu meiner Zeit auch noch das Einparken in der Fahrschule gelernt, aber wenn das Auto so groß ist wie eine durchschnittliche Ein-Zimmer-Wohnung, müssen eben auch vier eingebaute Kameras und sechzehn lautstarke Sensoren enthalten sein – zum Aufpreis. Bei Kosten von 30.000 Euro fallen die weiteren 2500 Euro ja auch nicht mehr so stark ins Gewicht. Würde man aber zwei Monate später noch mal 2500 Euro auf den Tisch legen, um den eben erst gekauften Neuwagen nachzurüsten? Vermutlich nicht.

Wer gerne reist, dem ist das Weber-Fechner-Gesetz mit Sicherheit auch schon oft begegnet, nicht nur bei der Flugzeit. Wenn das Frühstück im Hotel nicht inklusive ist, bucht man es dann mal schnell für 15 Euro pro Person dazu, obwohl man dafür schon mancherorts ein ausgezeichnetes Brunch-Buffet am Strand bekommt. Oder das Zimmer, das man dann doch noch eine Kategorie höher wählt, weil der Unterschied bei den Preisen auch nicht mehr ins Gewicht zu fallen scheint. Selbst wenn man meint, vernünftig zu sein, trifft es einen dann doch in einem schwachen Moment: Während unserer Vietnamreise buchten wir für zehn Tage einen schönen Bungalow in einer wunderschönen tropischen Strandanlage. Preisbewusst, wie wir bei der Reiseplanung waren, entschieden wir uns für das

Haus mit Gartenblick und ohne direkten Strandzugang. Im Hotel angekommen, fragte uns die freundliche Rezeptionistin, ob wir das Haus in Strandnähe haben möchten, für nur 200 Euro Aufpreis. Statt 600 Euro würden wir nun 800 Euro zahlen. Angesichts der hohen Kosten, die wir auf der bisherigen Reise schon durch viele Inlandsflüge hatten, machten die 200 Euro mehr den Bock auch nicht mehr fett, und wir stimmten zu. Das Ende vom Lied: Wir saßen in den zehn Tagen insgesamt an zwei Abenden für zehn Minuten auf der 200-Euro-Terrasse mit Meerblick. Denn spätestens dann mussten wir vor den vielen Mücken fliehen.

Dieses Prinzip funktioniert übrigens auch andersherum: Würde jemand Warren Buffett 10.000 Euro dafür anbieten, dass er einen lebenden Wurm isst, würde der vermutlich lachend ablehnen und sich nicht weiter mit dieser abstrusen Idee beschäftigen. Würde mir jemand die gleiche Summe anbieten, dann würde ich zumindest sehr intensiv darüber nachdenken. Warum ist das so? Schließlich könnte Warren Buffett genauso viel für die 10.000 Euro kaufen wie ich? Wir könnten beide unabhängig voneinander zwei Wochen Luxusurlaub auf den Malediven machen, oder ich könnte mir eine Birkin Bag kaufen und er sich zwei neue graue Maßanzüge schneidern lassen. Aber trotzdem lehnt er ab, während ich es nach kurzer Überlegung vermutlich tun würde – wir reden hier schließlich über die *Malediven* – hallo?!

Während für mich 10.000 Euro viel Geld sind, für das ich normalerweise lange arbeiten müsste, zaubert Mr. Buffett die 10.000 Euro mal eben aus der Portokasse, denn schließlich besitzt er Milliarden. Ob sich da nun 10.000 Euro mehr oder weniger auf seinem Konto befinden, kann ihm so egal sein wie mir die 99 Cent, die ich jeden Monat bereitwillig an Apple zahle, um meine Daten in die Cloud zu laden. Auch hier kommt es wieder auf das Verhältnis an.

Im Alltag befinden wir uns jedoch öfter in der Situation

des Ausgebens und nicht des Einnehmens. Daher solltest du, wenn du das nächste Mal eben schnell noch eine Zusatzversicherung abschließen, eine Extra-Ausstattung kaufen oder einen zusätzlichen Service buchen möchtest, darüber nachdenken, ob du das auch noch ein paar Tage später oder getrennt voneinander (Stichwort: nachrüsten) tun würdest. Und falls du dir nicht sicher bist, dann warte tatsächlich ein paar Tage ab. Du kannst die Versicherung auch noch später abschließen, den Autoverkäufer noch am nächsten Tag anrufen und deine Extra-Ausstattung bestellen, und das Frühstück im Hotel kannst du auch noch vor Ort dazubuchen.

Lass dich nicht von Extras und Zusatzversicherungen blenden – falls du ein Feature wirklich brauchst, kannst du es auch noch später kaufen.

Der Ankereffekt

Während die mentale Kontoführung uns unbewusst hilft, unser Budget in Kategorien einzuteilen, damit wir nicht alles für Festivals auf den Kopf hauen, und das Weber-Fechner-Gesetz es uns ermöglicht, Einnahmen und Ausgaben in Relation zu setzen, erscheint das nächste Phänomen vollkommen willkürlich und ohne Sinn und Verstand daherzukommen. Wer bis hierhin geglaubt hat, dass er ein völlig rationaler Mensch sei, der klare Entscheidungen fällen kann und sich nicht von Zufälligkeiten beeinflussen lässt, dem muss ich leider sorgen: Äh, nein. Ich präsentiere dafür: den Ankereffekt.

Der Ankereffekt ist der Grund, warum wir manchmal mehr Geld für etwas ausgeben, als wir eigentlich wollen, warum wir manche Dinge als zu teuer und andere als sehr günstig erachten und warum wir uns manchmal auch so richtig hart verschätzen. Er funktioniert, indem unser Gehirn sich bei Zahlen an einem vorher gehörten oder gesehenen Wert orientiert und diese »automatisch« in Relation setzt. Angenommen, wir brauchen einen neuen Fernseher und sind bereit, bis zu 800 Euro dafür zu berappen. Motiviert betreten wir den größten Elektrofachhandel der ganzen Stadt und suchen die entsprechende Abteilung auf. Da stehen sie nun: unzählige rechteckige Bildschirme in den unterschiedlichsten Größen und mit ebenso unterschiedlichen Preisen. Welches Gerät fällt uns aber als erstes auf? Richtig, die 18.000-Euro-Kiste mit 77 Zoll, Ultra HD, Doppeltem Tripple Tuner, Active HDR mit Dolby Vision, Dolby Atmos und Smart TV der Energieklasse A, die das Personal so schön auf Hochglanz poliert auf einem hohen Podest mitten im Raum präsentiert. Nice, aber leider nicht ganz unser Budget. Im Regal dahinter sehen wir dann die etwas gängigeren Modelle stehen und denken uns: »Ach, Mensch, den 55-Zoll-Ultra-HD-Fernseher gibt es für schlappe 1200 Euro – ja, das ist doch mal ein Schnäppchen.« Liegt zwar weit über unserem Budget, aber immerhin mit Ultra HD. Das kostet ja sonst auch schon mal einen fünfstelligen Betrag.

Das Einzige, was unser Gehirn nämlich zuvor abgespeichert hat, ist die Zahl 18.000. Wir sehen die 18.000, und schon ist dieser Anker intuitiv gesetzt. Alles, was danach kommt, wird mit den 18.000 in Verbindung gebracht. Stünde auf der Präsentationsfläche der 32-Zoll-Full-HD-Fernseher für 350 Euro, würden wir niemals 1200 Euro für ein anderes Gerät ausgeben und über die 18.000-Euro-Privatkino-Variante nur spöttisch lächeln.

Auch zum Ankereffekt haben Kahneman und Tversky ein interessantes Experiment durchgeführt: Versuchsteilnehmer sollten an einem Glücksrad mit den Zahlen 1 bis 100 drehen und anschließend die Zahl der afrikanischen Staaten in den Vereinten Nationen schätzen. Das Ergebnis: Die Schätzung fiel umso höher aus, je höher die zuvor gedrehte Glücksradzahl war – obwohl das Glücksrad mit der Schätzfrage rein gar nichts zu tun hatte.[36] Purer Zufall? In einem anderen Experiment wurde gefragt, wie hoch Küstenmammutbäume sind. Die beiden Fragen dazu lauteten: »Beträgt die Höhe des größten Küstenmammutbaums mehr oder weniger als 366 Meter? Wie hoch ist Ihrer Meinung nach der größte Küstenmammutbaum?« Der Anker ist hierbei die konkrete Meterangabe. Die Forscher führten noch ein zweites Szenario durch, in dem sie den Anker nicht auf 366, sondern auf 55 Meter setzten. Und siehe da: Teilnehmer der ersten Gruppe schätzten den größten Baum im Durchschnitt auf 257 Meter. Diejenigen in der zweiten Gruppe auf 86 Meter.[37] Das ist ein stolzer Unterschied von 171 Metern und weit mehr als die tatsächliche Größe des höchsten lebenden Exemplars. Die beträgt nämlich 115 Meter.

Ähnliche Versuchsergebnisse wurden sogar erzielt, als Probanden die letzten Ziffern ihrer Sozialversicherungsnummer notieren und anschließend Fragen beantworten sollten. Unser Unterbewusstsein wird von einer scheinbar wahllosen Zahl beeinflusst, selbst wenn diese überhaupt nichts mit der Zahl oder dem Preis zu hat, um den es konkret geht. Vollkommen irrational klammert sich unser Gehirn daran fest und ist nicht willens, von dieser Zahl abzuweichen.

Doch das hat keineswegs nur Nachteile, denn man kann den Ankereffekt natürlich auch für sich selbst einsetzen. In einer Gehaltsverhandlung beispielsweise solltest du daher niemals dein Gegenüber mit dem Gebot beginnen lassen. Angenommen, du fragst deinen Vorgesetzten oder deine Vorgesetzte, um wie viel Prozent sie dein Gehalt erhöhen würden. Am liebsten würden sie es vermutlich um exakt

0,00 Prozent erhöhen, sagen aber vielleicht 3 Prozent. Jetzt versuche angesichts dieser niedrigen Zahl, die da im Raum steht, deinen Wunsch von 12 Prozent noch in den Raum zu stellen. Das erscheint geradezu absurd! Weil die 3 auf dem Tisch liegt, würden deine 12 Prozent ja schon exorbitant unverschämt wirken. Am Ende wirst du froh sein müssen, wenn du noch auf 5 oder 6 Prozent hochverhandeln kannst.

Was passiert aber, wenn du die erste Person bist, die eine Zahl nennt? Dann steht die 12 im Raum – die du natürlich vorher auch anhand deiner vergangenen Erfolge und Verdienste verargumentiert hast. Wie wirkt es denn jetzt, wenn dein Chef oder deine Chefin mit ihren lächerlichen 3 Prozent daherkommen? Darüber kannst du doch nur müde lächeln, und selbst deinem Gegenüber wird klar sein, welch mickrige, ja fast schon beleidigende Zahl er oder sie dir nennen wollte. Selbst wenn du die 12 Prozent am Ende nicht bekommst, weil du natürlich auch runtergehandelt wirst – was gut ist, denn dein Chef oder deine Chefin möchten und sollten die Verhandlung auch erhobenen Hauptes und mit dem Gefühl eines Erfolgs verlassen –, so ist die Chance sehr groß, dass dein neues Gehalt eher 12 als 3 Prozent über deinem jetzigen liegt. Gratulation!

 Den Ankereffekt kannst du zum Vorteil bei deiner nächsten Gehaltsverhandlung nutzen.

Warum ist das so? Unser Gehirn ist grundsätzlich faul und versucht, so wenig Energie wie möglich zu verbrennen. Daher nutzt es die selektive Verfügbarkeit: Es nimmt eine Zahl, die gerade zur Verfügung steht, und wägt ausgehend davon ab, ob der gesuchte Preis in der Nähe des Ankers liegt. Bei Experten funktioniert dieser Effekt allerdings nicht: Für einen Versuch im Immobiliensektor wurden zwei Exposés für eine siebzig Quadratmeter große Neubauwohnung erstellt. Beide Exposés waren in der Gestaltung und inhaltlich identisch, mit Ausnahme der angegebenen Miet- und Kaufpreise. Im ersten Exposé wurde der Angebotspreis für die gesamte Wohnung mit 575.000 Euro angegeben und im zweiten mit 345.000 Euro. Bei Laien und Studenten schwankte der Wert zwischen 506.000 Euro (hoher Anker) und 340.000 Euro (niedriger Anker). Die Experten hingegen blieben einigermaßen unbeeindruckt von welchem Anker auch immer und schätzten die Wohnung zwischen 476.000 Euro (hoher Anker) und 434.000 Euro (niedriger Anker). Zwar sind auch hier Unterschiede sichtbar, aber längst nicht so gravierend wie bei den Nicht-Experten.[38]

Bestätigungsfehler

Wenn wir etwas haben wollen, sind wir wahre Meister darin, uns selbst auszutricksen. Der Bestätigungsfehler, auch Confirmation Bias genannt, ist so ein Schlitzohr. Demnach messen wir jenen Informationen mehr Bedeutung zu, die unsere vorgefasste Meinung bestätigen. Wenn wir uns zum Beispiel in den Kopf gesetzt haben, ein bestimmtes Automodell zu kaufen, dann schauen wir uns nur die Werbung und die positiven Berichte dafür an und schenken denen auch mehr Aufmerksamkeit als allem anderen. Fakten, die unseren Vorstellungen und auch Vorurteilen gegenüber anderen widersprechen, ignorieren wir. Wer weiß, vielleicht meinte Kellyanne Conway auch einfach einen vorhandenen Bestätigungsfehler bei Donald Trump, als sie von »alternative facts« sprach. Vielleicht war es aber auch tatsächlich die größte Vereidigung eines US-Präsidenten, und die anderen sieben Milliarden Menschen, die einen leeren Platz gesehen haben, unterliegen nur dem Confirmation Bias.

Aber genug mit Verschwörungstheorien. Kein »alternative fact« ist jedenfalls, dass wir vergleichbaren Angeboten keine Chance mehr einräumen, wenn wir uns erst einmal für etwas entschieden haben, selbst wenn die Alternative tatsächlich besser wäre. Ist die Entscheidung einmal für einen Mercedes gefallen, dann wird der günstigere und emissionsärmere Fiat keine Chance mehr haben. Hier siegt das Bauchgefühl über den Verstand. Und das kann richtig teuer werden. Deshalb ist es zum einen wichtig, sich bewusst zu machen, welche Gesetze, Effekte und Fehler auf unsere finanziellen Entscheidungen einwirken können – das hier ist nur eine Auswahl, es gibt noch mehr da draußen. Zum anderen macht es deutlich, wie wichtig es ist, dass wir immer möglichst offen, neugierig und unvoreingenommen an die Dinge herangehen. Aber nicht blauäugig.

Bei großen Anschaffungen: Sammle unterschiedliche und neutrale Informationen zu einem Produkt, bevor du dich zum teuren Kauf entscheidest.

Maslow, Dopamin und Coolidge

Als ich damals mein Studium beendet hatte, schenkten meine Eltern mir 5000 Euro als Starthilfe und zur Belohnung. Für mich war das damals unglaublich viel Geld – was ich leider nicht richtig zu schätzen wusste und innerhalb weniger Monate ausgab. Da war das neue rote Fahrrad, ein iPad, das ich glaubte dringend zu brauchen, ein paar Ikea-Möbel, und der Rest zerfloss mir einfach zwischen den Händen für

Kleidung, Restaurants und Clubs. Es war, als ob ich das Geld nie gehabt hätte. Am Ende hatte ich Geld, von dem ich kurz zuvor noch ein Jahr lang hätte leben können, einfach so verprasst – zusätzlich zu dem Einkommen, das ich mittlerweile verdiente. Wie konnte das passieren?

Wir mögen noch so oft beteuern, dass uns Geld nicht wichtig ist, dennoch ist Geld, wie wir gesehen haben, an psychische und physische Prozesse in unserem Körper geknüpft – ob wir nun wollen oder nicht. Ich sage nur, Dopamin. Dieser Botenstoff erzeugt Glücksgefühle, die wir nicht kontrollieren können und die gleichzeitig süchtig machen. Wir können sie nicht komplett kontrollieren, aber wir können sie beeinflussen und stimulieren. Du kannst ja mal versuchen, die Dopaminausschüttung in deinem Körper zu kitzeln, indem du dich beispielsweise in eine Achterbahn setzt und versuchst, auf gar keinen Fall Glücksgefühle zu empfinden – Mundwinkel müssen dabei natürlich unten bleiben. Du wirst sehen: Egal wie sehr du dich anstrengst, dein Körper wird förmlich mit Glückshormonen bombardiert, die in alle Winkel schießen. Ein ähnliches Gefühl erzeugt die Aussicht auf eine ordentliche Gehaltserhöhung, einen Lottogewinn oder ein Geldgeschenk vom reichen Onkel aus Übersee. Geld macht uns glücklich, weil es uns Möglichkeiten eröffnet und wir uns schöne Dinge davon kaufen können. Menschen, die allzu gerne einkaufen, empfinden bei einer ausgedehnten Shoppingtour das gleiche Gefühl wie bei einer Achterbahnfahrt. Bloß dass wir beim Zücken der Kreditkarte nicht die Arme in die Luft werfen und laut schreien oder uns danach übergeben müssen. Aber warum kaufen wir immer mehr?

Fast jeder kennt die berühmt-berüchtigte Bedürfnispyramide nach Maslow. In fünf Stufen werden dabei die Bedürfnisse des Menschen dargestellt. Angefangen von Grundbedürfnissen wie Essen und Trinken, über unser Bedürfnis nach Sicherheit und unser Bedürfnis nach sozialen Kontakten weiter zur zweithöchsten Stufe, unserem Bedürfnis nach Anerkennung und Wertschätzung, bis schließlich hin zu unserem Wunsch nach Selbstverwirklichung an der Spitze der Pyramide. Jede dieser Stufen kann man nur dann erreichen, wenn die darunterliegende erfüllt ist. Doch in unserer heutigen Zeit, wo man in sozialen Netzwerken ständig zeigen muss, wie gut es einem geht, reicht ein warmes Zuhause, eine erfüllende Beziehung oder ein guter Job nicht mehr aus: Die Wohnung muss zumindest so aussehen wie die Hintergrundkulisse jedes YouTube-Schminkvideos, der Partner sollte nicht nur fotogen, sondern instagen sein (gut aussehen auch ohne Filter), und der Job darf nicht mehr nur Spaß machen und einfach nur die Haushaltskasse gut füllen: Weniger als #lovemyjob geht nicht. Und auch unser Konsum dient nicht nur dem Nutzen, sondern der individuellen und sozialen Selbstentfaltung und vor allem Selbstdarstellung. Der Mensch möchte sich weiterentwickeln, sich neu erschaffen und immer weiter streben. Konsum bietet uns eine Möglichkeit, auch unserer Umgebung zu zeigen, wer wir sind. Mit den Dingen, die uns umgeben, möchten wir unsere ganze Persönlichkeit zeigen. Getreu dem Zitat aus *Fight Club*: »Von dem Geld, das wir nicht haben, kaufen wir Dinge, die wir nicht brauchen, um Leuten zu imponieren, die wir nicht mögen.«

Das Spektrum der Bedürfnisse ist reich und bunt – und es kommen immer wieder neue dazu. Sehr kreativ ist dabei die Kosmetikindustrie. Dank ihr müssen wir unser Make-up beziehungsweise unsere Foundation nicht mehr nur wie im Steinzeitalter mit den bloßen Händen auftragen, sondern können wählen, ob wir dafür einen Beautyblender, einen Buffing-Blush, einen Kabuki-Pinsel, den Flat-Top-Pinsel oder doch den Foundation-Pinsel verwenden möchten. Auf gar keinen Fall sollte man aber einen der besagten Pinsel mit dem Concealer-Pinsel verwechseln, denn dann ist alles dahin, und man muss das leichte 30-Minuten-Tages-Make-up noch einmal von vorne auftragen. Dieses Beispiel lässt sich natürlich auf viele Lebensbereiche übertragen. Nicht umsonst gibt es allein in Deutschland 115 Marktforschungsinstitute, die jährlich einen Gesamtumsatz von fast 2,5 Milliarden Euro machen.[39] So viel lassen es sich Unternehmen in Deutschland also kosten, herauszufinden, wann wir was warum wie kaufen und was sie tun müssen, damit wir noch mehr kaufen.

Längst geht es nicht mehr um einen Grundnutzen, wenn wir konsumieren, sondern um einen Zusatznutzen. Der Grundnutzen ist gegeben, wenn wir eine Winterjacke kaufen, weil wir nicht frieren möchten. Oftmals müssen unsere Konsumgüter aber auch noch einen Zusatznutzen erfüllen und uns ein bestimmtes Gefühl vermitteln. Dann reicht nicht mehr die warme No-Name-Daunenjacke, sondern wir lassen uns ein Emblem mit blaurotem Hahn und dem Schriftzug »Moncler« auch gerne noch mal 800 Euro mehr kosten. Dafür sieht aber auch jeder sofort, dass wir dazugehören – zu dieser auserwählten gesellschaftlichen Gruppe, von der wir meinen, dass ihre Mitglieder noch glücklicher sind als wir. Vielleicht ist dieses Phänomen auch historisch bedingt. So durften früher nur der- und diejenige Perlen oder Seide tragen, deren Status es ihnen erlaubte. In Venedig wurde vor 600 Jahren sogar explizit festgelegt, wie hoch die Absätze von Stöckelschuhen innerhalb einer bestimmten Standesklasse sein durften. Heute entscheidet allein das Portemonnaie, und während Oma früher noch ein, zwei Jahre lang für ihre Louis-Vuitton-Tasche sparen musste, die sie heute noch trägt, bekommt die Enkeltochter die Designertasche zum Abi geschenkt.

Doch kommen wir zurück zu unserer Shoppingtour und der Dopaminausschüttung. Menschen, die shoppen gehen, sind am glücklichsten, kurz bevor sie die Ware kaufen. Die Aussicht auf etwas Neues ist es, die unser Hirn Dopamin geradezu feuern lässt. Beim Bezahlen strahlen wir noch über beide Ohren und freuen uns über unsere neueste Trophäe. Kaum sind wir zu Hause angekommen, landet die Tüte in der Ecke, und wir lassen uns erschöpft aufs Sofa fallen. Ein ähnliches Phänomen kennt man auch aus Partnerschaften: den Coolidge-Effekt. Benannt wurde dieser nach dem 30. US-Präsidenten Calvin Coolidge. Der besuchte in den 1920er-Jahren mit seiner Frau eine Hühnerfarm. Seine Frau war fasziniert, als sie erfuhr, dass es nur einen einzigen Hahn auf dem Hof gab, dieser aber bis zu zwölf Mal täglich sexuell aktiv war. Freudig sagte sie zu dem Farmer: »Erzählen Sie das bitte meinem Mann!« Auch Präsident Coolidge war sichtlich beeindruckt, fragte aber nach, ob er dabei jedes Mal dieselbe Henne beglückte, was der Farmer allerdings verneinte. Daraufhin sagte Coolidge: »Erzählen Sie das mal meiner Frau!«[40]

Auch wenn das zum Glück nicht immer auch auf unsere Sexualpartner zutrifft, ist es doch bei unserem Konsumverhalten so, dass wir uns an dem, was wir haben, schnell sattsehen und dann schnell wieder etwas Neues haben möchten. Während unsere Großeltern allerdings erst gespart und dann gekauft haben, handhabt unsere Generation das gerne andersherum: Erst wird gekauft und dann bezahlt. Später halt. Irgendwann.

 Kaufe nur, was du dir auch wirklich leisten kannst.

KONSUM, KREDITE, SCHULDEN – WO DIE FALLEN LAUERN

Niemals war es so einfach, an Kredite ranzukommen wie heute. Dafür muss man nicht einmal mehr die sterilen Räume einer Bank betreten und die unangenehmen Fragen eines Bankberaters beantworten. Einen Kreditvertrag kann man ganz gemütlich beim Online-Shopping auf dem Sofa abschließen, während nebenbei die Lieblingsserie läuft: Designertasche auf Raten? Check! Heimkino auf Pump? Check! Urlaub abstottern? Check! Du hast schon einen negativen SCHUFA-Eintrag? Kein Problem! Es gibt genügend Anbieter, die dir immer noch einen Kredit genehmigen und deine Schuldenspirale etwas fester ziehen.

Vom Kredit zur Überschuldung – ein Teufelskreis

Die wirtschaftliche Lage in Deutschland ist besser denn je, heißt es oft, und trotzdem steigt seit Jahren die Zahl der überschuldeten Verbraucher. Bevor wir zu ein paar recht erschreckenden Zahlen kommen, möchte ich noch die Begriffe Schulden, Verschuldung und Überschuldung klären. Schulden haben vermutlich die meisten von uns schon mal gemacht. Sei es, indem wir BAföG oder einen KfW-Kredit erhalten, etwas auf Raten gekauft oder uns vielleicht auch einfach mal von den Eltern Geld geliehen haben. Als Faustregel gilt, dass die Höhe der Schulden nicht mehr als 25 Prozent des Netto-Einkommens ausmachen sollte. Meiner persönlichen Meinung nach ist das schon sehr viel. Bei 1500 Euro Einkommen würde dies bedeuten, dass man monatlich 375 Euro nur dafür ausgibt, seine Schulden abzubauen. Gerade bei niedrigen Einkommen kann es da schnell eng werden.

Die nächste Stufe ist die der Verschuldung. Das bedeutet, dass die Höhe der Schulden nicht mehr durch dein monatliches Gehalt abgedeckt werden kann, du aber genügend Wert- oder Vermögensgegenstände besitzt, mit denen du den Kredit ausgleichen könntest. Also angenommen, du kaufst dir ein Auto. Falls du den Kredit nicht mehr bedienen kannst, könntest du im Notfall das Auto und deine teure Espressomaschine verkaufen und wärst damit deine Schulden wieder los. Warum du noch die Espressomaschine drauflegen musst? Dein Auto verliert natürlich an Wert, sobald du es beim Autohändler nur vom Parkplatz gerollt hast. Deswegen ist es auch nicht mehr so viel wert wie der Kredit, den du dafür noch begleichen musst.

Richtig übel wird es allerdings, wenn du dich überschuldest. Überschuldung bedeutet, dass du mindestens drei Monate lang die offenen Ratenbeiträge nicht zahlen kannst, ohne dabei lebensnotwendige Dinge wie Miete, Strom, Nebenkosten oder Lebensmittel zu gefährden. Dieser Zustand ist nicht nur schlecht fürs Portemonnaie und deine Pläne zur Altersvorsorge, sondern auch nicht wünschenswert für deine Psyche. Denn schlaflose Nächte sind hierbei garantiert.

Allein von 2016 auf 2017 stieg die Zahl der überschuldeten Menschen in Deutschland um 65.000 Personen.[41] Das ist so, als hätten sich in einem Jahr alle in Rosenheim oder in Weimar lebenden Menschen überschuldet. Unter den insgesamt fast sieben Millionen Menschen, die in Deutschland ihre Schulden nicht mehr begleichen können, sind natürlich auch Personen aus dem Niedriglohnsektor oder Langzeitarbeitslose. Oftmals läuft hier noch ein alter Kredit, dessen Raten nicht mehr pünktlich gezahlt werden können. Erschreckenderweise sind darunter aber auch viele Menschen, die der Mittelschicht angehören. Befragt nach den Ursachen ihrer misslichen Lage, gaben 15 Prozent eine Erkrankung, einen Unfall oder eine bestehende Sucht an. Das kann viele Ursachen haben, und oftmals liegen sie nicht allein in den Händen der Schuldner, sondern im familiären Umfeld oder sind nichts anderes als Pech. Mehr als jeder Zehnte jedoch (11 Prozent) sagt, dass schlicht und einfach unwirtschaftliche Haushaltsführung ihn oder sie in die Schuldenkrise getrieben haben. Da geht es dann oft nicht mehr darum, den kaputten Fernseher zu ersetzen, sondern darum, ein aktuelleres Gerät zu besitzen, obwohl das alte noch funktioniert. Der Fachbegriff dafür lautet *psychologische Obsoleszenz*, und das Phänomen ist weiter verbreitet, als viele denken.

Als ich nach meinem Studium 2012 zu arbeiten anfing, durfte ich auch direkt meine ersten Business-Meetings bestreiten. Da saß man nun um einen geradezu furchterregend großen Konferenztisch, und jeder hatte, wenn nicht seinen Laptop, dann zumindest sein Handy neben seinem Notizbuch liegen. Direkt vor sich platziert. Ein wenig erinnerte mich die Szene an *American Psycho*, als im Film Christian Bale Visitenkarten mit seinen Kollegen vergleicht und sieht, dass seine Karte nur die Farbe »Knochen« hat, die Visitenkarte der Konkurrenten allerdings sogar auf eierschalenfarbenem Papier und »Nimbus gebleicht« gedruckt sind.

Als er dann auch noch ein Wasserzeichen auf einer der Karten entdeckt, dreht er durch und fängt fürchterlich an zu schwitzen. Seine Visitenkarte ist eben nicht die exklusivste. Nun zurück zu meiner Situation: Wir schreiben also das Jahr 2012, Apple hatte gerade das iPhone 5 für schlappe 679 Euro auf den Markt gebracht, und natürlich war das im Vorfeld des Meetings Thema Nummer 1: Was kann das Handy, was das Vorgängermodell nicht kann (die ehrliche Antwort wäre: wenig), und wer der Anwesenden hat sowieso das leistungsstärkste und kleinste Ding in der Hosentasche. Ja, 2012 musste ein Handy noch möglichst klein sein, bevor es dann 2014 wieder wachsen durfte. Jedenfalls erntete ich abfällige Blicke, als ich mein gebrauchtes iPhone 3 GS von 2009 auf den Tisch legte. Damit wäre ich vor den Wutanfällen von Christian Bale jedenfalls sicher gewesen, so viel steht fest. Allerdings verstand ich auch gar nicht die Aufregung um mein Handy. Es konnte ebenfalls gute digitale Farbbilder machen, ich konnte damit Musik hören, und auch WhatsApp funktionierte – zumindest eine Weile noch. Also wozu die Aufregung und unnötige Geldausgeberei?

»Bei uns hat sich der Zyklus so eingespielt, dass einmal im Jahr das neu aufpolierte Produkt auf den Markt kommt, ob Auto, Smartphone oder Laptop. Eine neue Heckflosse – schon fühlt sich der Wagen, den man besitzt und der noch bestens funktioniert, veraltet an«, sagt der Kulturwissenschaftler Markus Krajewski, Professor an der Universität Basel.[42] Und so rennen wir immer wieder in die Geschäfte, weil wir glauben, dass wir etwas Neues brauchen. Wenn wir nicht schon ständig den Partner wechseln können, dann doch wenigstens Smartphone, Auto, Fernseher, Vorhänge, Küchenservice, Winterjacke, Nachttischlampe, Duschvorhang, Kaffeemaschine, Dekovasen, Esstisch, Portemonnaie, Handtasche und, und, und. Es gibt immer etwas Neueres, Schöneres, Größeres, Kleineres, Funktionaleres.

Woher aber das Geld dafür nehmen? Zunächst einmal wird nur das Girokonto ein wenig »überzogen« – schließlich weiß man, bald kommt wieder die nächste Gehaltsabrechnung, und dann ist das ja auch wieder alles ausgeglichen. Dann ereignet sich im Folgemonat aber doch noch ein unvorhergesehener Zwischenfall: Die Waschmaschine geht kaputt und muss dringend repariert werden. Also beendet man auch den neuen Monat wieder im Minus. Wenn dann ein schöner Urlaub auf dem Programm steht, weil ja dieses Jahr alle nach Santorini fahren, dann leiht man sich das Geld halt eben schnell per Ratenkredit, den man dann monatlich ein Jahr lang abbezahlt. Aber von dem Urlaub zehrt man ja auch noch das ganze Jahr lang, also ist das nicht weiter schlimm. Denkste: Im Januar bei zwanzig Zentimeter Neuschnee und 15 Grad minus lassen auch die schönsten Urlaubsbilder kein Sommerfeeling mehr aufkommen – dafür stottert man immer noch monatlich 100 Euro ab. Schöne Scheiße.

Anfangs geht das Geld noch für vermehrten Konsum, schöne Urlaube oder teure Abendessen drauf – irgendwann aber bleibt nicht mal mehr Geld für die wesentlichen Dinge im Leben, wie Miete, Wasser, Heizung und Strom. Bis zu seiner Absetzung war dieser Moment dann der große Auftritt für Peter Zwegat. In der Sendung *Raus aus den Schulden*, die acht Jahre lang erfolgreich auf RTL lief, stand der Schuldnerberater dann mit seinem Whiteboard inmitten eines kleinen Wohnzimmers im Stil »Eiche rustikal mit Häkeltischdecke« oder »Poco Modern mit Wandtattoo« und fing an vorzurechnen, wie hoch die Einnahmen und wie hoch die Ausgaben waren. Für Menschen, die an dieser Stelle nicht den Absprung schaffen, wird aus der Schuldenfalle schnell die Armutsfalle. Und nicht immer liegt es nur daran, dass Menschen, die sich überschulden, wie in der Sendung gerne karikiert, einfach nur unfähig, unwissend und ungebildet sind. Die Gründe können sehr vielfältig sein und die Prozesse sehr komplex. Laut *SchuldnerAtlas* zählen zu den »Big Five« Arbeitslosigkeit (20 Prozent), Trennung, Scheidung oder Tod des Partners (13 Prozent), Erkrankung oder Sucht (15 Prozent), unwirtschaftliche Haushaltsführung (11 Prozent) und gescheiterte Selbstständigkeit (8 Prozent).[43] Der Konsumdruck zeigt sich auch schon bei den unter 25-Jährigen. Hier beträgt die mittlere Schuldenhöhe satte 7500 Euro! Das ist in etwa die Summe, die ich mit 25 Jahren im Jahr zum Leben hatte. Gut, ich habe in Leipzig studiert, wo man sich vor etwa zehn Jahren noch für 180 Euro ein nettes WG-Zimmer leisten konnte, aber von 7500 Euro hätte ich nur träumen können. Vor allem frage ich mich: Was macht ein 25-jähriger Mensch mit so viel Geld? Im Normalfall verlangt mit Mitte zwanzig der Gaumen noch nicht nach Jakobsmuscheln und einem guten Burgunder, und der Rücken fühlt sich auf Reisen auch noch im 10-Euro-Hostelbett recht wohl. Allerdings wandeln sich auch die Zeiten und die Lebensformen: »Existenzsicherung bedeutet in der Wohlstandsgesellschaft damit sowohl in der Selbst- als auch in der Fremdbewertung die Sicherung von Respektabilität. Durch Adaption eines zeitgemäßen Ausdrucksstils und einer anerkannten Lebensform, die in der Waren- und Konsumgesellschaft notgedrungen Geld kosten, versuchen sie der Stigmatisierung zu entkommen«, schreibt der Sozialwissenschaftler Stefan Thomas in seinem Buch über junge Menschen und Armut.[44] Womit das Zitat aus *Fight Club* auch wissenschaftlich belegt wäre.

Was auf den übermäßigen Konsum folgt, sind Mahnverfahren, Vertragskündigungen und im schlimmsten Fall Pfändungen und Zwangsvollstreckungen – tschüs, nicht abbezahlter 77-Zoll-Ultra-HD-Fernseher. Die gute Nachricht ist jedoch, dass es jungen Menschen meist gelingt, aus der Überschuldung auch wieder rauszukommen. Noch besser ist es aber, man macht sich vorher schlau, was wirklich auf einen zukommen könnte. Deshalb folgt hier nun eine kleine Kreditübersicht.

Dispokredit – der teuerste Kredit der Welt

Wer kennt ihn nicht und hat ihn nicht schon das eine oder andere Mal schnell am Monatsende genutzt, den so unglaublich einfach ausvollführbaren, vollkommen unkomplizierten und laut Banken und Sparkassen doch auch so flexiblen Dispokredit? Portemonnaie ist leer, die Shopping-Lust aber noch nicht gestillt? Kein Problem: Mit der EC-Karte kann man im Handumdrehen mehr Geld aus dem Automaten ziehen oder auch direkt der freundlichen Kassiererin zum Bezahlen des 50-Euro-Shirts in die Hand drücken: Lebe heute, zahle morgen – YOLO! Doch die Zinsen bei einem Dispokredit können schnell mal bei 14 Prozent liegen. Wer regelmäßig mit etwa 1500 Euro im Minus liegt, verschenkt so jährlich über 140 Euro an die Bank! Die 140 Euro merkt man im Laufe des Jahres vielleicht noch gar nicht so sehr, da sie bei vielen Banken quartalsweise abgebucht werden. Hier und da geht halt mal ein kleinerer Beitrag an die Bank. An die Zinsen und die roten Zahlen hat man sich bloß leider viel zu schnell gewöhnt. Daher gilt: Nach Möglichkeit erst gar keinen Dispokredit beantragen, oder falls er schon besteht, ihn wieder auflösen. Oftmals reicht eine kurze Mail an die Bank.

Überziehungszinsen liegen noch höher als die teuren Zinsen für deinen Dispokredit.

Wer auch noch über seinen Dispokredit hinaus lebt, für den wird es richtig teuer: Wird das Limit für den Dispokredit überschritten, so können die Überziehungszinsen noch höher liegen als die ohnehin schon happigen Dispozinsen. Angenommen, dein Dispokredit liegt bei 1000 Euro bei einem Zinssatz von 14 Prozent. Das reicht dir für deinen extravaganten Lebensstil allerdings noch nicht, und du überziehst dein Konto einfach eigenständig um weitere 500 Euro. Erst dann spricht man übrigens wirklich davon, das Konto zu überziehen. Die Bank hat allerdings für die Überziehung einen anderen Zinssatz als für den Dispokredit, und dieser kann schon mal bei 18 Prozent liegen. In diesem Fall zahlst du im Jahr stolze 230 Euro Zinsen, da du für jeden Euro, den du zusätzlich in Anspruch genommen hast, einen höheren Zinssatz zahlst. Allerdings ist das dann eigentlich kein Kredit mehr, sondern eine Art Strafgebühr dafür, dass die Bank deine Misswirtschaft duldet. Sowohl der Dispokredit als auch die darüber hinausgehende Überziehung sollten niemals eine feste Größe in deiner monatlichen Finanzplanung sein. Falls du dein Konto regelmäßig überziehst, kann die Bank auch einfach Daueraufträge stornieren oder Lastschriften zurückbuchen. Und das wird dann nicht nur nervig, sondern noch teurer, da du dich jetzt auf Mahngebühren deiner Gläubiger gefasst machen darfst. Und schon spürt man, wie schnell die Schuldenfalle zuschnappen kann.

 Gewöhn dir ab, deinen Dispokredit zu nutzen. Das ist weder gut fürs Konto noch für deinen Schlaf.

Wenn wir beim Thema Geldanlage ankommen, wirst du sehen, dass 14 Prozent Rendite etwas ist, wovon viele Anleger nur träumen können! Es ergibt also keinen Sinn, dein Geld sinnvoll investieren zu wollen, wenn du es anderswo einfach verschenkst. Dein erstes finanzielles Ziel sollte es sein, dein Girokonto in den Griff zu bekommen, sofern nötig. Falls du jetzt panisch die Taschenrechnerfunktion auf deinem Handy geöffnet und ausgerechnet hast, wie es um deinen Dispokredit und deine Zinsen steht, lass dir gesagt sein, dass es noch günstigere Wege geben kann, dein Konto auszugleichen und keine horrenden Gebühren zahlen zu müssen: zum Beispiel mit einem Rahmenkredit oder einem Ratenkredit. Aber auch hier ist Vorsicht geboten.

⭧ Ein Rahmenkredit für schwierige Zeiten – aber nur wenn's sein muss

Ein Rahmenkredit funktioniert ähnlich wie ein Dispokredit – bloß musst du hierbei keine feste Kreditsumme festlegen, und du zahlst wesentlich geringere Zinsen. Der Rahmenkredit wird dir je nach Bonität bis zu einer gewissen Höhe gewährt. Wenn du das Geld brauchst, kannst du es dir von dem Kreditkonto auf dein Girokonto überweisen und zahlst dann wie beim Dispokredit nur Zinsen auf die Summe, die du genutzt hast. Die Rückzahlung des Kredits erfolgt flexibel, du hast also keine festen Stichtage, an denen du den offenen Betrag (oder Teile davon) begleichen musst. Es lohnt sich also, auf einen Rahmenkredit umzusteigen, statt beim viel häufiger genutzten Dispokredit zu bleiben. Die wenigsten kennen jedoch solche Rahmenkredite. Falls du mit deinem Konto also in den roten Zahlen stehst, lohnt es sich, deinen Dispobetrag mit dem Rahmenkredit auszugleichen und diesen dann schnellstmöglich zurückzuzahlen. Natürlich solltest du dann auch den Dispokredit am besten gleichzeitig kündigen, bevor du Gefahr läufst, am Ende sowohl auf dem Konto im Minus zu sein als auch einen offenen Rahmenkredit begleichen zu müssen. Falls du zu der Spezies Mensch gehörst, die solche Rückzahlungen gerne mal aufschieben, empfiehlt es sich, einen Dauerauftrag einzurichten, der gleich nach Eingang deines Gehalts auf das Kreditkonto eingezahlt wird. So hast du direkt wieder eine schwarze Null auf dem Konto und kannst ohne überhöhte Zinsen den Kredit ausgleichen.

 Ein Rahmenkredit ist günstiger als ein Dispokredit, sollte aber nur im äußersten Fall genutzt werden.

Ein weiterer Vorteil des Rahmenkredits ist, dass du ihn nicht bei deiner Hausbank eröffnen musst, sondern jede Bank dafür nutzen kannst. Auswahlkriterium sollte hierbei natürlich die Bank sein, die dir den günstigsten Zins anbietet. Trotzdem kann ich es nicht oft genug sagen: Der Rahmenkredit sollte nur im Notfall genutzt werden und nicht, damit du dein Gehalt ein wenig künstlich aufpimpen kannst.

↗ Mit dem Ratenkredit aus dem Dispo

Ob das neue Heimkino, der Traumurlaub auf den Malediven, das neueste Automodell oder sogar die Designer-Handtasche – Ratenkredite sind der Traum jedes Verkäufers. Denn damit kann sich der Kunde all das kaufen, was er sich eigentlich gar nicht so recht leisten kann. Manche Händler sind so gewitzt, dass sie auch immer wieder mit der tollen Null-Prozent-Finanzierung werben! Das heißt, du kannst dir heute den tollen Fernseher kaufen und ihn noch abbezahlen, wenn er schon längst veraltet oder kaputt ist. Oder die Designer-Handtasche, die eigentlich dein halbes Monatsgehalt auffressen würde. Aber mit einem Ratenkredit zahlst du ein Jahr lang »nur« 120 Euro monatlich. Und falls du damit nach zwei Monaten in der schweren Drehtür stecken bleibst und der schöne Yves-Saint-Laurent-Taschenanhänger einfach abreißt, dann zahlst du weiterhin den Betrag für die nur noch halb so wertvolle Tasche ab. Tatsächlich ist mir genau das passiert. Glücklicherweise hatte ich das Geld gespart, bevor ich mich dazu entschloss, die Tasche zu kaufen. Eben ganz oldschool nach dem Prinzip: Erst sparen, dann zahlen.

Es gibt natürlich auch Situationen, da geht es nicht anders. Angenommen, du möchtest eine Familie gründen und bevorzugst es, dein Kind nicht in einem alten, zerbeulten Fiat Panda durch die Gegend zu fahren, sondern möchtest ein Auto mit Seiten- und Kopfairbag-System für die kleinen Passagiere auf der Rückbank haben. Die wenigsten Menschen haben das Geld für ein neues Auto auf der hohen Kante oder in einem Einmachglas in der Küche liegen. Also ist auch hier ein Ratenkredit angesagt.

 Klingt vielleicht langweilig, ist aber (fast) immer am besten: Erst sparen, dann zahlen!

Das Verlockende und gleichzeitig Verzwickte am Ratenkredit ist die Laufzeit. Du kannst sie je nach Anschaffung auf beispielsweise zwei Jahre oder auf zwanzig Jahre setzen … Im ersten Fall ist die monatliche Ratenzahlung natürlich viel höher als im zweiten. Aber Achtung: Bei einer längeren Laufzeit fallen die Gesamtkosten am Ende viel höher aus als bei einer kurzen Laufzeit. Spielen wir es mal durch:

Du nimmst einen Kredit auf in Höhe von 15.000 Euro. Wenn du es schaffst, diese Summe in nur zwei Jahren zurückzuzahlen, dann zahlst du im Schnitt Zinsen in Höhe von etwas über 1000 Euro. Falls du dir etwas mehr Zeit lassen möchtest und den Ratenkredit zehn Jahre laufen lässt, ist deine monatliche Rückzahlung natürlich entsprechend geringer – aber dafür zahlst du auch über 5400 Euro alleine an Zinsen! Das ist mehr als ein Drittel des Kaufpreises.

Solltest du einen Ratenkredit für etwas aufnehmen wollen, dann überlege dir immer ganz genau, wie lange du das Wunschobjekt nutzen möchtest und wie viel du bereit bist, zusätzlich draufzuzahlen. Lass dich niemals von einer geringen Rate verführen. Wenn du bereits einen Ratenkredit laufen hast, kannst du ihn auch vorzeitig zurückzahlen. Die Bank darf dafür eine Vorfälligkeitsentschädigung verlangen, weil du sie um ihre Zinseinnahmen bringst. Dies sollte dir aber ziemlich egal sein, da sie auf maximal 1 Prozent der gesamten Restsumme begrenzt ist. Verzichte also lieber jeden Monat auf einen Restaurantbesuch oder einen Clubabend und kauf dir von dem Geld deine Freiheit von der Bank zurück.

Wie dich Kreditkarten in den Ruin treiben können

Kreditkarten funktionieren eigentlich recht einfach, sind komfortabel und ermöglichen es uns, fast überall auf der Welt Geld abzuheben oder direkt damit zu bezahlen. Ich habe schon in einer entlegenen Ecke Nepals, in einem winzigen Straßenladen, handgefertigte Souvenirs bei einer alten Frau mit meiner MasterCard bezahlt. Als die nette Dame sah, wie ich meine letzten Kröten zusammensuchte, lächelte sie einfach nur freundlich und zauberte ihr Kartenlesegerät hinter einem alten Vorhang hervor. In der heutigen Zeit ist eine Kreditkarte fast unumgänglich, da es oftmals die einzige Möglichkeit ist, international Flüge oder Hotels zu buchen. Allerdings solltest du bei Kreditkarten immer auf die Rahmenbedingungen achten. Denn die Unterschiede sind groß.

Bei der Charge-Card bezahlt man mit Karte, und abgebucht wird der Betrag dann später. Je nach Bonität variiert dabei die Höhe der Kreditsumme. Du bekommst also bei jeder Zahlung einen kleinen Kredit gewährt – es sei denn, du bist stolzer Besitzer der Black Amex, die offiziell American Express Centurion Card heißt und aus Titan besteht, dann ist das Limit unbegrenzt. Normalsterbliche Menschen wie du und ich bekommen jedoch aus Sicherheitsgründen der Bank ein Limit auf ihre Kreditkarte gesetzt. Der Betrag wird dann meist am Ende des Monats von deinem Girokonto abgebucht. Dadurch hast du vorübergehend eine Art zinslosen Kurzzeitkredit. Hier ist es wichtig, immer selbst den Überblick zu behalten und das Limit nicht als zusätzliches Shopping-Geld anzusehen. Denn am Ende kommt die Rechnung sowieso ins Haus geflattert.

Als Student oder Studentin bekommt man meist eh nur eine aufladbare Kreditkarte, die sogenannte Prepaid-Kreditkarte. Hier überweist man das Geld vom Girokonto auf die Karte und kann dann anschließend damit zahlen. Der Vorteil ist, dass du die aufladbare Kreditkarte unabhängig von deinem Einkommen bekommst und sie auf Reisen gut nutzen kannst. Außerdem behältst du hier einen guten Überblick und läufst nicht Gefahr, mehr auszugeben, als du dir überhaupt leisten kannst. Außerdem gibt es auch keine SCHUFA-Prüfung, da du hier in keinerlei Form etwas Ähnliches wie einen Kredit aufnimmst, sondern nur das ausgibst, was du auch zur Verfügung hast.

Ganz anders sieht es bei der Revolving-Card aus, davon solltest du tunlichst die Finger lassen! Es ist die klassische Art der Kreditkarte, die vor allem in den USA beliebt und bekannt ist. Wenn du wie ich ab und zu mal amerikanisches Trash-TV schaust, dann sind dir mit Sicherheit auch schon Menschen begegnet, die erzählen, dass sie Zehntausende von Dollar an Schulden auf ihrer Kreditkarte angesammelt haben und das Geld nicht zurückzahlen können. Falls du dich ebenso wie ich oft gefragt hast, wie das denn nur möglich ist, dass sichtlich kreditunwürdige Menschen so viele Schulden allein per Kreditkarte anhäufen können, so lautet die Antwort: mit einer Revolving-Card.

Dieser Fahrschein in die Privatinsolvenz funktioniert nämlich ähnlich wie ein klassischer Kredit. Du bezahlst damit in der Shoppingmall deine Einkäufe und kannst die Summe dann ganz bequem in Raten abstottern. Der Kredit ist jedoch nicht kostenlos, sondern verlangt sehr hohe Kreditzinsen. Gleichzeitig kann die Mindestrate, die abgezahlt werden muss, so niedrig liegen, dass man jahrelang den Kredit abzahlen muss. Und wir haben ja schon beim Ratenkredit gesehen, dass jeder zusätzliche Abzahlungsmonat bares Geld verschlingt. Die Zinsen bei der Revolving-Card sind oft noch höher als bei einem Dispokredit. Und da du jeden Monat nur einen kleinen Beitrag zahlen musst, häufen sich hier die Zinszahlungen an die Bank an. Während du denkst, dass du deinen Kredit abstotterst, besteht ein Großteil der Raten nur aus Gebühren. Also: Finger weg, bevor Peter Zwegat bei dir auf der Matte steht!

 Finger weg von einer Revolving-Card!

Beliebt wie die GEZ und dein Zahnarzt: die SCHUFA

Die SCHUFA sammelt fast genauso gerne Daten über uns wie Google. Die Abkürzung steht für »Schutzgemeinschaft für allgemeine Kreditsicherung«, bezeichnete ursprünglich mal einen eingetragenen Verein, ist aber längst eine AG, also ein privatwirtschaftliches Unternehmen, und befindet sich mehrheitlich im Besitz von Banken. Bei der Wirtschaftsauskunftei meldet jede Bank, jeder Versicherer, jedes Leasingunternehmen oder Kaufhaus – also jeder, der dir in irgendeiner Weise einen Kredit ausstellt – deine Daten weiter. Dafür erhalten sie wiederum Auskunft darüber, ob du überhaupt kreditwürdig bist. Allein 2017 stellten die Banken in Deutschland insgesamt rund 27,2 Millionen Anfragen im Rahmen der Kreditkonditionenermittlung an die SCHUFA.[45] Aber was weiß sie nun über uns und was nicht?

Diese Daten werden erfasst und gesammelt: Name, Geburtsdatum, Geburtsort, Anschrift, frühere Anschriften und der berüchtigte SCHUFA-Basisscore. Von den Kreditgebern erhält die SCHUFA zusätzlich Informationen über Bankkonten, Kreditkarten, Leasingverträge, Telefonverträge, Versandhandelskonten, Ratenzahlungsgeschäfte sowie Kredite und Bürgschaften. Sie weiß, ob dein Girokonto ein Dispolimit hat oder nicht. Sie weiß aber nicht, wie hoch es ist, und auch nicht, wie hoch dein Vermögen ist. Falls du also ein Tagesgeldkonto hast, weiß sie, dass es existiert. Ob sich darauf auch tatsächlich Geld befindet oder ob es einfach nur brachliegt, weil du schon genug damit zu tun hast, dein Girokonto auf einer schwarzen Null zu halten, das weiß sie nicht.

Was die SCHUFA nicht sammelt, sind Daten über dein Einkommen, deine religiösen oder politischen Ansichten oder deine Nationalität. Sie ist also noch weit entfernt von dem Scoring-Modell, wie es China bereits eingeführt hat. Dank Gesichtserkennung und Rundum-Überwachung kann dich dort ein Vergehen gegen die Straßenverkehrsordnung um einen neuen Kredit oder einen neuen Job bringen. Daneben wirkt die SCHUFA richtig harmlos. Negative Einträge sind aber trotzdem der Super-GAU für jeden Wohnungssuchenden.

Ein negativer Eintrag entsteht, wenn du eine Rechnung erst nach mehrmaliger Mahnung bezahlst, ein gerichtliches Mahnverfahren gegen dich läuft oder deine Bank einen Kredit aufkündigt. Dabei unterscheidet sie zwischen weichen und harten Negativvermerken. Weiche Negativmerkmale entstehen, wenn du angemahnt wurdest und immer noch nicht bezahlt hast. Harte Negativmerkmale kommen ins Spiel, wenn du schon ein Verbraucherinsolvenzverfahren an der Backe hast. Bei Personen zwischen 25 und 29 Jahren haben etwa 13 Prozent einen negativen Eintrag, bei den 30- bis 34-Jährigen sind es schon über 15 Prozent. Trotzdem sind insgesamt »nur« 4,4 Prozent aller Personen im roten Bereich.[46] Hier geht man davon aus, dass du in einer schwierigen finanziellen Lage steckst und dich erst mal von dem Gedanken an Urlaub oder sonstigem Konsum auf Raten verabschieden solltest.

Einmal im Jahr hast du das Recht, kostenlos deine SCHUFA-Einträge einzusehen – und das solltest du auch gelegentlich nutzen. Die Eigenauskunft ist kostenlos, und auch wenn sich der Irrglaube hartnäckig hält: Du erhältst keinen negativen Eintrag, nur weil du deine eigenen Daten einsehen möchtest. Einfach auf *www.meineschufa.de* unter »Auskünfte« auf »Datenkopie (nach Art. 15 DS-GVO)« klicken, dort kannst du dann das Online-Formular ausfüllen. Weil die SCHUFA, wie gesagt, keine Behörde, sondern ein Wirtschaftsunternehmen ist, hat sie natürlich nichts dagegen, Geld an dir zu verdienen. Daher solltest du nicht aus Versehen die »SCHUFA-BonitätsAuskunft« für knapp 30 Euro wählen, sondern die einfache Datenkopie, die die gleichen Daten enthält. Falls dein potenzieller zukünftiger Vermieter diese Daten sehen will, solltest du vorher alles schwärzen, was ihn nichts angeht, also zum Beispiel deine Kreditkarten- oder Kontonummer. Letztere kannst du ihm dann immer noch aushändigen, wenn der Mietvertrag unterzeichnet ist.

Falls du übrigens negative Einträge hast, musst du nicht gleich einen Anwalt einschalten. Kontaktiere dazu die SCHUFA direkt und stelle den Fall klar. Vielleicht ist unter deinem Namen ein negativer Eintrag enthalten, der gar nicht dir gilt, sondern falsch zugeordnet wurde. Oder ein Versandhandel hat falsche Daten weitergegeben. Fehler können überall entstehen, und daher solltest du deine Einträge regelmäßig kontrollieren. Wende dich dafür zunächst an deinen Vertragspartner und kontaktiere anschließend die SCHUFA.

Die übliche Löschfrist beträgt übrigens drei Jahre und tritt dann am Jahresende in Kraft. Wenn du also am 13. August 2019 einen Eintrag erhalten hast, wird dieser erst am 31.12.2022 gelöscht. Bevor du deine SCHUFA-Einträge mit achtlosen Negativvermerken füllst und dann im Ernstfall den Kredit für eine Immobilie nicht bekommst, lohnt es sich vor allem bei überschaubaren Anschaffungen immer, erst das Geld zu sparen und dann zu kaufen, bevor man in die Kreditfalle tappt. Mein geliebtes iPhone 3 GS habe ich übrigens erst ausgetauscht, als ich es mal bei einem Spaziergang mit meiner Schwester aus der Hand fallen ließ und es mit dem Display auf dem Gehsteig landete. Aus nostalgischen Gründen liegt es jedoch immer noch in meiner Schublade.

Während die Datenkopie der SCHUFA per Post unterwegs ist, solltest du die Zeit nutzen, um selbst mal deine Finanz-Fitness zu testen: Zeit für einen Kassensturz!

KASSENSTURZ:
WAS HAST DU WIRKLICH?

Vor dem Investieren und Geldvermehren kommt das Sparen. Und mit dem Sparen ist es eigentlich wie mit dem Sport: Du musst erst einmal ermitteln, was körperlich überhaupt drin ist, bevor du dich aufs Rennrad setzt oder anfängst, Gewichte zu heben. Wenn du nicht weißt, in welcher Verfassung du dich gerade befindest, kannst du auch nicht ahnen, welche Strecke die richtige für dich ist und wie viele Kilos du wirklich stemmen kannst, ohne dass dir die Eisenstange sofort auf die Füße fällt. In diesem Kapitel prüfst du also deine Finanzsituation auf Herz und Nieren. Solltest du erst mal mit Walking anfangen, wie es auch deine fünfzigjährige Nachbarin jeden Morgen macht, oder läufst du direkt die 8-Kilometer-Runde, ohne aus der Puste zu kommen?

Eigentlich möchtest du ja schon lange sparen, aber blöderweise verdienst du nicht genug zum Sparen und Anlegen? Dachte ich's mir doch. Das Problem haben die meisten, die nicht sparen. Genauso ging's mir ja auch: »Ich würde ja gerne, aber wovon denn überhaupt? Ich verdiene ja nicht so viel.« Diese Ausrede funktioniert wunderbar, weil am Ende des Monats ja auch tatsächlich kaum etwas übrig bleibt, wenn man keinen echten Überblick hat. Und wie bereits gesagt, steigen mit den Einnahmen halt schnell auch die Ausgaben. Das ist keine bahnbrechende Beobachtung meinerseits, sondern leider etwas, das jeder von uns kennt. Mit der Aussicht auf einen tollen Städtetrip mit Übernachtung im Hostel löst man bei mir keine Freudentänze mehr aus. Etagenbett und Gemeinschaftsklo auf dem Flur? Äh, nein. Das ist aber auch okay. Es ist normal, dass wir mehr wollen, weil wir mehr verdienen. Man sollte aber natürlich auch nicht gleich vom Hostel ins 5-Sterne-Hotel mit privatem Spa-Bereich wechseln, wenn man gerade erst vom Azubi zum Junior-Assistenten befördert wurde. Du erinnerst dich sicher: SMART die eigenen Ziele setzen. Trotz steigender Einnahmen und Ausgaben verfügt nämlich fast jeder über ein gewisses Einsparpotenzial – man muss nur seine individuellen Möglichkeiten ausrechnen, oder anders formuliert: die eigene Finanz-Fitness testen.

↗ Deine Finanz-Fitness

Kannst du auf Anhieb sagen, wie viel Geld du im Monat für Lebensmittel ausgibst? Oder wie hoch deine monatlichen Fixkosten sind? Wenn es dir wie den meisten Menschen geht, dann vermutlich nicht. So unsexy es aber für dich jetzt klingen mag: Es wird Zeit, einen Haushaltsplaner anzulegen und deine Finanzlage abzuchecken. Ein Haushaltsplaner gibt dir Übersicht und Kontrolle über deine aktuellen Finanzen, denn du weißt immer, wo du stehst und welche Anschaffungen möglich sind oder worauf du gegebenenfalls gerade verzichten musst. Außerdem kommst du so nicht in die Bredouille, dass du über deine Verhältnisse lebst, weil du deine Möglichkeiten stets im Blick behältst. So weißt du bei der Urlaubsplanung auch sofort, ob zwei Nächte im stylishen 25hours-Boutique-Hotel drin sind oder ob du eben doch mit anderen teilen musst: »Entschuldigung, würden Sie mir bitte die Klopapierrolle rüberwerfen?«

Für einen ersten Überblick reicht es, wenn du die Website deines Online-Bankings aufrufst oder die entsprechende App öffnest. Jetzt gilt es, einmal die Umsätze der letzten drei Monate durchzugehen. Bei nur einem Monat erhältst du vielleicht ein verzehrtes Bild deiner tatsächlichen Ausgaben. Vielleicht standen ausgerechnet im vergangenen Monat viele Geburtstage und Hochzeiten an, weshalb du viel mehr Geld für Geschenke ausgegeben hast, als du es sonst tust. Oder es ist Oktober, und es sind 400 Euro für Winterreifen draufgegangen. Bei drei Monaten erhältst du einen einigermaßen ausgewogenen Überblick. Falls du es noch genauer wissen möchtest, nimmst du dir einfach die letzten zwölf Monate vor. Darin sind dann auch alle Urlaube oder großen Anschaffungen enthalten, und du siehst, wohin dein Geld aufs Jahr gesehen fließt. Natürlich wirst du nicht mehr jede Kugel Eis und jedes Croissant nachvollziehen können – aber wir wollen ja auch erst einmal nur deine Fitness messen und noch kein sekundengenaues Tracking deiner Laufstrecke erstellen. Dazu kommen wir am Ende des Kapitels noch.

⬈ Dein Haushaltsplaner

Fangen wir mit dem angenehmeren Teil eines Haushaltsbuchs an: den Einnahmen. In der Regel betrifft das nur wenige Posten, die schnell ausgefüllt sind. Bei den Ausgaben werden wir vermutlich mehr Zeit und Raum benötigen, wie du gleich noch der ausführlichen Übersichtabelle entnehmen kannst. Bei regelmäßigem Einkommen kannst du dir einfach die letzten drei Monate vornehmen und ermitteln, wie viel du im Durchschnitt verdienst. Bei unregelmäßigem Einkommen empfiehlt es sich, gleich die letzten zwölf Monate einzusehen und die Übersichtstabelle entsprechend anzupassen beziehungsweise für jede Zeile direkt das ganze Jahr zusammenzuaddieren.

Beim Gehalt interessiert uns natürlich nur das Nettogehalt, das dir auch tatsächlich auf dein Konto ausgezahlt wird. Die Gesamteinnahmen, die du monatlich erzielt hast, rechnest du zusammen und teilst sie durch die Anzahl der Monate, in diesem Fall also durch 3. Angenommen, du hast im ersten Monat 1300 Euro eingenommen, im zweiten Monat 1400 Euro und im dritten nur 900 Euro, weil du deinen Nebenjob geschmissen hast, dann rechnest du die Summe zusammen und dividierst sie durch drei Monate: 3600 Euro / 3 Monate = 1100 Euro. Wenn du dir ein ganzes Jahr vornimmst, dann rechnest du die Gesamtsumme entsprechend durch 12.

⤴ Deine Einnahmen

Deine Einnahmen	1. Monat	2. Monat	3. Monat
Gehalt			
BAföG			
KfW-Kredit/Studienkredit			
sonstige Einnahmen			
Gesamteinnahmen			
Durchschnittliche Gesamteinnahmen je Monat			

↗ Deine Ausgaben

Fixe Kosten	1. Monat	2. Monat	3. Monat			
Miete						
Strom/Heizung						
Sonstige Nebenkosten						
Haftpflicht-/Hausratversicherung						
Berufsunfähigkeitsversicherung						
sonstige Versicherungen (Kfz)						
GEZ						
Handy & Internet						
Rückzahlung Kredit (z. B. Auto, Studienkredit, etc.)						
Benzin / Fahrkarte						
Fitnessstudio / Mitgliedschaften						
Unterhaltung (Netflix, Spotify etc.)						

Fixe Kosten	1. Monat	2. Monat	3. Monat			
Sonstige Abos (Zeitschriften, Zeitungen, Amazon Prime etc.)						
Kontoführungsgebühren						
Sonstiges 1:						
Sonstiges 2:						
Sonstiges 3:						
Gesamte Fixkosten						
Fixe Kosten je Monat						

Diese Checklisten kannst du auch unter *fortunalista.de* herunterladen und ausdrucken.

Variable Kosten	1. Monat	2. Monat	3. Monat			
Lebensmittel						
Restaurantbesuche						
Ausgehen (Clubs, Konzerte, Kultur)						
Kleidung						
Drogerie / Kosmetik						
Haushalt / Putzmittel etc.						
Ausflüge / Urlaub						
Sonstiges (z. B. Rauchen)						
Gesamte variable Kosten						
Variable Kosten je Monat						

⁂ Dein Einsparpotenzial

Hast du deine Einnahmen und Ausgaben erst einmal sauber notiert, ist der letzte Schritt absolut easy:

Deine Gesamteinnahmen:
– deine Fixkosten:
– deine variablen Kosten:
= **dein Sparbetrag:**

Idealerweise liegt dein Sparbetrag bei mindestens 10 Prozent deines Gesamteinkommens. Das heißt, falls du jeden Monat 2000 Euro durch dein Gehalt oder sonstige Zuwendungen einnimmst, dann sollte dein Sparbetrag bei 200 Euro oder mehr liegen. Falls das bei dir noch nicht der Fall ist, solltest du die drei Spalten am Ende der Tabelle nutzen und jeden einzelnen Posten bei deinen Ausgaben kritisch hinterfragen: Was davon brauchst du wirklich, was ist einfach nur »nice to have«, und wovon solltest du dich trennen, da es absolut unnötig ist?

Lebensnotwendig! Im ersten Feld machst du das Kreuz, wenn es sich um Kategorien handelt, die du zwingend brauchst und bei denen auch keine günstigere Alternative infrage kommt. Du zahlst gerne eine höhere Miete, weil du deine Wohnung liebst? Du beziehst den besten Ökostrom und möchtest den Anbieter nicht wechseln? Dann fällt all das in die Kategorie »Lebensnotwendig!«.

Brauch ich das? Hier kommt der Realitätscheck. Ob dein teures Fitnessstudio, dein Netflix- und Spotify-Abo oder andere Mitgliedschaften – was davon brauchst und nutzt du wirklich? Vielleicht lohnt es sich, den teuren Mitgliedsbeitrag im Fitnessstudio zu kündigen und sich stattdessen eine 10er-Karte zu kaufen? Wie schaut es bei den Unterhaltungsabos aus? Brauchst du Netflix und Spotify und Amazon Prime? Vielleicht nutzt du bestimmte Streamingdienste nur im Winter, weil du den Sommer draußen im Freien verbringst und nicht vor dem Fernseher. Dann solltest du schauen, ob du dein Abo nicht kündigen und im Sommer ruhen lassen kannst.

Oh my Geld! Hier ist deine absolute Ehrlichkeit dir selbst gegenüber gefordert: Von welchen Positionen wolltest du dich eigentlich schon lange mal trennen? Und ja: Es gibt immer etwas, das unnötig ist und womit du dich nebenbei um einen Kurztrip nach Barcelona bringst. Die 10 Euro pro Woche für den morgendlichen Kaffee oder das Schinkencroissant beim Lieblingsbäcker fallen nicht so schnell auf. Hochgerechnet gibst du so aber 520 Euro im Jahr aus, nur um achtlos nebenbei einen Kaffee runterzukippen. Um welche Position es auch geht, mach dir immer klar, welches Einsparpotenzial dabei aufs Jahr gerechnet besteht!

Am leichtesten kannst du Geld einsparen, wenn du auf deine Fixkosten schaust. Hier gibt es meist laufende Verträge, die jeden Monat zu einem bestimmten Zeitpunkt von deinem Konto abgebucht werden. Hier lohnt es sich, ein wenig Zeit zu investieren und alte Verträge mal etwas genauer zu checken. Kannst du deinen Strom woanders günstiger beziehen? Ist dein Internetanschluss noch »state ot the art«, oder zahlst du viel Geld für ein gerade mal mittelmäßig schnelles Netz? Das Schöne bei den Fixkosten ist, dass du nur ein einziges Mal handeln musst und dir damit anschließend Monat für Monat Geld einsparst. Besser geht's doch nicht!

Ein weiterer großer Posten ist das Thema Auto. Das Auto ist für viele Menschen ein Gegenstand der Leidenschaft – aber in welcher unserer drei Smiley-Kategorien befindet sich das Auto bei dir? Für manche ist es lebensnotwendig, für andere ein kleiner Luxus, auf den sie theoretisch auch verzichten könnten. Falls du nicht wirklich auf ein Auto angewiesen bist, dann ist das auf jeden Fall ein Punkt, bei dem du dir Gedanken machen solltest, wie sehr du an ihm hängst. Denn das Einsparpotenzial ist enorm! Ich selbst komme aus einem kleinen Dorf, wo jeder mit achtzehn seinen Führerschein macht, damit man nicht mehr auf die Eltern angewiesen ist, die einen sonst im Winter von A nach B kutschieren müssen. Hier ist ein Auto wirklich fast lebensnotwendig, da man sonst entweder total abhängig ist oder bei Minusgraden auf dem Fahrrad über die Felder strampeln muss. Mit neunzehn bin ich allerdings nach München gezogen und habe festgestellt, dass man in einer Großstadt dank öffentlichem Nahverkehr und einem guten Einzelhandelsnetz kein Auto braucht. Falls doch ein Umzug, ein größerer Ikea-Einkauf oder ein Ausflug an den See anstehen, gibt es ja zum Glück Angebote wie Stadtteilautos, die man bequem und flexibel auf Stundenbasis für wenig Geld mieten kann. Und falls man mit dem Auto einmal im Jahr nach Italien möchte, kann man sich auch ein richtig schönes Auto mieten und kommt aufs Jahr gesehen trotzdem viel günstiger weg. Das wohl beste Argument gegen ein Auto in der Groß-stadt ist aber die nervige Parkplatzsuche und das zehnfache Cruisen um den Häuserblock, die ohne Auto endlich passé sind.

Die variablen Kosten sind die, die uns etwas mehr weh-tun. Denn hier heißt es nicht einfach nur, auf etwas Günstigeres umzusteigen, sondern im schlimmsten Fall bedeutet dies den kompletten Verzicht auf etwas. Oft sind es auch einfach nur Angewohnheiten, die wir im Alltag haben, die uns aber nebenbei ein Loch ins Portemonnaie fressen, ohne dass wir es merken. Klassisches Beispiel ist der oben er-wähnte Coffee-to-go, der unbedacht morgens auf dem Weg zur Arbeit gekauft wird und schnell ein Monatsbudget von 100 Euro verschlingt. Oder der Feierabenddrink mit den Arbeitskollegen in der Bar ums Eck. Sind ja nur 10 Euro am Abend. Wenn man das dann aber zweimal die Woche macht, sind wir im Monat schon wieder um 80 oder 90 Euro ärmer. Rechnet man es aufs Jahr, verpulvern wir für Coffee-to-go und Feierabenddrinks zusammen deutlich über 2000 Euro. Bei solchen kleinen, regelmäßigen Ausgaben solltest du des-halb nie einfach nur an den einmaligen Preis denken, son-dern es immer aufs Jahr sehen. Bei beiden Angewohnheiten musst du nicht zwingend auf beides verzichten: Den Kaffee trinkst du dann eben erst im Büro aus der Gemeinschafts-kanne, und das Feierabendbier gibt's halt nicht mehr in der teuren Bar, sondern es wird im Supermarkt gekauft, im Bürokühlschrank gekühlt und unten an der Raucherecke getrunken. So what? Cornern geht auch noch im Anzug oder in High Heels.

Apropos Raucherecke: Falls du noch immer zum stetig kleiner werdenden Club der Raucher gehörst, wird das mit Sicherheit auch ein nicht zu geringer Betrag in deiner Ausgabenliste sein. Ich selbst habe jahrelang geraucht und weiß genau, wie schwierig es ist, mit dem Rauchen aufzuhören. Aber ich weiß auch, wie oft man einfach nur zur Zigarette greift, weil einem langweilig ist oder weil man sich bestimmte Muster angewöhnt hat. Einer der Gründe, warum ich damals in Bars so viel geraucht habe, war, dass ich sonst aus Unsicherheit gar nicht gewusst hätte, wohin mit der anderen Hand. Und so stand ich jedes Wochenende da: in der rechten Hand die Kippe und in der linken Hand das Bier. »Ha! Problem gelöst.« Um diesen Zustand zu halten, musste ich im Laufe des Abends natürlich einige Zigaretten vernichten. Rückblickend ärgere ich mich schon darüber, wie viel Geld ich für Zigaretten ausgegeben und was ich meinem Körper damit angetan habe. Mein Ziel war allerdings immer, vor meinem dreißigsten Geburtstag aufzuhören. Ich hatte Angst, wenn ich länger rauche, wird meine Haut so fahl und faltig wie die der alten Mutter Sophia aus *Golden Girls*. Mit 27 habe ich dieses Hobby dann vom einen auf den anderen Tag geschmissen. Nachdem ich auf einer Silvesterparty anderthalb Schachteln weggeraucht hatte und dank der anschließenden Halsschmerzen samt folgender Erkältung gelang es mir unbeabsichtigterweise, ab Neujahr tatsächlich die stinkenden Glimmstängel ein für alle Mal an den Nagel zu hängen. Von dem eingesparten Geld gönne ich mir lieber einmal jährlich ein entspanntes Wochenende im Vier-Sterne-Wellnesshotel, inklusive glättender Gesichtsbehandlung, versteht sich.

Aber keine Sorge, es geht mir nicht darum, das Rauchen zu verteufeln. Wenn es deine Leidenschaft ist und du der

Überzeugung bist, du brauchst es, dann tu es. Es gibt bestimmt an anderer Stelle die Möglichkeit, Geld einzusparen. Vielleicht hast du auch einen Sammelfetisch und gibst jeden Monat einen Haufen Geld für Porzellanwellensittiche, Ansichtskarten aus dem 19. Jahrhundert oder Glasvasen mit Städtewappen aus diesen furchtbaren Touristenläden aus. Ich weiß es nicht, aber irgendwo wird schon ein Posten sein, den du jetzt mit dem Rotstift markieren kannst. Und falls du dabei noch Orientierung brauchst, hilft dir vielleicht eine easy Regel.

Die 50/30/20-Regel für dein Budget

Wenn man anfängt, sich mit den eigenen Finanzen zu beschäftigen, ist es oft schwierig einzuschätzen, ob man jetzt zu viel Geld für etwas ausgibt oder nicht. Man fängt an, in Foren zu suchen, und fragt, ob denn nun 600 Euro Miete für einen alleinstehenden Single zu viel sind. In Dresden oder Leipzig bekommt man dafür noch eine schöne Drei-Zimmer-Wohnung. In München erhältst du vermutlich neidische Blicke, wenn deine kleine 1-Zimmer-Bude gerade mal 600 Euro kostet. Es ist also nicht so einfach, von einem festen Betrag auszugehen. Dafür gibt es allerdings eine Faustformel: die 50/30/20-Regel.

Gemäß dieser Regel sollen 50 Prozent deines Einkommens für essenzielle Dinge wie Miete, Versicherungen, Transport- und Lebensmittel ausgegeben werden. Nachdem du oben bereits dein Häkchen bei den lebensnotwendigen Posten gesetzt hast, kannst du diese einfach zusammenrechnen und hoffen, dass sie nicht mehr wiegen als die Hälfte deines Einkommens. Bei einem Netto-Einkommen von 1200 Euro wäre eine Miete von 600 Euro also definitiv zu viel, da du noch Fahrtkosten, Versicherungen und Essen brauchst und allein für die Miete schon 50 Prozent deiner Einnahmen draufgehen. In diesem Fall lohnt sich der Blick ins Immobilienportal deiner Stadt, da du auf Dauer kein Vermögen aufbauen kannst, wenn du in einer Wohnung lebst, die du dir eigentlich nicht leisten kannst.

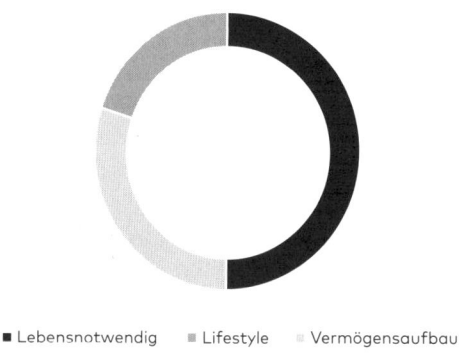

■ Lebensnotwendig   ■ Lifestyle   Vermögensaufbau

30 Prozent des Einkommens stehen der Finanzierung deines persönlichen Lebensstils zur Verfügung. Das heißt, hiervon kannst du dir Schuhe und Klamotten kaufen, in Restaurants und coole Bars ausgehen oder dein Fitnessstudio bezahlen. Bleiben wir bei dem Beispiel mit einem Einkommen von 1200 Euro, darfst du 360 Euro für all das ausgeben, was dir Spaß bereitet und dich glücklich macht. Falls du zu den Frugalisten gehörst, dann streichst du einfach all das komplett von deiner Liste und verschiebst dieses Enjoy-your-life-Budget in den nächsten Topf.

Die restlichen 20 Prozent deines Einkommens legst du weise für deine Altersvorsorge, deinen Vermögensaufbau und eventuelle Kreditrückzahlungen zur Seite. Welche dieser drei Verwendungsmöglichkeiten wichtiger ist als die anderen, darüber herrschen unterschiedliche Auffassungen. Wir haben ja im vorherigen Abschnitt gesehen, wie viel es dich aufs Jahr betrachtet kostet, wenn du jeden Monat dein Konto überziehst oder teure Ratenverträge laufen hast. Meiner Meinung nach ist es in aller Regel am sinnvollsten, erst einmal seine Schulden in Ordnung zu bringen und sich dann um die beiden anderen Punkte der Altersvorsorge und des Vermögensaufbaus gleichzeitig zu kümmern.

↗ Eingrooven und dranbleiben

Die Aufteilung und Aufstellung des eigenen Budgets ist besonders am Anfang der Finanzplanung wichtig. Irgendwann bekommst du schon ein Gespür dafür, was du dir leisten kannst und was nicht. Während meiner Studienzeit ist es mir oft passiert, dass ich trotz Nebenjob am Ende des Monats nicht mal mehr genügend Geld hatte, um in den Supermarkt zu gehen. Anstatt einfach mal das Geld von meinen Eltern anzunehmen, bin ich mit meiner Kreditkarte bewaffnet in die Feinkostabteilung von Karstadt gegangen und habe mich mit überteuerten Nudeln und italienischen Feinschmecker-Soßen eingedeckt. Die Rechnung kam dann erst im nächsten Monat, und so konnte ich mein Geld ein wenig umverteilen. Wirtschaftlich betrachtet ein absolutes No-Go: Total abgebrannt in einen Feinkostladen gehen und sich Essen auf Kredit kaufen. Tja, aber solche Zeiten gab es eben auch. Da kannte ich dieses Wunderwerk des Budgetierens noch nicht. Falls du dich schlaumachen möchtest, wie du im Alltag Geld sparen kannst, gibt es dazu unzählige Bücher und Blogs, die dir viele Tipps & Tricks geben und auch mal neue Perspektiven eröffnen. Auf meinem Pinterest-Profil (pinterest.de/fortunalista) findest du regelmäßig

Boards mit verlinkten Beiträgen und Inspirationen. Keine Angst, es muss nicht immer die Öko-Waschnuss sein, zu der du gezwungen wirst.

Das Statistische Bundesamt ist übrigens eine gute Adresse, wenn du mal sehen möchtest, wie es andere machen. Ein Blick auf die Statistiken verrät: Die Deutschen sind wahre Konsum-Koryphäen. So steigen die Konsumausgaben seit Jahren stetig an: Über 1,7 Billionen Euro wurden 2017 insgesamt für Spiel, Spaß und Spannung ausgegeben. Zehn Jahre zuvor waren es noch 350 Milliarden Euro weniger.[47] Die Wirtschaft floriert, weil die Menschen ihr Geld mit vollen Händen ausgeben. Ein durchschnittlicher Single gibt etwa 41 Prozent nur für Konsumgüter aus.[48] Aber wer will es schon so machen wie der Durchschnitt? Sonst hättest du schließlich dieses Buch nicht gekauft. Du hast dieses Buch gekauft, weil du es besser machen möchtest als Max Mustermann, Lieschen Müller oder Otto Normalverbraucher.

Haushaltsbuch 2.0: Apps nutzen

Um einen wirklich guten Überblick über deine Finanzen zu behalten, empfehle ich dir, regelmäßig ein Haushaltsbuch zu führen. Meine Oma hatte immer eine sogenannte Kladde mit blauem Umschlag. Darin trug sie ein, was sie an Rente bekam, was mein Opa gelegentlich on top für kleine Reparaturen in der Ortschaft erhielt, und natürlich auch die Ausgaben. Ich sehe sie immer noch vor meinem inneren Auge am Küchentisch sitzen und alles fein säuberlich notieren. Die beiden hatten zwar nicht viel, aber es hat immer gereicht, weil Oma die Finanzen dank ihres Haushaltsbuches im Griff hatte. Keine Angst, du musst dir kein Schulheft kaufen. Im digitalen Zeitalter tut's ja auch eine App.

Es gibt mittlerweile unzählige Apps, die du für dein persönliches Finanz-Tracking nutzen kannst: MoneyControl, Mein Budget, Ausgaben Manager, Cost Track, Coin Keeper MoneyStats, Moneon und noch viele mehr. Unterm Strich funktionieren sie fast alle gleich: Du kannst dein Monatsbudget oder dein Einkommen eingeben, und dann trägst du immer ein, wann du wofür wie viel Geld ausgegeben hast. Du hast entweder bestehende Kategorien, zum Beispiel »Verkehr«, »Lebensmittel« etc., oder kannst auch neue Kategorien anlegen, wie zum Beispiel »Kaffee« oder »Prosecco«. Falls das eine Kategorie ist, die du mal tracken möchtest. Der Vorteil von Apps ist, dass sie dir tolle Auswertungen liefern und du auf einen Blick die Höhe der einzelnen Konsumbereiche siehst.

Die Haushaltsplanung mit App (oder auch in einer Kladde à la Oma Helene) hat aber noch einen ganz anderen Vorteil: Du wirst automatisch wachsamer und sorgfältiger im Umgang mit deinem Geld. Es ist ähnlich wie bei der Meditation nach dem Yoga, wenn die Yogalehrerin sagt, man solle sich nur auf seinen Atem konzentrieren und ihn beobachten. In diesem Fall beobachtest du nicht das Atmen, sondern das Geldausgeben. Und während du in der Meditation allein durch das Beobachten ruhiger und entspannter wirst, wirst du durch die Beobachtung deiner Ausgaben achtsamer und vorsichtiger. Ich konnte schon nach wenigen Wochen eine deutliche Veränderung in meinem Einkaufsverhalten bemerken. Während ich zuvor achtlos hier und da ein paar Euro ausgegeben hatte, hatte ich nun ein anderes Money-Mindset. Irgendwie waren meine finanziellen Ziele jetzt immer in meinem Hinterkopf. Wenn man für jede Belanglosigkeit gleichzeitig Portemonnaie und Handy-App öffnen muss, dann diszipliniert das natürlich ein bisschen von selbst. Andererseits faszinierte es mich, wie der Ausgabebalken für genau diese scheinbaren Belanglosigkeiten wuchs und wuchs. Mit der Zeit wurde dieser Belanglosigkeiten-Ausgabebalken immer kleiner und der Posten Erspartes immer größer. Und das motivierte mich in meinem veränderten Denken und meiner neuen Einstellung zu den eigenen Finanzen nur noch mehr: Aus einem »Ich muss mich zurückhalten und verzichten« wurde dann schnell ein »Ich habe gespart und habe jetzt mehr Geld zum Investieren«.

Und am Ende soll natürlich auch in deinem Haushaltsbuch nur noch ein Balken wachsen, und zwar der deines Vermögens – was gleichbedeutend ist mit deiner eigenen Unabhängigkeit. Welche Konten, Versicherungen und Investitionsmöglichkeiten es dafür gibt (und welche du dir sparen kannst), darum geht es in den nächsten Kapiteln.

KONTENPARADE: GIROKONTO, TAGESGELD-KONTO & FESTGELDKONTO

Warum das Sparbuch nicht zum Sparen ist

Sagt die Oma zu ihrem Enkel: »Du darfst dir von mir ein schönes Buch wünschen.« Antwortet der Enkel: »Dann wünsche ich mir dein Sparbuch.« – Ein echter Schenkelklopfer. Was waren das noch für tolle Zeiten, als man jede D-Mark fleißig sparte und dann am Weltspartag aufgeregt mit seinen Eltern in die örtliche Sparkasse stolzierte: Sparbuch in der einen und das Sparschein in der anderen Hand. Bevor es zum Münzenzählen an den Schalter ging, drehte man noch schnell am Glücksrad, sahnte ein kleines Werbegeschenk ab und freute sich über das neue *KNAX*-Heft. Anscheinend hat sich dieses Ritual bei vielen so stark eingeprägt, dass das Sparbuch zur mit Abstand beliebtesten »Geldanlage« geworden ist: Fast 62 Prozent der Deutschen parken ihr Geld noch immer auf einem Sparbuch.[49] Hat man eben schon immer so gemacht.

Finanzkrise 2007, Bankenkrise 2008, Eurokrise 2009 und Schuldenkrise 2010 – wir Millennials haben all diese

Ereignisse hautnah miterlebt. Während der letzten Schuljahre, mitten in Ausbildung oder Studium oder beim Einstieg in unseren ersten Job: Überall hörten wir nur das Wort »Krise«. Anstatt optimistisch in unsere Zukunft zu blicken und uns der da kommenden Freiheit zu erfreuen, mussten wir Angst haben. Diese Jahre haben uns offenbar stark geprägt, denn anstatt Risiken einzugehen, sind wir eine Generation, die auf Sicherheit bedacht ist. Wir wollen unser Geld sicher wissen und nicht in den Fängen eines korrupten Bänkers. Deshalb geben drei von vier Sparern an, dass ihnen Sicherheit am wichtigsten ist. Gefolgt von geringem Aufwand, Verständlichkeit und möglichen Steuern.[50] Wir würden eben auch mitten in der menschenleeren Sahara an einer Ampel stehen bleiben, wenn sie Rot zeigt. Safety first.

Doch diese Krisen weckten nicht nur unser Sicherheitsbedürfnis, sondern hatten auch zur Folge, dass die Zinsen in den Keller fielen. Weltweit senkten die Notenbanken die Leitzinsen und versuchten damit Finanzmärkte und Volkswirtschaften wieder auf Vordermann zu bringen. 2008 bekam man noch stolze 2,5 Prozent Zinsen für die Sparbucheinlagen. Zehn Jahre später waren es nur noch 0,1 Prozent. Wenn jetzt jemand sagt »0,1 Prozent Zinsen ist besser als nichts«, der oder die blättere doch bitte noch mal zurück und lese sich den Absatz zur Inflation noch einmal durch. Na gut, zur »Sicherheit« wiederhole ich es noch einmal kurz: Bei einer Inflationsrate von 1,8 Prozent und einer Verzinsung von 0,1 Prozent werden 1,7 Prozent des Geldwertes regelrecht vernichtet. Bei einem Sparbetrag von 10.000 Euro verlierst du in nur einem Jahr real 170 Euro. Steigt die Inflationsrate wieder stärker an, wird unser tägliches Leben immer teurer. Trotzdem sehen die meisten Deutschen lieber zu, wie ihr Vermögen stetig schrumpft. Spare in guten Zeiten, so hast du in der Not – grundsätzlich richtig, gilt jedoch in Zeiten von niedrigen Zinsen und hoher Inflation nicht.

Das Sparbuch ist keine Geldanlage und sollte nicht einmal genutzt werden, um dein Geld kurzfristig zu parken. Dafür gibt es bessere Modelle.

Überlebensnotwendig: das Girokonto

Ein Girokonto ist in unserer Gesellschaft lebensnotwendig, ohne geht es in der Praxis gar nicht – es ist aber weder eine Geldanlage, noch ist es ein Ort, an dem Geld gespart werden sollte. Obwohl sich die meisten Menschen dessen bewusst sind, machen sie es trotzdem falsch: Laut einer Umfrage des Verbandes der privaten Bausparkassen gaben 41 Prozent der Befragten an, ihr Geld auf dem Girokonto zu sparen. Und das, obwohl es hier keine Zinsen gibt und das Geld auch nicht vor den eigenen Bedürfnissen sicher ist. Denn was machst du, wenn du dich plötzlich euphorisch im Shopping-rausch wiederfindest und die elegante Céline-Handtasche oder das stylishe Specialized-Fahrrad aus Carbon im Sale findest? Richtig: EC-Karte raus – »Ka-Ching« – und dein Girokonto samt Spareinlage ist leer. Denn bei aller Disziplin und bei allem Willen solltest du dir dessen bewusst sein, dass du dein Geld vor dir selbst schützen musst. Und ein Girokonto bietet diesbezüglich quasi keinen Schutz.

Bei Girokonten gibt es große Unterschiede zwischen den einzelnen Anbietern – und diese sind leider sehr verschleiert. Seit 2019 sind laut einer EU-Richtlinie alle Banken dazu verpflichtet, einmal jährlich eine Übersicht aller Kosten des Girokontos zur Verfügung zu stellen. Es lohnt sich, die Kosten für Kontoführung, Überweisungen, Daueraufträge, die Ausgabe einer Giro- und Kreditkarte sowie Dispozinsen miteinander zu vergleichen und gegebenenfalls zu einem günstigeren Anbieter zu wechseln. Nach dem

Kassensturz sollten dir deine Ansprüche an das Konto (Tätigst du viele oder wenig Überweisungen? Benötigst du gute Dispozinskonditionen, oder kannst du die vernachlässigen? Etc.) geläufig und eine gute Entscheidung möglich sein.

Wissen schützt vor Dummheit nicht, aber man muss eben auch mal ein wenig Zeit investieren, um einen Wechsel vorzunehmen. Während der Studienzeit war ich eingefleischte Sparkassenkundin, da das Konto kostenlos war und ich zudem einen mündlichen Deal mit meinem Bankberater hatte: Ich bekomme die goldene MasterCard während meiner Studienzeit kostenlos, wenn ich der Sparkasse danach treu bleibe. Super Deal, dachte ich: Jetzt kann ich Geld sparen, und wenn ich nach dem Studium arbeite, dann machen mir die paar Euro im Monat schon nichts aus. Machen Sie aber eben doch: Sechs Jahre nach meinem Studienabschluss war ich immer noch bei der Sparkasse und zahlte monatlich 11,90 Euro für ein Premium-Konto inklusive Kreditkarte. Dabei habe ich die Vorteile der goldenen Kreditkarte in den insgesamt zehn Jahren nicht ein einziges Mal genutzt. Stattdessen habe ich brav über 850 Euro an die Sparkasse gezahlt, obwohl es viele Banken gibt, die ein kostenloses Girokonto samt Kreditkarte anbieten. Und das nur, weil der pfiffige Berater auf meine Loyalität und mein schlechtes Gewissen gesetzt hat. Wenn es um Finanzgeschäfte geht, ist Loyalität jedoch fehl am Platz. Du kannst ja mal probieren, zu deiner Hausbank zu gehen und sie um einen hohen Kredit zu bitten. Allein aus jahrelanger Loyalität und Kundentreue wird dir keine Bank jemals einen Kredit gewähren. Vielmehr achtet sie auf deine SCHUFA-Einträge und deine Kreditwürdigkeit. Warum solltest du dich andersherum also loyaler verhalten?

Easy green!

Banken haben ja grundsätzlich einen schlechten Ruf: Sie spekulieren mit Nahrungsmitteln und treiben die Lebensmittelpreise künstlich hoch (schlecht für arme Menschen) oder runter (schlecht für die Landwirte), investieren in Waffen- und Rüstungsgeschäfte, bremsen die Energiewende und helfen reichen Menschen dabei, ihr Geld in Panama zu verstecken. Immer mehr Menschen setzen daher nicht nur auf Bio-Food und Öko-Kleidung, sondern möchten auch nachhaltige Banken, sogenannte Ethikbanken, nutzen. Diese verzichten auf all die zweifelhaften Machenschaften und investieren ihr Geld und das ihrer Anleger in sinnvolle Projekte und Unternehmen. Dabei wird in unterschiedliche Bereiche wie Landwirtschaft, erneuerbare Energie, Wohnungsbau, Bildung, Kultur, Soziales oder Gesundheit investiert. Mithilfe des Geldes entstehen dann neue Kitas oder Altenheime, Integrationsprogramme für Geflüchtete, nachhaltige Mode wie die der Marke ArmedAngels, alternative Wohngemeinschaften und vieles mehr. Auch wenn diese Banken neben den großen Bankenkonzernen noch echte Zwerge sind, bekommt man als Kunde den vollen Service: Kreditkarte, Aktiendepot, Baufinanzierung, Darlehen, Geschäftskonto und eine schicke App. Filialen existieren nur begrenzt und eigene Geldautomaten gar nicht. Dafür kooperieren sie mit den großen Banken und ermöglichen das kostenlose Geldabheben. Und was die Filiale betrifft: Wann warst du das letzte Mal in deiner Bankfiliale? Eben.

Der einzige Nachteil, den nachhaltige Banken haben, ist, dass sie teilweise höhere Kontogebühren verlangen. Die jährlichen Kosten für Kontoführungsgebühren, die Bankkarte und eine Kreditkarte belaufen sich auf etwa 100 bis 150 Euro. Aber dafür tut man schließlich etwas Gutes für

Mensch und Umwelt. Die bekanntesten ethischen und öko-
logischen Banken sind GLS Bank, EthikBank, UmweltBank
und Triodos Bank. ··

⚡ Tagesgeldkonto – das neue Sparbuch

Eine Kaution für die neue Wohnung muss her, man hat nach
dem Oktoberfest ins Taxi gespien und bekommt eine saftige Rechnung für die Reinigung ins Haus, oder man findet
den lang ersehnten Traumurlaub nach Lappland inklusive
Hundeschlittenfahrt und Iglu-Übernachtung zum absoluten
Schnäppchenpreis, der trotzdem vierstellig ist. In solchen
Momenten braucht man Geld, und zwar schnell und unkom-
pliziert. Tagesgeldkonten sind ideal, um Geld zu sparen, und
auch, um es kurzfristig für solche »Notfälle« wieder ausgeben zu können.

Die Eröffnung eines Tagesgeldkontos ist der erste Schritt
zum Vermögensaufbau. Gerne wird es als Geldanlage verkauft. Bei einem Zinssatz von 0,3 bis 0,5 Prozent ist dies
jedoch etwas naiv gedacht. Trotzdem empfehle ich dir, ein
Tagesgeldkonto zu eröffnen, um ein Notfalldepot aufzubauen. Die Vorteile sind, dass du nur in den seltensten Fällen
Gebühren für das Tagesgeldkonto zahlen musst, du jederzeit
Geld einzahlen und auch jederzeit wieder abheben kannst.
Viele Finanzexperten raten dazu, einen Notgroschen von
etwa drei Netto-Monatsgehältern aufzubauen. Ich empfehle
jedoch, die tatsächlichen monatlichen Ausgaben als Recheneinheit zu verwenden. Verdienst du 2000 Euro netto, gibst
aber monatlich nur 1500 Euro aus, dann ist ein Notgroschen
von 4500 Euro ausreichend. Natürlich sind 4500 Euro viel
Geld, das es erst einmal aufzubauen gilt. Wenn du aber eh
500 Euro im Monat zur Verfügung hast, dann kannst du

in weniger als einem Jahr dein Depot schon aufbauen. Ansonsten empfehle ich monatlich 10 Prozent des Netto-Einkommens direkt per Dauerauftrag auf ein Tagesgeldkonto zu überweisen. So habe auch ich mir meinen Notgroschen aufgebaut.

 Die Grundlage deiner Vermögensplanung ist ein Tagesgeldkonto mit einem Notfallgroschen in Höhe von drei durchschnittlichen Monatsausgaben.

Doch warum braucht man ein Notfalldepot? Lohnt es sich nicht, das Geld direkt in Aktien zu investieren? Die Antwort lautet: Nein. Beides solltest du strikt voneinander trennen. Warum das so ist, möchte ich gerne an zwei Szenarien verdeutlichen.

Szenario A: Angenommen, du startest direkt mit Aktien durch und verzichtest auf ein Notfalldepot. Schnell reich werden ist die Devise. Also steckst du deine 4500 Euro komplett in Aktien. Tesla gefällt dir, und Elon Musk ist der neue Steve Jobs. Was soll also schiefgehen? Deine Aktien entwickeln sich hervorragend. Selbst dein Nachbar hat schon das Model S in der Garage stehen, und alles läuft nach Plan. Deine Aktien stehen binnen kurzer Zeit bei 5000 Euro – YES! Nach einer langen Nacht und ein paar Gläsern Whiskey twittert Elon Musk jedoch fröhlich, dass er Tesla an ein chinesisches Unternehmen verkaufen will. Die Aktie fällt am nächsten Tag ins Bodenlose, und die Nachrichten überschlagen sich. Leider bekommst du davon grad nichts mit, da du mit deiner neuen Flamme einen romantischen Hüttenurlaub machst und das W-LAN schlechter ist als in der Deutschen Bahn. Zurück aus dem Wochenende, stellst du fest, dass von den eben noch vorhandenen 5000 Euro nur noch 3000 Euro da sind. Die Gerüchte entpuppen sich im Laufe der Woche als Fake, doch die Aktie erholt sich nur langsam und steht nach einer Woche erst bei 3300 Euro. Gerade als du auf dem Nachhauseweg bist und die positiven Börsennachrichten im Autoradio hörst, macht's einen lauten Knall und dein Auto fängt an zu qualmen. Der Motor ist im Arsch. Kosten: 3500 Euro. Und während dir der schnurrbärtige Mann aus der Werkstatt freudig die saftige Rechnung in die Hand drückt, wird dir klar, warum ein Notfalldepot die bessere Alternative gewesen wäre. Denn jetzt musst du deinen gesamten Aktienbestand verkaufen, um an das Geld ranzukommen. Und zwar mit sehr hohen Verlusten. In kürzester Zeit hast du dein Vermögen um über 1000 Euro verkleinert und musst wieder bei null anfangen. Nur einen Monat später hat sich die Aktie vollkommen erholt, die Verkaufszahlen sind besser denn je, und dein Aktienbestand wäre schon um 35 Prozent auf stolze 6075 Euro gestiegen. Aber leider bist du raus und bekommst davon nichts mehr mit.

Szenario B: Ein Jahr lang hast du gespart, und nun hast du dein erstes Ziel erreicht: 4500 Euro liegen auf deinem Tagesgeldkonto, dein Notfalldepot ist aufgefüllt. Nach so viel Sparsamkeit ist jetzt zur Belohnung ein schönes Wochenende in den Bergen angesagt. Als du aus dem Urlaub zurückkommst, hast du eine Panne: Motorschaden. Die Werkstattkosten von 3500 Euro überweist du direkt am nächsten Tag. Somit bleiben dir noch 1000 Euro auf dem Tagesgeldkonto.

Gleiche Situation, vollkommen anderer Ausgang. Es könnte sogar noch ein drittes Szenario geben: Nachdem die Aktie so tief gefallen ist, entscheidest du dich, mit den 1000 restlichen Euro einzusteigen. Das Notfalldepot füllst du dann ab dem nächsten Monat wieder auf. Durch den spacigen Aktienaufstieg werden aus den 1000 Euro mit 35 Prozent Gewinn 1350 Euro. Läuft bei dir!

Aktien sind nicht so riskant wie ihr Ruf – wie wir auch noch sehen werden. Allerdings sind sie leider auch nicht vorhersagbar. Im ersten Fall müsstest du deinen Aktienbestand mit hohen Verlusten verkaufen, da du keine anderen flüssigen Mittel hast. Auf dem Aktienmarkt gibt es immer wieder Hochs und Tiefs. Daher ist es wichtig, dass du nicht abhängig bist von deinem investierten Geld und solche Talfahrten einfach entspannt aussitzen kannst.

⟋ Festgeldkonto – für Langzeitparker

Ein Festgeldkonto funktioniert etwas anders als das Tagesgeldkonto. Beide vereint zwar die Möglichkeit, Geld sicher zu einem bestimmten Zinssatz zu sparen, es gibt jedoch wichtige Unterschiede. Beim Festfeldkonto handelt es sich um eine sogenannte Termineinlage. Das bedeutet, dass das Geld für einen bestimmten und vorher festgelegten Zeitraum angelegt wird. Die Mindestlaufzeit beträgt in der Regel 30 Tage, üblich sind jedoch eher 6 bis 36 Monate. Der größte Unterschied zum Tagesgeldkonto besteht also darin, dass du nicht jederzeit über das Geld verfügen und das Konto vorzeitig kündigen kannst. Als Depot für den Notfallgroschen ist es deshalb nicht geeignet, denk nur an das Szenario mit dem Motorschaden.

Das Festgeldkonto bietet gegenüber dem Tagesgeldkonto jedoch auch einen Vorteil: Du erhältst einen festen Zinssatz, der höher ist als beim Tagesgeld. Falls du also einen Geldbetrag hast, den du über einen längeren Zeitraum einfach sicher einlagern möchtest, eignet sich das Festgeldkonto. Der klassische Fall ist, wenn du ein paar Tausend Euro von der Oma geschenkt bekommen hast und dieses Geld sicher verwahren möchtest, da du es für die nächsten Jahre nicht brauchst. Häufig musst du schon über einen Mindestbetrag verfügen, um ein Festgeldkonto zu eröffnen. (Auch deshalb eignet es sich nicht für den Aufbau eines Notfalldepots.) Je länger die Laufzeit, desto höher der Zinssatz. Die Zinsen sind dabei aber dennoch sehr gering und deckeln meist gerade einmal die Inflationsrate. Daher sehe ich es persönlich nicht als Geldanlage an – auch wenn das viele tun.

Falls du dich dennoch für ein Festgeldkonto entscheidest, solltest du keinen allzu langen Zeitraum von mehreren Jahren wählen. Denn niemand weiß, wie sich die Zinsen in den nächsten Jahren entwickeln werden. Und falls die Europäische Zentralbank den Leitzins wieder anhebt, was auch eine Steigerung der Zinsen auf Festgeldkonten zur Folge hat, hängst du in einem schlechten Vertrag fest, während andere Banken dir schon längst mehr für dein Geld bieten. Drum prüfe, wer sich lange an ein Festgeldkonto bindet, ob sich nicht was Bess'res findet.

Easy green!

Tagesgeld- und Festgeldkonten bieten auch nachhaltige Banken wie die Triodos Bank, die UmweltBank, die GLS Bank oder die EthikBank. Die Zinsen hierfür sind allerdings sehr gering. Für das zwischenzeitliche Parken kann man das Tagesgeldkonto auch dort eröffnen. Beim Festgeld sind die Zinsen für das einjährige Anlegen eines bestimmten Betrags mit 0,0 bis 0,1 Prozent allerdings verschwindend gering.

VERSICHERUNGEN: MIT NETZ UND DOPPELTEM BODEN

Folgendes Szenario ereignete sich, während ein junger Mann mit seinen besten Freunden eine Art Sightseeingtour machte: Versehentlich gerieten er und seine Freunde in einen kleinen Disput zwischen zwei Parteien. Die Stimmung wurde immer aufgeheizter, und aus dem Disput entstand ein richtiger Kampf mit immer mehr Teilnehmern. Im Eifer des Gefechts wurde plötzlich das Wahrzeichen der Stadt, eine riesige Kathedrale, vollkommen zerstört – hoppla! Die Freunde wurden daraufhin verdächtigt, schuld an der Misere zu sein, und gezwungen, den Schaden zu bezahlen. Für die Kosten der anschließenden siebentägigen Abrissarbeit und der Entsorgung von 300.000 Tonnen Stein entstand eine Schadenssumme von 122,5 Millionen Euro. True Story! Na gut, möglich, dass sich das alles so in einem Kinofilm namens *Der Hobbit* zugetragen hat. Allerdings hat die Allianz Versicherung diesen Fall mal unter die Lupe genommen und ausgerechnet, wie hoch der Versicherungsschaden tatsächlich wäre.[51] Auch wenn die Wahrscheinlichkeit recht gering ist, dass dir ein Missgeschick in diesem Ausmaß widerfährt, lohnt es sich, das Thema Versicherungen nicht einfach unter den Tisch zu kehren. Denn bevor es darum geht, das gesparte Geld zu investieren, muss das vorhandene Geld erst einmal abgesichert werden.

Es hat keinen Sinn, Monat für Monat viel Geld in Aktien zu investieren, wenn du am Ende aufgrund eines Missgeschicks so einen großen Schaden anrichtest, dass du auf Jahre verschuldet bist. Und das nur, weil du die 5 Euro Monatsgebühr für eine Haftpflichtversicherung sparen wolltest. Im schlimmsten Fall hast du wochenlang Aktienkurse gewälzt, dir das Geld vom Mund abgespart und direkt in gewinnbringende Aktien investiert – und dann ist all die Arbeit und Mühe dahin, weil du bei der Versicherung zu geizig warst.

Damit dir das nicht passiert und du bestens ausgerüstet in deine Vermögensbildung starten kannst, werfen wir einen Blick auf deine persönliche Situation, damit du die für dich wichtigen Versicherungen hast – und keine unnötigen abschließt. Immerhin existieren in Deutschland 451 Millionen Versicherungsverträge.[52] Und da in Deutschland etwa siebzig Millionen der Einwohner älter als achtzehn Jahre alt sind, hat jeder Deutsche etwa 6,5 Versicherungen im Schnitt. Klingt nach viel, hat sich aber schnell: Eine Haftpflicht- und Hausratversicherung sind quasi obligatorisch, dann hat man noch die Handyversicherung spontan mitgekauft, irgendwann eine Zahnzusatz- und eine Haushaltsglasversicherung abgeschlossen, weil's irgendwie vernünftig klang, und irgendeine Reifenversicherung wird auch noch jährlich abgebucht. Wann man die abgeschlossen hat, weiß man bloß irgendwie gar nicht mehr. Und schon kommt man schnell auf sechs Versicherungen, von denen man die meisten gar nicht braucht, weil sie nutzlos sind. Gehen wir sie mal gemeinsam durch.

◥ Haftpflichtversicherung

Eine Haftpflichtversicherung haftet für Sach- und Personenschäden, die du verursachst. So weit, so bekannt. Falls du keine Haftpflicht hast, aber einen großen Schaden verursachst, haftest du mit deinem gesamten Vermögen, deinem regulären Einkommen und deinem gesamten Hab und Gut, was dann sogar gepfändet werden kann. Und das »nur«, weil du vielleicht beim Abbiegen mit dem Fahrrad einen 55-jährigen Fußgänger nicht gesehen hast, dieser daraufhin aber böse gestürzt ist und für den Rest seines Lebens nicht mehr richtig laufen kann. Eine Haftpflichtversicherung springt in solchen Fällen für dich ein, übernimmt die Behandlungs- und Schadenskosten und schützt dich vor dem finanziellen Ruin. Sie dient aber nicht nur deiner persönlichen Absicherung. Es ist auch ein fairer gesellschaftlicher Zug von dir. Denn mal angenommen, die Person, die du auf deinem Rad umbretterst, hat horrende Arztkosten zu zahlen und muss ihre Wohnung behindertengerecht umbauen. Wenn du keine Haftpflichtversicherung hast und die Summe nicht anderweitig begleichen kannst, bleibt der arme Mann im schlimmsten Fall auf seinen Kosten sitzen, und du stotterst dein Leben lang alles ab. Mit einer Unachtsamkeit sind dann auf einen Schlag gleich zwei Menschenleben ruiniert.

Übrigens kann eine Haftpflichtversicherung pro Haushalt aufgenommen werden. Das heißt, falls du mit deinem Freund oder deiner Freundin zusammenwohnst, könnt ihr euch die doppelten Kosten sparen, indem ihr die kürzer laufende Versicherung kündigt und die Person in den anderen Vertrag mit aufnehmt. Gleiches gilt auch für unverpartnerte Mitbewohner. Das macht aufs Jahr gesehen (bei den Kosten muss man immer aufs ganze Jahr rechnen) immerhin schon mal ein romantisches Candle-Light-Dinner oder ein feucht-fröhliches WG-Essen aus.

Aber Achtung: Schäden an Mitversicherten werden nicht mit übernommen. Wenn der Bräutigam die Braut beim Hochzeitstanz zu wild dreht, sie mit ihrem Schleier in Brand gerät und ins Krankenhaus muss, zahlt seine Versicherung die Schäden nicht, da es ja auch gleichzeitig die Versicherung der Braut ist. Daher solltet ihr bei einer gemeinsamen Versicherung nicht nur aus Nächstenliebe gegenseitig auf euch achtgeben.

Was die Privathaftpflicht nicht übernehmen muss, sind Schäden an gemieteten oder geliehenen Dingen, bei kleineren Bauvorhaben, beim Reiten fremder Pferde, Fliegen ferngesteuerter Modellflugzeuge oder Drohnen und Schäden, die bei der Ausführung einer ehrenamtlichen Tätigkeit entstehen. Hierfür sollte der Verein oder die Initiative eine Haftpflichtversicherung für dich abschließen.

Was ist aber, wenn nicht du einen Fußgänger mit dem Rad umfährst, wie im oben beschriebenen Fall, sondern du selbst der Fußgänger bist? Und vor allem dann, wenn sich herausstellt, dass der Radfahrer gar keine Haftpflichtversicherung hat und für die Schäden niemals aufkommen kann. Damit du anschließend nicht auf den entstandenen Kosten sitzen bleibst, kannst du eine Ausfalldeckung bei der Haftpflichtversicherung mitversichern.

⟋ Kfz-Haftpflichtversicherung

Ohne eine Kfz-Haftpflichtversicherung darf dein Auto erst gar nicht auf die Straße. Denn das bloße Vorhandensein eines Autos im Straßenverkehr ist eine Gefahr, und somit besteht die Haftungsverpflichtung. Worauf du jedoch dringend achten solltest, ist die Versicherungshöhe. Spare nicht an ein paar Euro im Monat, weil du glaubst, dass eine Absicherung von einem Sachschaden von 2 Millionen Euro utopisch ist. 2004 drängte ein Autofahrer einen Tanklaster von einer Autobahnbrücke im Wiehltal zwischen Köln und Olpe. Der mit 32.000 Litern Benzin beladene Lkw stürzte hinab und ging sofort in Flammen auf. Der Lastwagenfahrer starb, und es entstand ein Sachschaden von 40 Millionen Euro.[53] Möglich, dass der werte Herr unter Drogeneinfluss stand und keinen Führerschein hatte – eine Versicherung hätte in seinem Fall also eh nicht gezahlt. Das Beispiel soll aber zeigen, wie schnell solch eine hohe Summe zusammenkommen kann. Zahle also heute lieber ein paar Euro mehr – und fahre nur mit Führerschein und ohne Drogen. Nie andersherum!

◈ Tierhaftpflicht

Mal angenommen, euer WG-Kater Luzi, der abends gerne noch seine Runden durchs Viertel dreht, entdeckt irgendwo eine kleine Maus vor der offenen Tür einer Drei-Sterne-Restaurantküche. Langsam schleicht er sich an und springt elegant mit beiden Tatzen vorneweg auf die Maus – zack! Leider war die Maus schneller und ist irgendwo im Inneren verschwunden. Luzi saust hinterher, glaubt, die Maus im Eck gesehen zu haben, und sprintet erneut darauf zu. Bloß reißt er dieses Mal in seinem Wahn den Küchenhelfer um, der auf die fünfzig dekorierten Teller mit Beluga-Kaviar und getrüffeltem Blauflossen-Thunfisch an Safran-Risotto fällt, die eigentlich für die anspruchsvolle Hochzeitsgesellschaft von Heidi Klum und Tom Kaulitz gedacht waren. Der Kater erschrickt von dem lauten Knallen und Klimpern, rennt schnell wieder davon und reißt den mit einem Château d'Yquem herbeieilenden Kellner zu Boden, bevor er die Küche wieder panisch Richtung heimischer WG verlässt. Blöd nur, dass der Küchenjunge den kleinen Luzi bereits erkannt hat und euch eine saftige Rechnung von 26.000 Euro blüht. Die guten News sind: Der kleine Luzifer, der seinem Namen alle Ehre gemacht hat, ist in deiner Haftpflichtversicherung mitversichert. Ebenso dein Hamster, dein Wellensittich und all die anderen Kleintiere, die ihr in eurem WG-Zoo haltet. Anders ist das bei Bodo, dem tollpatschigen Labrador. Wenn der bei Tante Dorothee mit seinem wedelnden Schwanz die teure Vase aus der Ming-Dynastie von der Kommode fegt oder den nervigen Nachbarn in die Wade beißt, dann solltest du vorher mal besser eine gesonderte Tierhaftpflichtversicherung abgeschlossen haben.

↗ Hausratversicherung

Eine Hausratversicherung versichert meist bei Schäden und Verlusten an fast allen im Haushalt vorhandenen Gegenständen. In den meisten Fällen greift sie ein bei Schäden durch Brand und Explosionen, Wasserschäden, Sturm, Blitz- und Hagelschlag sowie Einbruch, Raub und Raubversuch, und sogar gegen den unwahrscheinlichen Fall, dass ein Flugzeug in deinem Wohnzimmer landet. Für die richtige Höhe solltest du den ungefähren Neuwert aller sich in der Wohnung befindlichen Gegenstände ermitteln und mindestens diesen nehmen. Als Faustregel gilt allerdings auch: 700 Euro je Quadratmeter Wohnfläche.

Dein Fahrrad ist übrigens oftmals nur mit einem anteiligen Wert von 1 Prozent der Gesamtsumme geschützt. Viele Versicherer zahlen mittlerweile auch nicht, wenn es draußen stand und nachts geklaut wurde. Dein schickes und Tausende Euro teures Bianchi-Rennrad solltest du also besser mit einer zusätzlichen Fahrradversicherung schützen, sofern du es nicht eh im Flur über der Kommode hängen hast.

⤤ Unfallversicherung

Die Unfallversicherung springt ein, wenn bei dir ein bleibender Schaden aufgrund eines Unfalls entstanden ist. Dabei bemisst sich die ausgezahlte Summe anhand des betroffenen Körperteils, weshalb sie auch Gliedertaxe genannt wird. Schäden am Arm im Schultergelenk: 70 Prozent; Schäden am Bein bis unterhalb des Knies: 50 Prozent; Verlust des Geruchsinns: 10 Prozent; Schäden oder Verlust des großen Zehs: 5 Prozent. Und ein richtiger Schnapper für die Versicherung ist der Schaden an den anderen vier Zehen mit jeweils 2 Prozent. Übrigens: Wenn du dir betrunken den Arm brichst oder vorhast, die Dorfbank auszurauben, und beim Fluchtversuch einen Zeh verlierst, springt die Versicherung nicht ein. Die Unfallversicherung ist also nur in den seltensten Fällen wirklich sinnvoll.

⤤ Berufsunfähigkeitsversicherung

Hier kommt ein Blitztest, um herauszufinden, ob du eine Berufsunfähigkeitsversicherung brauchst:

1. Gehst du nur aus Freude zur Arbeit und bist auf das Geld gar nicht angewiesen?

2. Hast du die Aussicht auf ein millionenschweres Erbe?

3. Gibt es die Chance, dass du einen reichen Monegassen oder eine reiche persische Prinzessin heiratest?

4. Möchtest du als Selbstversorger in ein armes Land auswandern, wo du von den 200 Euro Zuschuss im Monat von Tante Berta wunderbar leben kannst?

5. Bist du vor dem 2. Januar 1961 geboren?[54] (Falls du – Entschuldigung: Falls Sie diese Frage mit Ja beantworten und noch nichts für Ihre Altersvorsorge getan haben, dann empfehle ich die Lektüre von Claudia Nöllke *Gut leben mit wenig Geld*.)

Du hast alle fünf Fragen mit Nein beantwortet? Dann brauchst du eine Berufsunfähigkeitsversicherung. »Berufsunfähigkeitsversicherung? Wir leben doch in einem Sozialstaat – da springt doch mit Sicherheit meine Rentenversicherung ein oder so«, mag der ein oder andere jetzt vielleicht denken. Der Staat springt allerdings nicht ein, wenn du berufsunfähig bist, sondern nur dann, wenn du *erwerbs*unfähig bist. Berufsunfähig ist, wer nicht mehr in der Lage ist, länger als sechs Stunden täglich in seinem Job zu arbeiten, und das über mehr als sechs Monate. Erwerbsunfähig bist du, wenn du nicht mehr in der Lage bist, mehr als drei Stunden irgendeiner Tätigkeit nachzugehen. Dabei spielt es nicht einmal eine Rolle, ob du auch einen Job in diesem Bereich findest. Das heißt, du bist dann nicht nur ohne Job, sondern auch ohne Kohle. Und erst dann hast du einen Anspruch auf deine volle Invalidenrente.

Jedes Jahr beantragen etwa 350.000 Menschen die Erwerbsminderungsrente.[55] Doch bevor du auch nur einen Euro siehst, musst du Anträge stellen, Gutachten einholen, so gut wie alles zur Heilung ausprobiert haben und natürlich auch schon eine gewisse Zeit Beiträge eingezahlt haben. Wenn alles klappt, kannst du im Durchschnitt mit einer Rente von etwa 700 Euro monatlich rechnen. Falls dir der Arzt bescheinigt, dass du immer noch bis zu sechs Stunden irgendwo irgendwie arbeiten kannst, bekommst du übrigens nur noch die halbe Rente. Doppelt so viel arbeiten für halb so viel Geld. An dieser Stelle bin ich mir nicht sicher, welches Los das bessere ist.

Nachdem jeder vierte Arbeitnehmer im Laufe seines Lebens zwar nicht gleich erwerbsunfähig, aber immerhin berufsunfähig wird,[56] lohnt es sich, die BU-Versicherung abzuschließen – je eher, desto besser. Denn auch, wenn man durchschnittlich erst im Alter von 47 Jahren berufsunfähig wird,[57] sind die Kosten für die Versicherung günstiger, je jünger du bei Vertragsabschluss bist. Manche Antragsteller werden sogar von der Versicherung direkt abgelehnt. Das geschieht vor allem dann, wenn du schon Vorerkrankungen hast.

Worauf du beim Abschluss einer Berufsunfähigkeitsversicherung achten solltest

1. Laufzeit
Die Laufzeit sollte bis zum Eintritt deiner Rente erfolgen. Das bedeutet nach heutigem Stand der Dinge bis zu deinem 67. Geburtstag. Die Wahrscheinlichkeit, dass in späteren Jahren etwas passiert, das dich berufsunfähig macht, ist größer, da du dann leider auch gebrechlicher sein wirst. Dies ist auch einer der Gründe, warum die Beiträge mit höherem Alter zu Versicherungsbeginn höher werden.

2. Nachversicherungsgarantie
Wenn du in jungen Jahren als Single eine Berufsunfähigkeitsversicherung abgeschlossen hast, trägst du vielleicht noch keine Verantwortung für ein Kind und hast keine Immobilie, die du abbezahlen musst.

Mit steigendem Alter steigt oft auch der Versicherungsbedarf, und du möchtest womöglich eine höhere Rente absichern. Achte darauf, dass deine Versicherungspolice eine *Nachversicherungsgarantie* enthält, die besagt, dass du die versicherte Summe steigern kannst, ohne eine erneute Gesundheitsprüfung zu durchlaufen.

3. Dynamik

Wer im ersten Kapitel aufgepasst hat, weiß, dass unser Geld durch die jährliche Inflation an Wert verliert. Daher ist es sinnvoll, eine *jährliche Steigerung* des Versicherungsbeitrags, des Versicherungsschutzes und der Berufsunfähigkeitsrente einzuplanen. Wer weiß, ob du in vierzig Jahren von deinen 1500 Euro monatlich wirklich noch leben oder damit gerade einmal einen Einkauf im Supermarkt bezahlen kannst. Eine prozentual mit den Jahren steigende Auszahlung kann sich aber auch schon dann lohnen, wenn du die Rente in fünf Jahren benötigst.

4. Konkretes Verweisungsrecht

Die Verweisungsklausel gibt an, wann du als berufsunfähig giltst und dein Geld bekommst. Enthält der Vertrag eine *abstrakte* Verweisungsklausel, bedeutet dies, dass es reicht, wenn es eine freie Stelle auf dem Arbeitsmarkt gibt, die deiner Ausbildung, Erfahrung und bisherigen Lebensstellung entspricht. Dabei spielt es nicht einmal eine Rolle, ob du einen anderen Job auch bekommst. Die Tatsache, dass es ihn gibt, reicht schon aus. Das *konkrete* Verweisungsrecht hingegen besagt, dass der Versicherer so lange zahlt, bis du auch wirklich einen anderen Job ausübst und wieder ein Einkommen hast.

5. Niedrige Prozessquote

Falls der Ernstfall wirklich eintritt und du berufsunfähig wirst, musst du dich darauf verlassen können,
dass deine Versicherung dir auch pünktlich deine
Berufsunfähigkeitsrente zahlt. Krank sein, sich mit
Papierkram herumschlagen und noch dazu kein Geld
bekommen möchte niemand. Im Ernstfall kann es
passieren, dass du dich in Schulden stürzen musst, weil
die Sachbearbeiter bei deiner Versicherung so schnell
sind wie die Faultiere im Film *Zoomania* und am Ende
deinen Antrag auch noch ablehnen. Recherchiere dazu
im Internet am besten die »Prozessquote« der Versicherung. Die besagt, wie viele aller gestellten Anträge vor Gericht landen. Immerhin wird einer von vier
Anträgen abgelehnt.[58] Da lohnt es sich, den Versicherer
mal genauer unter die Lupe zu nehmen und nicht nur
auf einen renommierten Namen oder günstigen Tarif
zu vertrauen.

In fast 56 Prozent der deutschen Haushalte gibt es übrigens
niemanden mit einer Berufsunfähigkeitsversicherung.[59]
Und tatsächlich ist selbst in den Medien die Meinung dazu
gespalten. Während die meisten sagen, sie gehört zu den
zwei wichtigsten Versicherungsformen jedes Arbeitnehmers,
gibt es auch viele Stimmen, die das Ganze als Blödsinn ab-
tun und behaupten, dass Versicherer damit nur versuchen,
die sinkende Zahl der abgeschlossenen Lebensversicherungen aufzuwiegen. Doch so pauschal lässt sich das nicht
sagen. Denn auch wenn jeder vierte Deutsche einmal in
seinem Leben berufsunfähig wird, gibt es doch große Unterschiede zwischen den verschiedenen Berufsgruppen:
So wird jeder zweite Gerüstbauer, Dachdecker oder Berg-
arbeiter innerhalb seines Lebens einmal berufsunfähig; bei
Physikern, Ärzten und Maschinenbauingenieuren liegt die

Quote allerdings bei unter 5 Prozent.[60] Das bedeutet, dass in den »sichereren« Berufen eine Menge Geld gezahlt wird, das in 95 Prozent der Fälle vollkommen unnötig ist. Man weiß nur im Normalfall vorher nicht, ob man zur Mehrheit gehört, zumal bei fast jedem Dritten die Ursache für Berufsunfähigkeit das Auftreten einer Nervenkrankheit ist.[61] Und das ist leider unabhängig von der Berufsgruppe.

Allein schon, weil wir Menschen immer länger leben und immer länger arbeiten, ist es wichtig, dass du deine Arbeitskraft absicherst. Eine Krankheit oder ein Unfall können jederzeit eintreten und dich für eine Weile aus dem Job werfen. Und die Kombination aus hohen Krankenhauskosten und fehlendem Einkommen ist leider keine gute, weshalb ich jedem eine Berufsunfähigkeitsversicherung ans Herz lege. Für all diejenigen, denen eine BU-Versicherung zu teuer ist oder die aufgrund einer Vorerkrankung von der Versicherung abgelehnt werden, gibt es noch die Möglichkeit einer Dread-Disease-Versicherung. Hierbei wird der Eintritt einer schweren Krankheit versichert, und du bekommst statt einer Rente eine einmalige Zahlung.

Wichtig ist in jedem Fall, dass du eine anonyme Risikovoranfrage stellst. Das kannst du sowohl digital machen als auch ganz analog bei einem unabhängigen Versicherungsmakler. Anhand von ein paar Fragen zu deiner Person und deinem Gesundheitsstand kannst du sehen, welche Versicherung dich annimmt und zu welchem Beitrag sie das tut. So gehst du sicher, dass deine Daten am Ende nicht in der berüchtigten HIS-Datenbank landen – dem Pendant zur SCHUFA, aber eben für die Versicherungsbranche.

◆ Berufsunfähigkeitsversicherung fürs Baby

Was banal klingt, existiert wirklich: Du kannst auch schon für dein Neugeborenes eine Berufsunfähigkeitsversicherung abschließen. Die Beiträge sind dann erst einmal sehr gering und bleiben auch niedriger als bei einem späteren Abschluss. Der Vorteil ist, dass dein Kind damit jeden Beruf ergreifen kann, den es möchte, und trotzdem Anrecht auf den Schutz hat. Außerdem gibt es keine erneute Gesundheitsprüfung, die die Beiträge allein schon aufgrund einer Allergie erhöhen könnte. Wer also vielleicht einen Nachwuchs-Gipfelstürmer oder eine Extremsportlerin in die Welt setzen möchte, kann über solch eine Versicherung nachdenken.

N Risikolebensversicherung

Das ist so ziemlich die selbstloseste Versicherung, die es gibt. Denn während die anderen Versicherungen dir selbst zugutekommen, springt die Risikolebensversicherung ein, wenn du tot bist. Ja, du hast richtig gelesen: Es ist eine Versicherung auf deinen Tod. Für dich ergibt sie daher natürlich wenig Sinn, aber deine Familie wird sich vermutlich freuen, wenn du als Hauptverdiener/-in unverhofft das Zeitliche segnest und der Kredit für das Haus noch abbezahlt werden muss. Gleiches gilt für Paare ohne Kinder, bei denen eine der beiden Personen Hauptverdiener ist. Falls du ein Kind hast und es sicher versorgt wissen möchtest, reicht es, wenn du die Versicherung nur bis zu seinem achtzehnten Lebensjahr laufen lässt oder bis dein Kind in etwa mit Ausbildung und Studium fertig ist. Bei einem Immobilienkredit empfiehlt sich eine abfallende Versicherungssumme. Schließlich wird deine Schuldsumme von Monat zu Monat kleiner, und daher genügt es, die Restsumme zu versichern. Für die allermeisten von uns ist der eigene Tod nichts, womit man sich auseinandersetzen möchte. Wenn andere

Menschen allerdings von dir abhängig sind, dann müssen sie sich zu der Trauer nicht zusätzlich Sorgen machen – und du kannst nachts besser schlafen, da du deine Liebsten abgesichert hast.

↗ Auslandskrankenversicherung

Mit der Europäischen Krankenversicherungskarte erhältst du europaweit eine medizinische Grundleistung, ganz ohne Auslandskrankenversicherung. Falls du dich jetzt fragst, wie du diese beantragst, kommt hier die gute Nachricht: Du hast sie schon. Und zwar auf der Rückseite deiner Versichertenkarte. Die European Health Insurance Card (EHIC) enthält unter Punkt 6 deine persönliche EHIC-Kennzahl. Damit kannst du problemlos im europäischen Ausland zum Arzt und erhältst die örtliche Standardversorgung.

Wenn es dich weiter in die Ferne zieht, dann empfiehlt sich definitiv eine Zusatzversicherung. Manche Reiseanbieter möchten dir noch schnell eine Auslandskrankenversicherung für die Dauer deiner Reise on top anbieten. Diese sind aber im Normalfall vollkommen überteuert. Eine gute Versicherung bekommst du schon für unter 10 Euro im Jahr – unabhängig von der einzelnen Reise. Hiermit sicherst du folgende Fälle ab: Kosten für eine akute Zahnbehandlung sowie für Arzt-, Krankenhaus- und Medikamentenkosten. Wenn du im Urlaub einen schlimmen Unfall erleidest, sind hier auch die Kosten für eine Operation und den Rücktransport nach Deutschland inbegriffen. Falls du dich länger als 42 Tage am Stück im Ausland aufhältst, benötigst du jedoch eine gesonderte Auslandskrankenversicherung, die teurer ist.

Versicherungen, die kein Mensch braucht

Kapitallebensversicherung

Sie war einst der Klassiker der Vorsorge- und Anlage-produkte. Wer mit Ausbildung oder erstem Job begann, der schloss sofort eine Lebensversicherung ab. Die Kombination aus Risikolebensversicherung und Ansparplan war vor Jahr-zehnten dank hoher Zinsen noch rentabel. Wer heute eine Lebensversicherung abschließt, kann das Geld genauso gut aus dem offenen Fenster schmeißen und dabei lauthals wie Feine Sahne Fischfilet »Ich bin komplett im Arsch!« singen. Die Zinsen überragen kaum noch die Inflationsrate, und zu-dem geht ein recht hoher Anteil des monatlichen Beitrags für Verwaltungskosten drauf. Wer sein Geld nur sparen und anlegen möchte, sollte es selbst tun. Wer seine An-gehörigen absichern möchte, der sollte es mit einer Risiko-lebensversicherung tun. Und wenn du beides möchtest, dann hast du mit getrennten Produkten beides besser im Blick und kannst dein Geld viel rentabler anlegen.

Elektronikversicherung oder Wertgarantie

Schnell nach dem Handykauf noch eine Versicherung ab-schließen? Oder den neuen teuren Fernseher doch lieber absichern? Eine Elektronikversicherung oder Wertgaran-tie sieht in Anbetracht eines größeren Einkaufs oft sinnvoll aus, bringt aber meistens recht wenig. Denn im Gegensatz zur Hausratversicherung ist hier nur der Zeitwert versichert. Und wer schon mal versucht hat, sein zwei Jahre altes Han-dy auf eBay zu verkaufen, der weiß, dass kaum etwas so schnell an Wert verliert wie Elektronik. Davon abgezogen wird dann auch noch eine Selbstbeteiligung von lustigen 10 bis 25 Prozent. Falls du doch eine abgeschlossen hast, kündige ich sie sehr gerne für dich. Mittlerweile habe ich Erfahrung darin, da meine Eltern regelmäßig solche Versicherungen abschließen, die ich dann wieder kündigen darf, nachdem sie gemerkt haben, dass es die absolute Abzocke ist.

✓ Glasbruchversicherung

Sofern du nicht im Glashaus sitzt, lohnt sich auch diese Versicherung einfach nicht. Da müsstest du schon alle paar Monate betrunken in die Glasvitrine fallen, damit sich die Beiträge im Vergleich zum möglichen Schadenseintritt lohnen.

✓ Brillenversicherung

Falls du dich mit deiner 1000 Euro teuren Gleitsichtbrille zum Oktoberfest nicht ins »Top-Spin« setzt und ordentlich durchschütteln lässt, brauchst du keine Brillenversicherung. Die Beiträge sind, gemessen an den durchschnittlichen Kosten für eine neue Brille, viel zu hoch, und auch hier greift die Versicherung nur in bestimmten Fällen. Verlust nicht inbegriffen. Da lohnt es sich schon eher, das Geld in ein schickes Brillenetui zu investieren und sie vor jedem Einstieg in ein Fahrgeschäft abzunehmen.

✓ Gepäckversicherung

Als digitaler Nomade durch die Welt zu reisen ist schön und manchmal auch gefährlich. Wenn dein Gepäck in Thailand auf ein Speedboat verladen wird und versehentlich im Meer landet, gehst du auch mit einer Gepäckversicherung leider leer aus. Bei einem gestohlenen Koffer im ICE tritt der Versicherungsfall auch nicht ein, sofern du den Halteriemen des Koffers nicht die ganze Zeit in der Hand hattest. Und falls die Versicherung dir den Inhalt doch erstattet, orientiert sie sich mal wieder am Zeitwert. Solltest du eine Hausratversicherung haben, ist durch die Auswärtsdeckelung dein Gepäck meist besser versichert, da du bis zu 10.000 Euro ersetzt bekommst – ausgehend vom Neuwert. Und bis du mit mehr als 10.000 Euro an Wertsachen reist, gilt es noch den zweiten Teil des Buches mit der konkreten Geldanlage zu lesen und die Tipps auch umzusetzen. Aber selbst dann sind Gepäckversicherungen nicht unbedingt sinnvoller.

↗ Zum Abschluss: der Versicherungs-Schnellcheck

Mesut Özil hat seine Beine für 48 Millionen Euro versichert, Kim Kardashian ihren Hintern für 15 Millionen Dollar und Julia Roberts ihr Lächeln für 21,9 Millionen Dollar. Die Queen des Kuriositätenladens, Mariah Carey, hat ihre Beine sogar für eine schlappe Milliarde Dollar versichert. Man kann einfach alles versichern – muss es aber noch lange nicht tun. Welche Versicherungen für dich geeignet sind und welche nicht, siehst du im Schnellcheck.

Um den Überblick nicht zu verlieren und die persönliche Entscheidung im Einzelfall zu erleichtern, unterscheide ich vier Kategorien, in die sich jedes Versicherungsangebot einordnen und abhaken lässt. Hier kommt die Versicherungs-Checklist:

Must-Haves: Versicherungen, die dich vor dem materiellen Ruin bewahren

☐ Haftpflichtversicherung

☐ Berufsunfähigkeitsversicherung

☐ Kfz-Haftpflichtversicherung (falls du ein Auto besitzt)

Should-Haves: Versicherungen, die dich vor finanziellen Schwierigkeiten absichern

☐ Risikolebensversicherung (falls andere Personen finanziell von dir abhängig sind)

☐ Auslandskrankenversicherung

Could-Haves: Versicherungen, die dich vor finanziellen Belastungen schützen

☐ Unfallversicherung

☐ Hausratversicherung

Won't-Haves: Versicherungen, die dir nur das Geld aus der Tasche ziehen

☐ Kapitallebensversicherung

☐ Elektronikversicherung/Wertgarantie

☐ Glasbruchversicherung

☐ Brillenversicherung

☐ Gepäckversicherung

DEINE VERMÖGENS-PLANUNG

Das magische Dreieck der Geldanlage

Was sind die drei großen Wünsche jeder Person, die ihr Geld investiert? Sie möchte, dass das Geld, das sie so fleißig gespart hat, um es anzulegen, sicher vor Verlust und Diebstahl ist. Aber nicht nur das, natürlich soll sich die gewählte Geldanlage auch lohnen und einen schönen, möglichst fetten Gewinn einbringen. Und für den Fall, dass plötzlich das Traumhaus zu einem günstigen Preis zu haben ist, muss das Geld auch schnell wieder zur Verfügung stehen können. Kurz: Wir möchten Sicherheit, Rendite und Liquidität.

Leider kannst du sie aber nie alle gleichzeitig haben. Wenn dir jemand erzählt, dass er ein super Produkt für dich hat, in dem dein Geld absolut sicher angelegt ist, unglaubliche Gewinne erzielt und du jederzeit wieder an dein Geld herankommst, solltest du einfach aufstehen und gehen. Denn diese Aussage ist ungefähr genauso seriös wie ein Lifestyle-Magazin, das dir erzählen möchte, dass du abnehmen kannst, ohne auf Süßes und Fettiges zu verzichten, und obendrein Muskeln aufbauen kannst, ohne Sport treiben zu müssen. Alle drei Ecken des magischen Dreiecks gibt es nirgends, zwei aber schon: Du musst dich deshalb immer entscheiden, welche zwei Ecken des Dreiecks dir besonders wichtig sind.

✚ Sicherheit und Rendite

Dies ist die meiner Meinung nach komplizierteste Kombination. Am ehesten passen hier Anleihen und Festgeld. Allerdings sind die Renditen aufgrund des niedrigen Zinssatzes der letzten Jahre wirklich recht übersichtlich. Wahrscheinlich schaffst du es damit gerade einmal, den Wertverlust durch die Inflation etwas aufzufangen. Aber etwas Besseres mit gleicher oder höherer Sicherheit gibt es leider nicht.

✚ Sicherheit und Liquidität

Hierunter fällt ganz klassisch das Tagesgeldkonto. Dort ist dein Geld sicher, und du hast jederzeit Zugriff darauf, um unvorhergesehene Rechnungen zu begleichen oder Reparaturen zu bezahlen. Man kann sich noch darüber streiten, ob Gold ebenfalls zu dieser Kategorie gezählt werden kann. In unsicheren Zeiten stürzen sich die Menschen zwar auf Rohstoffe wie Gold, aber auch hier kann es Kurseinbrüche geben. Dafür kannst du dein Gold schnell an jeder Straßenecke umtauschen und zu Geld machen. Was nicht heißt, dass ich dir empfehlen würde, es auch zu tun.

✚ Liquidität und Rendite

Kurzfristige Verfügbarkeit und die Option auf schöne Gewinne erreichst du mit Aktien oder ETFs. Zwar solltest du nicht jedes Mal deine Aktien verkaufen, nachdem der Kurs leicht gestiegen ist, um den Gewinn im nächsten Club auszugeben, aber rein theoretisch hast du die Möglichkeit dazu.

Aktien und ETFs kannst du schließlich jederzeit mit wenigen Klicks verkaufen. Wer mutig ist und einen kleinen Teil seines Geldes als Spielgeld nutzen möchte, kann es auch in Kryptowährungen investieren. Manchmal verändert sich der Kurs innerhalb eines Tages um einen zweistelligen Prozentbereich – dies ist aber in beide Richtungen möglich, du kannst dein Geld also genauso schnell verlieren wie gewinnen.

Schon dieser kurze Überblick zeigt mal wieder: Diversifikation ist alles. Setze nie allein auf ein Produkt (nur Festgeld, nur Anleihen, nur Aktien), sondern mische mit der Zeit immer wieder neue Anlageprodukte deinem Portfolio hinzu, um möglichst von jeder Ecke des magischen Dreiecks zu profitieren.

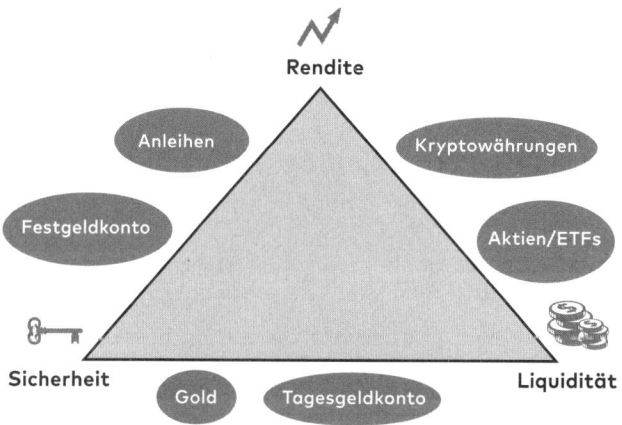

 Sicherheit, Rendite, Liquidität – du kannst nur zwei von dreien haben.

Unseriöse Produkte erkennst du daran, dass sie angeblich sicher, rentabel und schnell liquide sind.

Deine persönliche Risikobereitschaft

Falls du dir dieses Buch gekauft hast, weil du für dein Alter vorsorgen möchtest, ist dein Anlagehorizont vermutlich noch recht groß. Somit darfst du es dir erlauben, auch etwas riskanter anzulegen, mal einen kleinen Fehler zu begehen oder vielleicht auch mal Dinge auszuprobieren. Ist dein Anlageziel, schon bald genügend Geld zusammenzuhaben, um die Anzahlung für ein Eigenheim aufzubringen, so ist dein Anlagehorizont kleiner, und du musst vorsichtiger mit deinem vorhandenen Kapital umgehen. Die Risikobereitschaft wird also häufig vom Anlagehorizont bestimmt. Ist er lang, darf das Risiko hoch sein. Ist er kurz, sollten Risiken minimiert werden. Viele weitere persönliche Faktoren bestimmen, ob wir spekulieren oder vorsichtig investieren.

Anlagezeitraum und Anlageziele sind die am stärksten beeinflussenden Faktoren für die Risikobereitschaft.

Weitere beeinflussende Faktoren auf die Risikobereitschaft sind:

Alter: Wer jung ist, darf Fehler machen und lernen (aber bitte nicht mit dem gesamten Erbe); wer kurz vor der Rente steht, muss schauen, dass er seine Mäuse möglichst beisammenhält und die Malediven nicht gegen ein Wochenende auf Malle verzockt.

Geschlecht: Kein sexistischer Mist, sondern tatsächlich durch Studien bewiesen. Frauen investieren vorsichtiger und gehen in der Regel keine großen Risiken ein. Männer sind spekulativer und bereit, finanzielle Risiken einzugehen.[62] Bevor sich die Herren der Schöpfung jetzt auf die Schulter klopfen, muss ich noch etwas klarstellen: Die ING-DiBa hat anonym die Aktiendepots von 584.000 ihrer Kunden in Deutschland untersucht, und siehe da, binnen eines Jahres erzielten Frauen 5,8 Prozent Rendite, Männer nur 4,1 Prozent. Hintergrund war übrigens, dass die Frauen vermehrt auf Aktienfonds setzten, während die Männer Einzeltitel bevorzugten.[63] Böse Zungen könnten nun behaupten, dass sich Männer etwas mehr überschätzen als Frauen.

Vermögenssituation: »Wer viel Geld hat, kann spekulieren. Wer wenig Geld hat, darf nicht spekulieren. Wer kein Geld hat, muss spekulieren.« So der gute alte Kostolany. Oder anders gesagt: An der Börse kann man 1000 Prozent gewinnen, aber nur 100 Prozent verlieren. Beides sind oft gehörte und zitierte Weisheiten, die Risiko und Vermögen in einen guten Zusammenhang setzen. Wenn du gerade erst mit dem Investieren anfängst und ein paar Hundert Euro auf eine Aktie setzt, mit der du dein gesamtes Geld verlierst, ist dies zwar ärgerlich, aber noch lange nicht existenzbedrohlich. Hast du 100.000 Euro auf der hohen Kante, kannst du einen Großteil davon in Aktienfonds, Anleihen & Co. stecken, einen kleineren Anteil sogar als Spielgeld verwenden und auf die richtig riskanten Produkte wie Hebelzertifikate[64] oder Penny Stocks[65] setzen.

Familiäre Situation und Verpflichtungen: Natürlich spielt bei deiner Risikobereitschaft auch eine große Rolle, ob du für dich alleine als Single handelst oder ob es weitere Personen gibt, die entweder Anrecht auf einen Teil des Geldes haben (das gemeinsame Hochzeitsgeld) oder von dir abhängig sind (Kinder – oder Katzen). Als Single musst du dich niemandem erklären, wenn du dich etwas überschätzt und ein wenig Geld an der Börse verloren hast. Wenn es aber um das Geld von Tante Mia für die gemeinsame neue Küche geht oder um die Studiengebühren für die kleine Sophie-Marie-Luisa, dann wird nicht mehr der Verlust dein größtes Problem sein. Vielleicht musst du dich auch auf ein paar ungemütliche Nächte auf dem Sofa vorbereiten.

Lass uns einen Blick auf deine persönliche Risikobereitschaft werfen. Dafür habe ich diesen gar nicht so wissenschaftlichen Test entwickelt, den ich bereits an niemandem getestet habe.

⤴ Test: Deine persönliche Risikobereitschaft

1. Scheitern kann ich gut verkraften. Solange ich jemand anderem die Schuld dafür geben kann.
Trifft zu ☐ *Manchmal* ☐ *Trifft nicht zu* ☐

2. Manchmal parke ich das Auto um, ohne mich anzuschnallen, lasse den Teebeutel länger ziehen als angegeben oder versuche, meinen Toast mit einer Gabel aus dem Toaster zu holen.
Trifft zu ☐ *Manchmal* ☐ *Trifft nicht zu* ☐

3. Wettbewerb und Konkurrenz spornen mich an. Nichts ist besser, als den sechzigjährigen Jogger im Park beim Laufen zu überholen.
Trifft zu ☐ *Manchmal* ☐ *Trifft nicht zu* ☐

4. Ich weiß immer sofort, was ich will. Wenn ich in ein neues Restaurant gehe, schaue ich vorher nie online, was auf der Speisekarte steht.
Trifft zu ☐ *Manchmal* ☐ *Trifft nicht zu* ☐

5. Manchmal bin ich waghalsig, ohne über die Konsequenzen nachzudenken, und ziehe den USB-Stick aus dem Laptop, ohne ihn vorher ausgeworfen zu haben.
Trifft zu ☐ *Manchmal* ☐ *Trifft nicht zu* ☐

6. Riskante und schwierige Aufgaben ermutigen mich.
Bei Fertiggerichten lese ich mir nie die Zubereitungs-
anleitung durch.
Trifft zu ☐   *Manchmal* ☐   *Trifft nicht zu* ☐

7. Auch wenn ich Verluste nicht einschätzen kann, habe
ich keine Angst, Risiken trotzdem einzugehen.
Trifft zu ☐   *Manchmal* ☐   *Trifft nicht zu* ☐

Überwiegend »Trifft zu«: **Die Spekulantin / Der Spekulant**
Dein Ziel: Schnell reich werden! Du brauchst den Nerven-
kitzel. Anleihen sind für dich viel zu langweilig. Deine Rendite muss mindestens zweistellig sein, sonst bist du un-
zufrieden und wirst zum hungrigen Wolf of Wall Street.
Trotzdem bist du schlau genug, einen Großteil deines Geldes in Aktien und ETFs anzulegen. Einen kleineren Teil
nutzt du als Spielgeld, mit dem du auf Derivate oder Hebel-
produkte setzt oder in Ländern wie Guyana oder Dschibuti
investierst, mit der Hoffnung, dass dort der nächste Wirtschaftsaufschwung bevorsteht.

Überwiegend »Manchmal«: **Die klassische Aktionärin /
Der klassische Aktionär**
Dein Ziel: Ein Vermögen aufbauen und fürs Alter vorsorgen.
Dafür setzt du einen Großteil deines Vermögens in ETFs.
Immer wieder kaufst du neue ETF-Sparpläne dazu, um ein
möglichst diversifiziertes Portfolio aufzubauen. Ist die Aktie eines rentablen Unternehmens mal günstig zu haben,
greifst du auch hier zu und mischst ein paar Einzelaktien
deinem Depot bei. Mit ein wenig Rohstoffen und Anleihen
sorgst du für eine gelungene Mixtur und hast keine Angst
vor Turbulenzen an der Börse.

Überwiegend »Trifft nicht zu«: **Die ängstliche Anlegerin /
Der ängstliche Anleger**
Dein Ziel: Safety first! Rendite ist dir nicht so wichtig, dein
Ziel ist es, dein Kapital zu erhalten und vor der Inflation
zu schützen. Daher begnügst du dich mit deutschen Staatsanleihen (Marke AAA), deinem Festgeldkonto und ein paar
wenigen Rohstoffen. Für den kleinen Kick sorgt ein mini-
males Investment in einen MSCI World ETF. Für den Fall,
dass die gesamte Weltwirtschaft untergeht, hast du allerdings auch schon vorgesorgt und genügend Verpflegung für
ein ganzes Jahr in deinem privaten unterirdischen Bunker
gehortet.

Ich hoffe, dieser Test konnte dir einen besseren Einblick in
dein wahres Ich geben und du weißt nun, welche Anlagen
besser zu dir passen. Natürlich wechselt die Risikobereitschaft auch im Laufe des Lebens: Deine Vermögenssituation
verändert sich (im Idealfall zum Positiven), deine familiäre
Situation verändert sich (ebenfalls hoffentlich zum Positiven), dein Alter verändert sich (im Hinblick auf den Anlagehorizont leider immer zum Negativen), und natürlich
gewinnst du mit den Jahren auch ein wenig an Erfahrung
und Wissen dazu und kannst Anlageentscheidungen immer
besser treffen und einschätzen.

↗ Deine Asset Allocation

Die Möglichkeiten, dein Geld zu investieren, sind so vielfältig wie das Angebot eines Süßwarenladens. Und genau
wie früher bei Frau Larkens, der Tante Emma meines Vertrauens, muss man sich irgendwann entscheiden, was man
nun für sein Geld haben möchte. Ich war als Kind ein abso-

luter Süßigkeitenjunkie und hatte großes Glück, von Karies und Übergewicht verschont worden zu sein. Niemals wäre ich aber auf die Idee gekommen, meine kleine Papiertüte im Tante-Emma-Laden mit nur einer Süßigkeit zu füllen. Da gab es Süßes, Saures, Salziges und auch Geschmackloses wie Esspapier, was trotzdem immer in der Tüte landete, weil es mit fünf Pfennig einfach am günstigsten war. Bei deiner Vermögensaufteilung solltest du auf lange Sicht gesehen ebenfalls über eine bunte Tüte verfügen. Finanzexperten nennen dies auch die *Asset Allocation*, was so viel bedeutet wie Vermögensstrukturierung.

Asset steht für die verschiedenen Anlageklassen wie Tagesgeld, Festgeld, Aktien, Anleihen, ETFs, Rohstoffe, Edelmetalle, Immobilien und auch die neuen Investitionsmöglichkeiten, die wir im vorherigen Kapitel kennengelernt haben. Je nach Gewichtung der einzelnen Werte entsteht in deiner Vermögenstüte eine individuelle Struktur. Diese Vermögensstrukturierung dient auch dazu, dein Risiko möglichst breit zu verteilen, denn alle Anlageklassen verhalten sich unterschiedlich zu den verschiedenen Ereignissen in der Welt. Gibt es einen Wirtschaftsaufschwung, möchten alle Anleger etwas vom Kuchen abhaben und investieren ihr Geld in erfolgversprechende Unternehmensaktien. Im Falle einer starken Inflation und Verteuerung von Gütern können Unternehmen zwar größere Gewinne machen, die Konsumenten verzichten aber im Zweifelsfall auf Produkte, die sie nicht dringend brauchen. Den neuen Fernseher kauft man dann eben nächstes Jahr, wenn es der alte auch noch tut, Shampoo, Butter und Spülmittel kaufe ich jedoch immer – egal zu welchem Preis. Der Absatz solcher Alltagsgüter leidet daher seltener unter einer Inflation. Anleihen werden erst dann wieder interessant, wenn die Wirtschaftskraft langsam abnimmt und man auf eine Rezessionsphase zusteuert. Dann wollen viele ihr Geld in den sicheren Hafen bringen und setzen auf die vermeintlich gefahrlosen Anlageklassen wie Anleihen oder auch Gold. Allerdings gilt es insbesondere bei Gold, den richtigen Einstiegszeitpunkt abzupassen.

Zu der perfekten Asset Allocation gibt es eigene Forschungsfelder, zahlreiche wissenschaftliche Studien und mathematische Berechnungen. Wir wollen jetzt keine Wissenschaft daraus machen, es gilt nicht, unsere komplette Freizeit in Zukunft mit mathematischen Formeln und dem Studieren von Aktienkursen zu füllen. Aber ein guter Überblick und eine breite Streuung können auf lange Sicht gesehen nicht schaden. Und solltest du bereits 10.000 Euro auf der hohen Kante haben, die du nun auf alle Anlageklassen aufteilen möchtest, lohnt sich die Auseinandersetzung mit der Asset Allocation und ein definierter Plan. Solltest du bei null starten, dann musst du dich nicht direkt mit diesem Thema befassen, solltest es aber im Hinterkopf behalten, wenn dein Vermögen Schritt für Schritt wächst.

Ich bin recht pragmatisch an die ganze Sache herangegangen: Zuerst habe ich ein Tagesgeldkonto eröffnet und dorthin einen Teil meines Gehalts überwiesen, um den Notfallgroschen aufzubauen und über liquide Mittel zu verfügen. Zeitgleich habe ich einen weiteren Teil meines Gehalts in einen ETF-Sparplan investiert. Im Laufe des Jahres wurden aus einem ETF-Sparplan insgesamt drei. Erst nach etwa zwei Jahren – während mein Notfalldepot gefüllt war und ich eine schöne Summe in ETFs investiert hatte – habe ich andere Anlageklassen beigemischt. Immer dann, wenn ich etwas Geld übrig hatte, floss es in P2P-Kredite, Kryptowährungen oder Gold. Hier musst du dir einfach selbst überlegen, mit welchem Produkt du dich wohlfühlst und wie du dein Portfolio aufbauen möchtest. Ich für meinen Teil habe mich entschieden, auf risikoreichere Produkte zu setzen. Spätestens mit vierzig möchte ich einen Teil meines

Geldes auch in Anleihen investieren. Aktuell kommt dies für mich aber noch nicht infrage. Bei der Asset Allocation solltest du nie schauen, wie es andere machen. Meiner Meinung nach ist das eine so individuelle und persönliche Entscheidung, dass hier einfach bei jedem Menschen die Zusammensetzung anders aussehen sollte. Es kommt nicht nur auf dein Alter oder deine finanzielle Situation an, sondern auch auf deine persönlichen Ziele, deinen eigenen Wohlfühlfaktor und deinen individuellen Wissensstand. Einmal im Jahr solltest du dir allerdings die Zeit nehmen, dich hinzusetzen und dein Portfolio zu skizzieren. Dies kann zum Beispiel so aussehen:

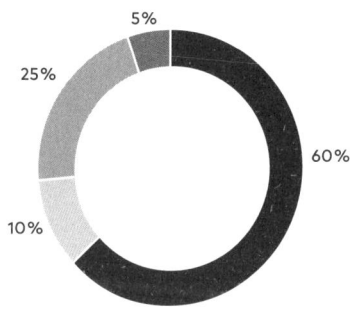

■ Aktion & ETFs ■ Anleihen ■ Tagesgeld ■ P2p-Kredite

Selbst Harry Markowitz – dessen Portfolio-Theorie wir im Kapitel zu ETFs noch kennenlernen werden – hielt sich nicht an seine nobelpreisprämierten Erkenntnisse. Er investierte sein Vermögen einfach zu 50 Prozent in Anleihen und zu 50 Prozent in Aktien. Von den damaligen Zinsen, die es auf Anleihen gab, können Anleger heute aber nur noch träumen.

Durch wechselnde Kurse in den unterschiedlichen Klassen verändert sich auch deine Asset Allocation unumgänglich. Wenn die Aktienkurse steigen, steigt dein Vermögen in diesen Anlageklassen, und aus 60 Prozent werden dann zum Beispiel 70 Prozent. Musstest du Geld aus deinem Tagesgeldkonto entnehmen, um den Klempner zu bezahlen, verringert sich dein Anteil an liquiden Mitteln. Durch ein *Rebalancing* schaffst du wieder Ordnung in deine Vermögenstruktur und kannst dein Geld so umschichten, dass deine Wunschaufteilung wiederhergestellt ist. Es ist vollkommen ausreichend, dies einmal im Jahr zu tun. Ändern solltest du die Struktur auch dann, wenn sich deine Ziele oder Lebensumstände ändern. Deine persönliche Vermögensaufteilung ist so individuell wie dein Fingerabdruck und sollte daher nicht einfach von jemand anderem oder einem schlauen Lehrbuch kopiert sein.

DIE ÜBERTRIEBENE ANGST VOR AKTIEN

Deutschland, Land der Dichter und Denker – und leider nicht auch der Aktionäre und Anteilseigner. Gerade einmal fünf Millionen der deutschen Bundesbürger sind direkte Aktionäre, investieren also direkt in Wertpapiere von Unternehmen und nicht »nur« in Aktienfonds.[66] Das ist zufälligerweise genau die gleiche Anzahl an Menschen, die angibt, regelmäßig bei Glücksspielen auf das große Geld zu hoffen.[67] Ist es wirklich wahrscheinlicher, im Lotto oder Casino zu gewinnen, als erfolgreich auf Aktien zu setzen? Denn gleichzeitig geben 30 Prozent der Deutschen an, dass Aktien direkt nach einer Immobilie die allerbeste Möglichkeit zur Vermögensbildung sind. Das passt irgendwie nicht zusammen. Was ist los mit den Deutschen? Warum lassen sie ihr Geld lieber auf dem Sparkonto liegen, als es gewinnbringend in Aktien zu investieren, wo doch die Zinserträge längst im Keller sind? Und es könnte noch schlechter für Sparer werden: Denn geplant ist, dass zukünftig Zinserträge mit dem persönlichen Steuersatz veranlagt werden. Aktuell sind es hier, wie bei Aktiengewinnen, 25 Prozent. Der persönliche Steuersatz liegt da viel höher. Wer heutzutage monatlich 3000 Euro brutto verdient, hat einen Grenzsteuersatz von immerhin 33,37 Prozent. Warum wird hierzulande also nicht in Aktien investiert? Darauf gibt es eigentlich nur zwei Antworten: Entweder wissen die Deutschen nicht, wie es geht, oder sie haben Angst davor. Gegen beides kann man etwas tun.

Es gibt ein Sprichwort, das besagt: Die Reichen investieren nicht, weil sie reich sind, sondern sie sind reich, weil sie investieren. Es hat etwa dreißig Jahre gedauert, bis ich begriffen habe, dass ich immer ein vollkommen falsches Bild von Aktien und Aktienhandel hatte. Für mich waren Aktien etwas für ganz reiche Leute. Mein Bild im Kopf vom Aktienkauf sah etwa so aus: Ein alter, grauhaariger Mann sitzt in seinem großen Büro in einem Eames-Chefsessel, studiert die Aktienkurse in der Tageszeitung und ruft dann hektisch seinen Broker an, einen gut aussehenden, schneidigen Typen im Maßanzug. Der steht gerade mit drei Telefonen in der Hand mitten auf dem Parkett der Frankfurter Börse und bekommt von seinem Handy aus entgegengeschrien: »LOS, KAUFEN! 20.000 EURO IN AKTIE WÜNSCHDIRWAS STECKEN!« Da ich weder einen Chefsessel habe noch 20.000 Euro Spielgeld und mir auch keinen schneidigen Broker leisten kann, dachte ich nicht eine Sekunde daran, selbst auch mal Geld in Aktien zu investieren. Was sollte ich denn schon mit meinem mickrigen Gehalt anfangen? Ich bin doch keine Millionärin, dachte ich, und mit dieser Meinung stehe ich nicht alleine da. Die Deutschen sind einfach echte Aktienmuffel und trauen sich nicht an diese für viele irgendwie dubiose, undurchschaubare und höchst spekulative Form der Geldanlage heran. Dann doch lieber alles einfach aufs Sparbuch legen, wo es schön trocken und sicher ist. Im Unterschied zu Aktien, wo das Geld im schlimmsten Fall vernichtet wird – das heißt dann auch Totalverlust –, bekommen Menschen, die ihr Geld aufs Sparbuch legen, zumindest den einbezahlten Geldbetrag plus Zinsen garantiert zurück. Auch wenn es weniger wert ist als vorher – fair enough. Wieso sollte man also das Risiko eingehen?

Okay, es gibt die Generation »Schaffe, schaffe, Häusle baue«, die es nicht anders gelernt hat. Aber warum haben insbesondere Millennials heute noch viel mehr Angst vor Aktien als die Generationen vor ihnen? Seit dem Jahr 2000 hat sich die Zahl der Aktionäre unter dreißig mehr als halbiert, die der Aktionäre zwischen dreißig und vierzig ist sogar auf ein Viertel geschrumpft. Was ist in diesem Zeitraum passiert, dass es immer weniger Aktionäre gibt? Tja, wir sind zwar jung, aber wir sind gebrannte Kinder, die vermutlich das erste Mal von Aktien gehört haben, als die Telekom ihre Volksaktie auf den Markt brachte.

↗ Die Sache mit der Telekom-Aktie

Die Deutsche Telekom ging im November 1996 an die Börse. Der angesehene Schauspieler und Lieblingskommissar im deutschen Fernsehen, Manfred Krug, machte sogar Werbung für die Aktie. Das kann man sich heute kaum noch vorstellen: Ein bedeutendes deutsches Unternehmen, einst Teil der staatseigenen Deutschen Bundespost, wirbt im Fernsehen mit einem beliebten Schauspieler für den Aktienkauf. Die Folge: So gut wie jeder wollte dabei sein. Die sonst so vorsichtigen Deutschen gingen brav in ihre Bankfiliale und kauften fleißig Telekom-Aktien. Bis dahin hatten Bankberater ihre Privatkunden vor dem Aktienkauf oft genauso gewarnt wie heutzutage manche Eltern ihre Kinder vor Gluten. Aber wenn der Manfred Krug das sogar empfiehlt, dann muss das doch gut sein, dachten viele. Und zunächst sah ja auch alles sehr gut aus. Die Zeichen standen eindeutig auf Gewinn.

Am 18. November 1996 erfolgte der Startschuss an den Börsen in Frankfurt am Main und New York, wo die Wall Street magentafarben dekoriert wurde. In der *Tagesschau* war es an diesem Tag mit einer Sendezeit von dreieinhalb Minuten die Topmeldung schlechthin, und selbst der damalige Finanzminister Theo Waigel (der mit den Augenbrauen) feierte in Frankfurt mit. Nebenbei bemerkt, zu sehen war in der *Tagesschau* genau das, was ich lange Zeit beim Thema Aktien im Kopf hatte: Alte Männer in Anzügen, die wild mit den Telefonen in der Hand fuchteln und sich gegenseitig Geldbeträge zuschreien.[68] Als dann auch noch Börsenguru André Kostolany, von dem wir später noch mehr hören werden, der Aktie eine gute Zukunft bescheinigte, war die Euphorie kaum zu stoppen. Die Aktieninhaber hatten auch allen Grund zum Jubeln: Die Aktie startete mit 28,50 DM, umgerechnet waren das etwa 14,57 Euro, und schoss direkt in die Höhe. Für viele war es die erste Erfahrung an der Börse. Die hoch verschuldete Telekom nahm mit dem Börsengang insgesamt 10,8 Milliarden Euro ein. Nach einem halben Jahr knickte die Aktie kurz ein, doch sie erholte sich wieder. Danach ging es steil bergauf.

Am 6. März 2000 erreichte die T-Aktie ihren höchsten Stand mit einem Kurs von 104,90 Euro. In weniger als dreieinhalb Jahren hatten frühe Investoren ihr Vermögen versiebenfacht. Wer nicht dabei war, sah schmerzhaft zu, wie der Nachbar schon mit einem neuen Auto vor der Garage prahlte. Doch dann war der Spaß auch schon vorüber – danach ging es nämlich nur noch bergab. Neben Rekordverlusten und Falschbilanzierungen platzten plötzlich viele Anlegerträume gleichzeitig mit der Dotcom-Blase im März 2000. Der entstandene Hype um die Internet- und Telekommunikations-Branche endete abrupt, und allein in den USA verloren die im Technologie-Index NASDAQ zusammengefassten Unternehmen unglaubliche 80 Prozent ihres

Werts. Viele deutsche Anleger, die zu spät eingestiegen waren, um sich an der Euphorie zu beteiligen, mussten plötzlich zusehen, wie ihr mühsam angespartes Geld auf einen Schlag an Wert verlor. Ein Jahrzehnt nach dem Börsengang entschuldigte sich Manfred Krug in einem *Stern*-Interview übrigens für den Ärger und die Enttäuschung, den die Telekom-Aktionäre erleiden mussten. Er war natürlich nicht der Übeltäter gewesen, aber die Aktienlust der Deutschen konnte das auch nicht wieder wecken.

Was war passiert? Nun, es ist so, dass Spekulationsblasen immer den gleichen Ablauf haben – egal ob die Internetblase, die Immobilienblase oder zuletzt der Hype um den Bitcoin. Dem Nationalökonomen Charles Kindleberger und dem Wirtschaftswissenschaftler Hyman Minsky zufolge kann man stets fünf Phasen beobachten, die uns zeigen, wie so ein Hype entsteht.[69]

Warum eine Spekulationsblase entsteht und platzt

In der ersten Phase erfolgt die Verlagerung: Ein neuer Bereich entsteht, in dem professionelle Anleger große Zukunftschancen sehen und ihr Geld anlegen. Im Falle der Telekom-Aktie war das die Verbreitung des Internets.

In der zweiten Phase erfolgt die Aufnahme von Krediten: Die Preise für eine bestimmte Ware oder Dienstleistung werden teurer, Aktienpreise steigen, und neue Anbieter sprießen aus dem Boden. Na, wer erinnert sich noch an AOL, Fireball oder ICQ?

In der dritten Phase folgt die Euphorie: Jetzt gilt es zu handeln, wer nicht dabei ist, lässt sich bares Geld entgehen. Diese Phase tritt ein, wenn die Medien scheinbar nur noch ein Thema kennen. Selbst in der *Tagesschau* wird von der wunderbaren neuen Technologie des Internets oder dem neuartigen Bitcoin berichtet, und die Aktienkurse werden so richtig in die Höhe getrieben, weil einfach jeder jetzt dabei sein möchte.

Was schließlich folgt, ist die kritische Phase: Erfahrene Anleger, die schon lange vor dem Hype eingestiegen sind, beginnen damit, ihre Aktien zu veräußern und Gewinne einzustreichen. Sie handeln meist nach ihrer eigenen Strategie und lassen sich im Gegensatz zum unerfahrenen Aktionär nicht von der Gier leiten. Der Kurs rutscht also ein wenig ab, und schon wird wieder in den Medien berichtet: »Nanu, was ist denn da los? Die Aktie verliert an Wert?« Viele Anleger denken dann: »Oh, das klingt nicht gut. Dann sollte man jetzt lieber schnell verkaufen.« Wenn abends nach der *Tagesschau* 1000 Menschen das Gleiche denken und mit zittrigen Händen ihren Broker bitten, die Aktie zu veräußern, entsteht ein klarer Trend: Die Aktie sinkt weiter, und schon beginnt die Abwärtsspirale. André Kostolany verglich die massenpsychologischen Reaktionen an der Börse mit denen im Theater: »Einer gähnt, und in kürzester Zeit gähnt jeder. Hustet einer, hustet sofort der ganze Saal.« Und dieses Gähnen und Husten wirkt sich direkt auf den Aktienkurs aus. Denn der Wert einer Aktie wird von Angebot und Nachfrage bestimmt.

Wie Angebot und Nachfrage funktionieren, zeigt ein Beispiel aus dem Sommer 2018: Mitten in der Dürreperiode machte die Nachricht Schlagzeilen, dass die Kartoffelernte schlecht ausfallen und der Preis für Pommes steigen würde. Und das bei bestem Freibadwetter! Obwohl es weniger Kartoffeln für Pommes geben würde, wollten trotzdem genauso viele Menschen wie vorher Pommes essen. Die Bauern brauchten aber ihre Einnahmen und setzten den Preis höher, damit sie bei weniger verkäuflicher Ware keine beziehungsweise keine größeren Verluste erlitten. Den teureren Preis geben die Lebensmittelhersteller einfach an uns Konsumenten weiter. Wir müssen uns nun entscheiden: Verzichten wir auf die teureren Pommes und essen dafür lieber eine Bratwurst im Freibad? Auch wenn wir auf eine günstigere Variante umsteigen und auf die Pommes verzichten, wird es noch genügend Menschen geben, denen der höhere Preis egal ist und die bereit sind, 20 oder 50 Cent mehr zu zahlen.

Kommen wir zurück zur Aktie: Da nun die ängstlichen Aktionäre ihre Aktien verkaufen, gelangen wieder mehr davon auf den Markt. Mehr Kartoffeln im Angebot bedeuten günstigere Pommes. Und mehr käufliche Aktien auf dem Markt bedeuten günstigere Aktienpreise. Die Folge: Die Aktie sinkt.

In der fünften Phase spüren die Menschen dann nur noch Abscheu und werfen panisch alles auf den Markt, was sie besitzen. Wer zu spät dran ist, macht hohe Verluste, denn es gibt kaum noch Marktteilnehmer, die jetzt einsteigen wollen. Im Börsenjargon sagt man in dieser Phase auch: Greife nicht nach dem fallenden Messer.

2002 erlebte die Telekom-Aktie schließlich ihren Tiefststand mit 8,14 Euro. Es war aber auch wirklich zum Heulen: Da trauten sich die Deutschen einmal ran an Aktien, und dann passierte so was. Als Teenager kannten wir alle jemanden – wenn schon nicht die eigenen Eltern, dann irgendeine Tante, eine Nachbarsfamilie oder einen Lehrer –, der genau das alles miterlebt hatte und sich schwor, niemals in dieses Teufelswerk Aktie zu investieren. Nach dem Reinfall der Telekom-Aktie und dem Platzen der Dotcom-Blase halbierte sich in den folgenden Jahren die Zahl der deutschen Aktionäre. Mittlerweile steigt sie langsam wieder an – aber leider nur bei den über Sechzigjährigen.[70] Wir Millennials scheinen irgendwie keinen Bock mehr auf Aktien zu haben, als hätte sich das Telekom-Trauma tief in unsere DNA eingegraben. Dabei sind gerade wir prädestiniert für Aktienkäufe: Wie verdienen endlich unser eigenes richtiges Geld, wovon wir etwas beiseitelegen und investieren können, und wir sind noch jung genug, um Schwankungen an der Börse einfach entspannt auszusitzen.

⬈ Aktienkurse einfach aussitzen – der Anlagehorizont

30 Jahre DAX
Entwicklung des Aktienindex DAX (in Punkten)

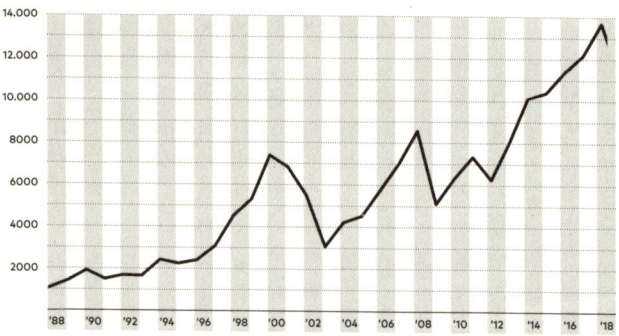

Aussitzen? Was ist mit dem schnellen Kaufen und Verkaufen? Tja, das gibt's an der Börse gar nicht so, wie es in manchen Filmen oder Serien dargestellt wird. Viele Leute kaufen Aktien und lassen sie dann einfach liegen. Wer Ende 1996 nicht allein in die Telekom, sondern in den Deutschen Aktienindex investierte und genau zehn Jahre später wieder verkaufte, hatte pro Jahr im Schnitt eine Rendite von 8,6 Prozent erzielt. Der Deutsche Aktienindex, abgekürzt DAX, ist der Kurs, der manchen aus der *Tagesschau* bekannt sein dürfte. Jeden Abend vor dem Wetter wird hier berichtet, wie sich die deutsche Wirtschaft gerade entwickelt. Im DAX befinden sich die dreißig größten Unternehmen Deutschlands, von Adidas bis Volkswagen. Zuletzt musste der Industriekonzern ThyssenKrupp den DAX verlassen. Denn wenn ein DAX-Mitglied bestimmte Kriterien nicht mehr erfüllen kann, wird es aus diesem Kreis der Besten der Besten wieder rausgeschmissen.

Wenn man sich nun den Verlauf des DAX anschaut, ist klar zu erkennen, wie er vor dem Platzen der Dotcom-Blase im Jahr 2000 stetig anstieg und dann in den folgenden dreieinhalb Jahren steil runterfiel. Von über 8000 Punkten ging es runter auf 2200 Punkte in nur drei Jahren. Das bedeutet, dass die Personen, die auf den Hype aufspringen wollten und zu spät dran waren, ihr Geld innerhalb kürzester Zeit auf etwa ein Viertel reduziert hatten. Puff, und weg. Allerdings auch nur dann, wenn sie die Aktien zum Tiefststand mit zittrigen Händen wieder verkauften. Diejenigen, die sich davon nicht beirren ließen und sich entspannt zurücklehnten, können sich heute über schöne Gewinne freuen – vorausgesetzt sie haben breit diversifiziert und auf unterschiedliche Unternehmen und Branchen gesetzt. Denn dann kann auch der Totalverlust durch Unternehmen, die pleitegehen, abgefedert werden. Gleiches gilt für die Finanz- und Bankenkrise: Wer Sitzfleisch hatte und seine Aktien nicht wieder auf den Markt warf, der kann sich heute, zehn Jahre später, ebenfalls über einen dickeren Geldbeutel freuen.

Und genau hierin liegt der Vorteil für uns Millennials: Wir gehen (leider) nicht schon in fünf Jahren in Rente. Wer sein Geld in Aktien investieren möchte, damit er oder sie mal einen schönen und entspannten Ruhestand hat, der kann solche Irrungen und Wirrungen an den Aktienmärkten einfach aussitzen. Je früher und damit gleichzeitig auch langfristiger man in Aktien investiert, desto größer ist die Wahrscheinlichkeit, schöne Gewinne abzukassieren. Bei einem frühen Einstieg kann man fallende Kurse einfach aussitzen, bis sich der Markt wieder erholt hat. Somit ist ein langer Atem bei der Geldanlage wichtiger als der schnelle Griff zum Telefonhörer, um den perfekten Ein- und Ausstiegspunkt zu erwischen. Gut, heutzutage ruft man seinen Broker nicht mehr an, sondern loggt sich einfach mal schnell ins Online-Depot ein, aber du weißt, was ich meine.

Dieses Aussitzenkönnen hat in der Finanzwelt auch einen förmlichen Namen: Buy-and-Hold. Ja, die Aktienkurse bewegen sich auf und ab. Und ja, viele Menschen haben auch schon viel Geld verloren, weil sie aufs falsche Pferd gesetzt und zum falschen Zeitpunkt verkauft haben. Denn wann verliere ich am Aktienmarkt? Erst dann, wenn ich auch die Aktie zum schlechten Preis verkaufe. Wenn eine solide Aktie an Wert verliert, kann ich zwei Dinge tun: abwarten, bis sie sich wieder fängt, oder panisch mit Verlust verkaufen.

Schauen wir uns als Beispiel BMW an: Im November 2005 stand die BMW-Aktie bei etwa 37 Euro. Bis zum 1. Juni 2007 stieg sie auf über 50 Euro an. Ein schöner Gewinn von 35 Prozent in nur anderthalb Jahren. Danach ging es jedoch bergab: Am 21. November 2008 lag der Kurs bei nur noch 17,94 Euro. Puh, eine ganz schöne Bruchlandung. Wer jetzt panisch wurde und seine Aktien schnell verkaufte, hatte sein Vermögen mehr als halbiert. Wer es einfach aussaß, hatte allerdings in zehn Jahren sein Vermögen verdreifacht, als die Aktie im November 2015 bei über 100 Euro stand. Nicht mit eingerechnet ist hierbei die Dividende, die zusätzlich ausgeschüttet wird, wie wir im nächsten Kapitel noch sehen werden.

Natürlich verhält es sich nicht mit jeder Aktie so: Wird ein Unternehmen schlecht geführt, ereignen sich unvorhergesehene Trends, oder kommt ein neuer Konkurrent auf den Markt, dann kann es natürlich auch für ein gut aufgestelltes Unternehmen schlecht aussehen. Wie du dein Geld aber nicht nur in eines, sondern gleich in Tausende Unternehmen gleichzeitig investieren kannst, um dieses Risiko zu vermindern, erfährst du noch im Kapitel zum Thema ETFs.

Je länger dein Anlagehorizont ist, desto mehr Risiko darfst du eingehen.

Wir sind jung: Wir können fallende Kurse aussitzen.

Du machst erst dann Verluste, wenn du deine Aktien zu einem schlechten Kurs verkaufst.

Wir leben immer länger und sind dabei immer fitter. Warum es uns also mit ein paar Aktien im Depot nicht später etwas schöner gestalten und uns finanziell absichern? Das bleibt am Ende natürlich deine persönliche Entscheidung. Die Aktienangst der Deutschen hat allerdings auch wirtschaftliche und soziale Folgen. Während die deutschen Sparer ihr Geld brav auf dem Sparkonto liegen lassen, greifen ausländische Investoren zu. Denn die Wirtschaft hierzulande floriert seit Jahren, und das wirkt sich natürlich auch positiv auf den Aktienkurs aus, wie man auch aus dem DAX-Chart herauslesen kann. So sind Adidas, Bayer, Infineon und Linde, überspitzt gesagt, gar keine deutschen Unternehmen mehr: Mehr als 70 Prozent der Unternehmensanteile liegen in den Händen kluger Aktionäre aus dem Ausland.[71] Schaut man sich den gesamten DAX an, gehören fast 54 Prozent der Unternehmensanteile ausländischen Investoren. Tendenz steigend! Über gerade einmal 36 Prozent herrschen deutsche Aktionäre. Die restlichen 10 Prozent lassen sich geografisch nicht zuteilen. Ob in den USA, China oder Russland – überall auf der Welt vertrauen die Menschen in die deutsche Wirtschaft, bloß wir sind skeptisch und trauen uns wegen eines Fauxpas vor zwanzig Jahren nicht zu, in den deutschen Aktienmarkt zu investieren. Oder überhaupt irgendwo in Aktien zu investieren.

Das Problem, das dabei entsteht, ist nicht nur, dass wir es verpassen, am eigenen Erfolg teilzunehmen, sondern auch keinen Einfluss auf gesellschaftliche und soziale Aspekte haben. Ausländische Geldgeber dominieren durch ihre Investments auch die Abstimmungen auf den Hauptversammlungen und entscheiden, wer im Aufsichtsrat sitzt. Auch Personalentscheidungen und Strategien werden so beeinflusst. Schließlich muss das Unternehmen alles Erdenkliche tun, um seine Aktionäre zufriedenzustellen. Wenn hierzulande ein Werk schließt oder ein Standort ins günstigere Ausland verlagert wird, kann es den ausländischen Unternehmensinhabern ziemlich egal sein. Hauptsache, die Kurse und die Dividenden steigen. Dass am Ende vielleicht der Hauptarbeitgeber in einer Kleinstadt wegfällt, deren Gewerbesteuereinnahmen entsprechend einbrechen, schert diese Menschen recht wenig. Was würde es schließlich uns interessieren, wenn irgendwo in Asien 2000 Arbeitsplätze wegfallen und nach Afrika verlegt werden? Noch dazu, wenn wir eine Aktie von diesem Unternehmen halten, die dadurch an Wert gewinnt? Wir würden uns natürlich über unseren Gewinn freuen und über den Abbau von Stellen am anderen Ende der Welt nur mit den Schultern zucken. Andersrum ist es natürlich genauso. Indem wir uns nicht am Aktienmarkt beteiligen, geben wir auch ein Stück unserer gesellschaftlichen und sozialen Verantwortung ab.

Die Risikoscheu der Deutschen ist natürlich nicht ganz unbegründet. Alle sieben Jahre etwa rechnet man sogar mit einem Crash. Aber wie auch in der Beziehung: Je schlimmer der Streit, umso schöner ist auch die anschließende Versöhnung. Und das bedeutet auf den Aktienmarkt bezogen, dass die Kurse auch wieder steigen. Vier Jahre nach dem Börsencrash stand der DAX bei etwa 6000 Punkten. Wer mutig war und wusste, dass nach jeder Baisse (so nennt man die Tiefphase) auch wieder eine Hausse (die Hochphase) kommt, der investierte sein Geld und durfte sich schon acht Monate später über einen Zugewinn von 25 Prozent freuen.

⟋ Hartgesotten oder zittrig?

Bevor du jetzt dieses Buch in die Ecke schmeißt, um schnell ein Aktiendepot zu eröffnen und dein gesamtes Geld in Aktien zu stecken, muss ich noch eins sagen: Halt, Stopp! Das oberste Gebot beim Handeln an der Börse lautet nämlich folgendermaßen: Investiere nur Geld, auf das du verzichten kannst. Wir haben schon im Kapitel zum Tagesgeldkonto gesehen, was passiert, wenn du plötzlich das Geld aus deinen Aktieninvestments brauchst. Der Aktienmarkt ist wie eine wilde Achterbahnfahrt: Du zahlst dein Ticket, steigst ein, und dann geht es für dich rauf und runter, du drehst deine Runden und erlebst Spannung, Freude und Spaß, aber auch Angst und das Gefühl des freien Falls. In einem unbedachten Moment aussteigen geht nicht, denn dann hast du verloren. Idealerweise steigst du ein, genießt deine Fahrt und steigst am Ende voller Euphorie (und mit einem dicken Geldbeutel) wieder aus.

Börsenguru Kostolany unterteilte die Börsianer in zwei Kategorien: die Hartgesottenen und die Zittrigen. Die Hartgesottenen verfügen über die vier G, während die Zittrigen ihre Papiere bei jeder Baisse auf den Markt werfen. Die vier G stehen dabei für Geld, Gedanken, Geduld und Glück.[72] In seinem Buch *Die Kunst über Geld nachzudenken* erzählt Kostolany, wie er sich einst Geld lieh, um am florierenden Aktienmarkt teilzunehmen. Als die Aktien aufgrund politischer Ereignisse plötzlich stürzten, musste er seinem Broker Sicherheiten hinterlegen, die er nicht hatte. Also musste er die Aktien zum absoluten Tiefststand verkaufen. Ein paar Jahre später erlebte er eine ähnliche Situation. Wieder stürzten die Aktien aufgrund einer politischen Nachricht. Diesmal war er jedoch in der bequemen Situation, dass er alle seine Aktien ohne Schulden gekauft hatte und nicht auf das Geld angewiesen war. Statt in Panik auszubrechen, ging er in sein Pariser Lieblingsrestaurant und sah entspannt dabei zu, wie sich die Aktienkurse am nächsten Tag schon wieder langsam berappelten. Die Botschaft ist eindeutig: Kaufe Aktien nur mit dem Geld, auf das du nicht angewiesen bist.

Was hat es aber mit Gedanken auf sich? Denke ans Reichwerden, und dann klappt es auch? Leider nein. Hinter »Gedanken« versteckt sich »Denken« beziehungsweise »Nachdenken«. Denn bei allen Hochs und Tiefs an der Börse und langfristig guten Entwicklungen gibt es natürlich auch Verlierer an der Börse. Nicht jede Aktie, in die du dein Geld investieren wirst, wird erfolgreich sein. Es braucht also Wissen, eine Strategie und weise Entscheidungen. Für die ersten beiden Punkte liefert dir dieses Buch den Einstieg. Die Entscheidung darüber, welche Aktie oder welchen Fonds du wann kaufst und wieder verkaufst, liegt jedoch bei dir, und du solltest sie dir auch nicht abnehmen lassen. Schnelles reich werden ist an der Börse allerdings selten angesagt. Und so ergibt sich auch das dritte G, die Geduld: »Wer keine Geduld hat, darf nicht einmal in die Nähe der Börse gehen«, schreibt Kostolany.[73] Was aber insbesondere nicht fehlen darf, ist das vierte G: Glück.

Checklist: So eröffnest du ein Aktiendepot in 5 Schritten

Um mit Aktien zu handeln, benötigst du ein Aktiendepot. Das funktioniert ähnlich wie ein Girokonto: Du kannst Geld einzahlen, deinen Kontostand jederzeit einsehen und auch Geld wieder abheben – allerdings nur auf das Referenzkonto, das du dafür angegeben hast. Die Generationen vor uns sind einst zu ihrem Bankberater gegangen und haben persönlich ein Aktiendepot in der Bankfiliale ihres Vertrauens eröffnet. Zum Glück funktioniert das heute schnell, digital und weitaus unkomplizierter. So geht's ...

1. Schritt: Recherche und Auswahl

Vergleiche zunächst einmal verschiedene Angebote und informiere dich, wo du die niedrigsten Gebühren hast. Dabei solltest du auf drei Arten von Gebühren achten: die Depotgebühr für das Führen und die Verwaltung deines Depots, die Ordergebühr, die anfällt, wenn du Aktien kaufst oder verkaufst, und die Sparplangebühr, falls du regelmäßig einen bestimmten Betrag in Aktien investieren möchtest. Vergleichsrechner findest du zuhauf im Internet oder du schaust auf *fortunalista.de/aktiendepot*.

2. Schritt: Formular ausfüllen

Hast du dich für eine Bank entschieden, füllst du ganz bequem das entsprechende Formular hierfür online aus. In diesem Punkt gibst du auch bereits die Daten zu deinem Girokonto als Referenzkonto an, auf das du deine Gewinne später auch überweisen kannst. Außerdem musst du bestätigen, dass du keine Geldwäsche betreibst, und angeben, ob du schon über Kenntnisse im Aktienhandel verfügst.

3. Schritt: Legitimation

Jede Bank ist gesetzlich dazu verpflichtet, ihre Kunden zu kennen und somit die Identität zu überprüfen. Dazu nutzt sie meist das klassische Post-Ident-Verfahren, bei dem du ein Formular zugeschickt bekommst und dir vom Postangestellten anhand deines Ausweises deine Identität bestätigen lässt. Aber auch hier hat die Digitalisierung schon Einzug gehalten, und viele Banken bieten die Legitimation per Video-Chat an. Achtung: Der Video-Chat funktioniert beidseitig. Es könnte also unangenehm werden, wenn der nette junge Mann im Anzug dich in deinem Unterhemd oder im verwaschenen Backstreet-Boys-T-Shirt sieht. Just sayin'.

4. Schritt: Eröffnungspaket

Nachdem deine Identität bestätigt wurde, erhältst du eine Menge Formulare und Unterlagen per Post. Darin enthalten sind auch deine Bank- und Zugangsdaten zum Aktiendepot. Nimm dir Zeit, dich in Ruhe zu orientieren, die Funktionen zu entdecken und wenn möglich auch dein Dashboard beziehungsweise deine Nutzeroberfläche nach deinen Wünschen einzurichten.

5. Schritt: Loslegen

Dein Aktiendepot hat genauso wie dein Girokonto eine IBAN. Du kannst also direkt Geld von deinem Giro-konto auf dein Aktiendepot überweisen und deinen ersten Trade machen – aber natürlich nicht, bevor du dieses Buch zu Ende gelesen hast und weißt, worauf du achten musst!

Achtung: Freistellungsauftrag nicht vergessen!
Kapitalerträge auf Aktien und Aktienfonds unterliegen der Abgeltungssteuer. Diese liegt aktuell bei 25 Prozent. Dazu kommen noch der Solidaritätszuschlag und

gegebenenfalls die Kirchensteuer. Somit musst du von deinen Gewinnen leider knapp 28 Prozent an den Staat abdrücken. Damit du nicht jeden Kauf und Verkauf in einer Excel-Tabelle für die Einkommensteuer festhalten musst, zieht die Bank das Geld automatisch ein und leitet es ans Finanzamt weiter. Dank des Sparerpauschbetrags zahlst du allerdings erst dann Steuern, wenn du mehr als 801 Euro im Jahr eingenommen hast. Bei Ehepaaren sind es entsprechend 1602 Euro. Meiner Meinung nach sollte sich allerdings jeder selbst um sein Geld kümmern und ein eigenes, individuelles Vermögen aufbauen, bevor es zum Rosenkrieg kommt. Die 801 Euro musst du allerdings auch auf andere Bereiche wie das Tagesgeldkonto aufteilen. Überlege dir also zunächst die optimale Aufteilung auf alle deine Konten und nutze dann den Freistellungsauftrag deines Online-Brokers und teile ihm mit, wie hoch dein Sparerpauschbetrag sein soll.

DAS BÖRSEN-EINMALEINS: AKTIEN, DIVIDENDEN & CO.

Abgesehen von alten Männern in Anzügen glich meine Vorstellung von einem Broker immer der eines Marktschreiers am Hamburger Fischmarkt. Und genau genommen ist die Börse auch nichts anderes als ein großer Marktplatz, auf dem mit Lebensmitteln (Aktien) gehandelt wird. Es gibt unterschiedliche Marktstände mit einem unterschiedlichen Angebot. Sieben solcher Märkte gibt es allein in Deutschland. Und mal gibt's auf dem Stuttgarter Markt mehr Äpfel als auf dem Düsseldorfer Markt. Mal ist der Käse hier ein paar Cent günstiger als dort. Dafür gibt es in Hamburg frischen Fisch und in München frische Weißwürste. Das Angebot ist unterschiedlich. Außer in Frankfurt am Main. In Frankfurt bekommst du einfach alles.

Wie beim Wochenmarkt bildet sich auch der Preis einer Aktie durch Angebot und Nachfrage. Weil gerade Avocado als Superfood gilt und jeder Feinschmecker Avocados im Einkaufsbeutel haben möchte, steigt halt der Preis für Avocados. Wenn in den Medien das Gerücht kursiert, dass Bananen dick machen, möchte niemand mehr Bananen kaufen. Und so senkt der Händler seinen Preis, damit er die Ware verkaufen kann. Der Preis einer Aktie hängt nie von ihrem tatsächlichen Gegenwert ab, sondern immer von dem Preis, den die Menschen aktuell dafür zu zahlen bereit sind.

Es gibt jedoch einen wichtigen Unterschied zwischen Aktien und den Lebensmitteln auf dem Wochenmarkt: Aktien sind nicht essbar. Dafür erwirbst du mit dem Kauf einer Aktie einen echten Unternehmensanteil. Kaufst du eine BMW-Aktie, dann gehört dir in der Tat ein kleines Stückchen der BMW AG. Diese Aktie befähigt dich dazu, an der Hauptversammlung teilzunehmen und dein Stimmrecht auszuüben. Sie befähigt dich aber nicht dazu, bei BMW vorbeizufahren, ins Büro des Vorstands zu marschieren und zu sagen: »Servus, ich wollte mal schauen, wie mein Laden so läuft. Zeigen Sie mir mal die Zahlen.«

Als Aktionär oder Aktionärin kaufst du eine Aktie, weil du auf zwei Ereignisse hoffst: Der Kurs der Aktie steigt, damit du sie in ein paar Monaten oder Jahren mit einem schönen Gewinn verkaufen kannst. (Achtung: Auch das ist mit einer Avocado übrigens nicht möglich.) Oder du hoffst auf eine anständige Dividende, die dich am Unternehmensgewinn beteiligt. Dividenden werden immer im Frühjahr nach der Hauptversammlung festgelegt und drei Werktage später schon ausgeschüttet. Wenn das Unternehmen im Vorjahr satte Gewinne eingefahren hat, werden die Aktienhalter belohnt und an den Überschüssen beteiligt. Sie erhalten dann je Aktie einen gewissen Betrag auf ihr Aktiendepot ausgezahlt. Wer zum Beispiel Anfang 2018 für 86,40 Euro das Stück BMW-Aktien gekauft hatte, bekam nach dem 17. Mai immerhin 4 Euro je Aktie als Dividende ausgezahlt. Es gibt viele Menschen, die ihre Anlagen strategisch auf Unternehmen ausrichten, die regelmäßig hohe Gewinne einfahren und entsprechend hohe Dividenden auszahlen. Macht ein Unternehmen keinen Gewinn oder ist es neu gegründet und somit hoch verschuldet, fallen Dividendenzahlungen für die Aktionäre aus. Es gibt also keine Garantie auf eine Dividendenausschüttung.

Falls es dir egal ist, ob du ein Stimmrecht auf der Hauptversammlung hast oder nicht, dann wählst du Vorzugsaktien. Damit verzichtest du auf dein Mitbestimmungsrecht, hast aber dafür größere Dividendengewinne. So belohnt das Unternehmen nämlich all diejenigen, die sich aus den Geschäften raushalten. Zur Hauptversammlung wirst du trotzdem eingeladen und darfst dich am kostenlosen Fingerfood-Buffet erfreuen.

⭧ Die richtige Aktienwahl treffen

Dass der Preis für Aktien und Avocados von Angebot und Nachfrage bestimmt wird, wissen wir längst. Wie finden wir aber heraus, ob der Preis, den wir dafür zahlen sollen, gerechtfertigt ist oder ob uns der Händler eine viel zu teure Avocado verkaufen möchte? Es gibt wissenschaftliche Studien, die zeigen konnten, dass Affen, denen man Dartpfeile gab, um Aktien auszuwählen, besser abschnitten als Investment-Profis. In einem Versuch erzielten die Affen mit ihren Dartwürfen 11 Prozent Rendite und die Bänker mit ihrem Expertenwissen 3,5 Prozent. Da wir keine Schimpansen sind und nicht wissen, welche außergewöhnlichen Fähigkeiten eine der nächsten lebenden Verwandten des Menschen dazu bewogen haben, ein solch gutes Ergebnis zu erzielen, bleibt uns nichts anderes übrig, als die Aktien ein wenig unter die Lupe zu nehmen und uns G wie Gedanken zu machen.

Letztendlich gibt es überall viele professionelle Analysen und Kaufempfehlungen. Meistens stammen sie von Finanzprofis, die ihre Arbeit gemacht haben und über viel mehr Informationen verfügen, als privaten Anlegern überhaupt zugänglich sind. Trotzdem solltest du über ein gewisses Grundwissen verfügen, wenn du dein hart verdientes Geld in Aktien steckst. Auch eine Avocado kaufst du nicht, ohne sie vorher in der Hand gehabt und ein wenig gedrückt zu haben, um zu sehen, welchen Reifegrad sie hat. Bevor man dir also faule Aktien verkaufen möchte, gilt es jetzt, das Aktien-Einmaleins zu lernen.

Drei Möglichkeiten zur Aktienauswahl möchte ich dir im Folgenden vorstellen: die Fundamentalanalyse, bei der man das Unternehmen selbst unter die Lupe nimmt, die technische Analyse, bei der man den Aktienchart interpretiert, und die Sentimentanalyse, bei der die Stimmung der Anleger berücksichtigt wird. Alle haben ihre Vorzüge und ihre Grenzen, sie lassen sich aber auch kombinieren, und damit bist du schon einmal gut gerüstet.

Fundamentalanalyse mit Aktienkennzahlen

Anhand der Fundamentalanalyse wird versucht, den wahren Wert der Aktie zu erkennen und nicht bloß auf das Preisschild zu achten. Anhänger der Fundamentalanalyse glauben nämlich, dass sich auf lange Sicht betrachtet der wahre Wert und der Kaufwert angleichen. Bezogen auf die Avocado würden wir uns also anschauen: Wie viel Wasser benötigt eine Avocado zum Wachsen? (400 Liter übrigens, was den Menschen vor Ort oft fehlt – aber das ist ein anderes Thema.) Wo kommt sie her, und was für einen Transportweg hatte sie? Handelt es sich um eine Bio-Avocado? All diese Aspekte entscheiden über den wahren Wert der Avocado. Bei einer Aktie schaut man sich dafür bestimmte Kennzahlen an. Keine Sorge, dafür musst du kein Mathegenie sein. Trotzdem solltest du eine Handvoll Zahlen und ihre Bedeutung kennen.

Benjamin Graham gilt als Urvater der Fundamentalanalyse und war gleichzeitig ein großes Vorbild für Warren Buffett. Sein 1949 erschienenes Buch *The Intelligent Investor* ist noch heute ein Bestseller. Darin beschreibt er, warum der Preis einer Aktie nur selten ihrem Wert entspricht und wie man diesen Wert ermittelt. Er personifiziert die Börse als Mr. Market – einen launischen Typen, der zu starken Stimmungsschwankungen neigt, die sich irgendwo zwischen euphorischer Freude und absoluter Verzweiflung befinden. Manchmal bietet er seine Ware zu sehr niedrigen Preisen an, und manchmal setzt er sie unverschämt hoch – die Ware ist jedoch immer die gleiche, auch wenn die Preisbildung total stimmungsabhängig und irrational ist. Wer nicht aufpasst, wird von Mr. Market übers Ohr gehauen. Es gilt also herauszufinden, wann Mr. Market die Preise zu niedrig ansetzt, damit man zuschlagen kann. Schauen wir uns ein paar der wichtigsten Kennzahlen an.

Den Wert aus Aktienkurs und der Anzahl der Aktien, die herausgegeben wurden, nennt man *Börsenwert* oder auch *Marktkapitalisierung* (für diejenigen unter euch, die ein wenig mit Fachbegriffen angeben wollen). Dem gegenüber steht der *Buchwert* eines Unternehmens. Vereinfacht gesagt, ist dies das Eigenkapital des Unternehmens – also alles, was das Unternehmen besitzt und was es tatsächlich schwarz auf weiß wert ist. Für uns angehende Aktionäre ist nun das Verhältnis aus diesen beiden Zahlen interessant.

Ist das Unternehmen auch wirklich so viel wert, wie die Aktie vorgibt? Um das zu erfahren, schauen wir uns das *Kurs-Buchwert-Verhältnis* (*KBV*) an. Dazu teilt man den Börsenwert durch den Buchwert. Je kleiner dieser Wert ist, desto besser ist es für Anleger, weil es bedeutet, dass die Aktie tatsächlich nahezu den Unternehmenswert abbildet.

Ein KBV von unter 1 ist in der Regel ein Kaufsignal. Allerdings muss man hierbei beachten, dass solch ein Ergebnis nur alteingesessene Unternehmen erreichen. Wer auf ein neues und möglicherweise zukunftsträchtiges Unternehmen setzt, wird vielleicht enttäuscht sein vom KBV. Neue, noch wachsende Unternehmen sind in der Regel stark verschuldet und verfügen nicht über so viel Eigenkapital wie große, jahrzehntealte Konzerne. Man sollte sich also nie nur auf eine einzige Zahl verlassen, sondern immer das große Ganze sehen. Es ist ungefähr so, als würde man ein neues Handy kaufen und nur auf den Preis achten. Klar, wir können auch ein Handy für 100 Euro kaufen, aber dann hat es nur eine schlechte Kamera, wenig Speicherplatz und ist unglaublich langsam. Entscheiden wir uns für das 300 Euro teure Handy, zahlen wir zwar mehr, haben dafür aber neben der besseren Kamera und größerem Speicherplatz zusätzlich eine längere Akku-Laufzeit. Kurzum: Es gilt nicht nur auf den Preis zu schauen, sondern auch auf den Wert. Das KGV wird berechnet, indem man den Aktienkurs einer Aktie durch den Gewinn je Aktie teilt. Liegt der Kurs bei 120 Euro und der Gewinn bei 15 Euro, beträgt das KGV 8. Dabei kann man sich als Faustregel merken: Alles unter 10 ist günstig, alles über 20 ist teuer.

Als oft wichtigste Kennzahl wird das *Kurs-Gewinn-Verhältnis* (*KGV*) betrachtet, schließlich möchten wir ja nicht den ganzen Laden kaufen, sondern vor allem Gewinne erzielen. Auch hier können Angeber mit dem Begriff *Price Earnings Ratio* oder auch nur PER glänzen. Wir schauen uns also an, wie hoch der Preis einer Aktie im Vergleich zum Gewinn je Aktie ist.

Die Unternehmen aus dem DAX haben im langjährigen Mittel übrigens ein KGV von 12. Das kann je nach Branche variieren. Daher ist es sinnvoll, das KGV branchenverwandter Unternehmen anzuschauen und zu vergleichen.

Substanzwerte aus der Nahrungsmittelbranche oder der Kosmetikindustrie haben üblicherweise ein niedrigeres KGV. Das bedeutet, dass sie nur langsam wachsen, dafür aber stetig. Denn selbst in Krisenzeiten brauchen die Menschen Nahrung und Seife. Wachstumswerte kommen zum Beispiel aus der IT-Branche und haben ein höheres KGV, da sie schneller wachsen – wenn sie erfolgreich sind. Sie bergen nämlich auch ein Risiko: Geht es der Wirtschaft und somit den Menschen finanziell gerade mal schlecht, dann wartet man mit dem Kauf eines neuen Handys oder Smart-TV lieber noch ein Jahr. Aktuell haben Immobilienunternehmen ebenfalls ein geringes KGV. Was aber, wenn der Immobilienmarkt sich verändert und mögliche Immobilienblasen platzen?

Das KGV hat leider noch ein weiteres Problem: Bilanzen werden auch gerne mal ein wenig aufgehübscht, damit die Zahlen attraktiver für Aktionäre erscheinen, weshalb man auch von Bilanzkosmetik spricht. Das klingt harmloser, als es tatsächlich ist. Als ob die Verantwortlichen einfach zum Friseur gehen und sagen würden: »Heute bitte nichts Wildes. Nur ein wenig die Spitzen schneiden und den grauen Ansatz kaschieren. Aber bitte alles so, dass es niemandem auffällt.« Die Grenzen zwischen einem kleinen kosmetischen Eingriff und einem echten Tatbestand sind dabei oft fließend. Daher gilt auch hier: Nie eine einzelne Zahl anschauen und abgeleitet davon eine Kaufentscheidung treffen.

Da das KBV und KGV vor allem etablierten Unternehmen, die bereits ihre Schulden abbezahlt haben und Gewinne machen, ein Kaufsignal gibt, schauen sich kluge Anleger auch das *Kurs-Cashflow-Verhältnis* (*KCV*) an. Das KCV kann man auch auf Unternehmen anwenden, die neu sind und noch keine Gewinne eingefahren haben – dafür aber vielleicht große Entwicklungschancen in der Zukunft haben, was auch eine positive Kursentwicklung mit sich bringt. Dabei teilt man den Aktienkurs durch den operativen Cashflow. Cashflow ist der Geldfluss, das heißt, dass du an dieser Kennzahl ablesen kannst, wie viel Geld oder auch Unternehmenskapital pro Aktie vorhanden ist und ob das Unternehmen zahlungsfähig ist. Auch hier gilt: Je kleiner das Ergebnis, desto besser. Vergleichen solltest du das KCV immer innerhalb derselben Branche, damit du einen guten Vergleichswert hast. Das KCV sagt sehr viel über das Unternehmen aus, wird aber leider nicht immer angegeben.

Daneben schaut man sich noch die Eigenkapitalquote an, die eine Antwort auf die Frage liefert, wie hoch das Unternehmen verschuldet ist. Eine hohe Verschuldungsquote kann bedeuten, dass Geldgeber bei Unternehmensentscheidungen mitreden wollen, und sie kann auch darauf hinweisen, dass das Unternehmen nicht krisenfest ist und vielleicht sogar Insolvenz anmelden muss, wenn mal ein schlechtes Geschäftsjahr eintritt. Eine hohe Eigenkapitalquote bedeutet viel Eigenkapital und wenig Schulden. Auch hier ist die Höhe der Verschuldung abhängig von der Branche – ein Online-Business kann man beispielsweise mit viel weniger Kapital aufbauen als eine Lebensmittelfabrik.

Kommen wir zur letzten Zahl, die bei jedem Aktionär und jeder Aktionärin für leuchtende Augen sorgt: die *Dividendenrendite*. Wie schon oben erwähnt, ist die Dividende eine Gewinnausschüttung an die Aktionäre. Die Zahl ergibt sich aus dem Verhältnis von Dividende und Aktienkurs. Unternehmen, die regelmäßig eine schöne Dividende auszahlen, nennt man auch Dividenden-Aristokraten. In Deutschland liegt eine gute Dividendenrendite bei etwa 3 bis 5 Prozent. In Zeiten von Nullzinsen ist so eine Belohnung für Aktionäre natürlich äußerst attraktiv. Wie bei allen Werten muss aber auch diese Zahl kritisch betrachtet werden. Angenommen, ein Unternehmen zahlt im ersten Jahr eine Dividende, die bei 4 Prozent liegt. Im zweiten Jahr allerdings eine, die nur bei 2 Prozent liegt, dann kann es zwei Ursachen haben: Entweder ist der Gewinn tatsächlich viel schlechter ausgefallen als im Vorjahr. Oder aber der Aktienwert ist so hoch gestiegen, dass die prozentuale Auszahlung kleiner ausfällt. Auch das zaubert jedem Aktienbesitzer ein strahlendes Lächeln ins Gesicht.

Warren Buffett bringt für mich das Ziel der Fundamentalanalyse hervorragend auf den Punkt: »Die Frage, wie man reich wird, ist leicht zu beantworten. Kaufe einen Dollar, aber bezahle nicht mehr als 50 Cent dafür.«

⚡ Die technische Analyse

Anhänger der technischen Analyse studieren die Kursverläufe und versuchen aus den Entwicklungen herauszulesen, wie der Kurs weiter verläuft. Sie glauben, dass sich bestimmte Muster wiederholen und aus diesen dann wiederum Kauf- oder Verkaufssignale zu schließen sind. Die technische Analyse ist ein sehr großes und komplexes Feld, daher möchte ich hier nur kurz darauf eingehen. Wenn du danach für dich entscheidest, dass die Charttechnik dein Favorit ist, rate ich dir, dich noch tiefer in die Thematik einzulesen, bevor du deine ersten Aktienkäufe tätigst.

Hauptwerkzeug bei der technischen Analyse ist der Chart, weshalb man auch von Chartanalyse spricht. Dieser kann in unterschiedlicher Weise dargestellt werden. Der Chart, den man in der *Tagesschau* vom DAX sieht, ist ein klassischer *Linienchart*. Hier sieht man ganz simpel den Kursverlauf dargestellt. Dieser ist zwar interessant für einen zeitlichen Überblick, bringt dem Chartanalysten aber nicht viel. Weitaus interessanter ist nämlich der *Balkenchart*. Hierbei verwendet man für jeden Tag einen eindimensionalen

Balken, der links und rechts ein kleines Ärmchen hat. Die Länge des Balkens zeigt die Handelsspanne sowie oben den Höchststand und unten den Tiefststand an dem jeweiligen Tag an. Das linke Ärmchen zeigt den Eröffnungskurs und das rechte den Schlusskurs für den entsprechenden Börsentag an. Hier kann man also schon viel mehr erkennen und herauslesen.

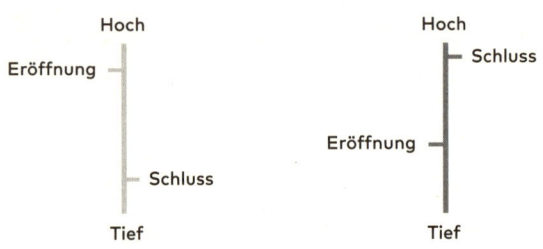

Richtig detailliert und ordentlich haben es mal wieder die Japaner hinbekommen, als sie den *Kerzenchart* erfanden. Hier sind die Balken zweidimensional und sehen aus wie dicke Stumpenkerzen mit jeweils einem Docht oben und unten. Der Körper zeigt dabei den Eröffnungs- und Schlusskurs an. Am oberen Docht kann man den Höchststand erkennen und am unteren den Tiefststand. Zudem färbten sie die Kerzen auch noch ein. Steigt der Kurs, sind die Kerzen weiß oder grün. Fällt er, sind die Kerzen schwarz oder rot.

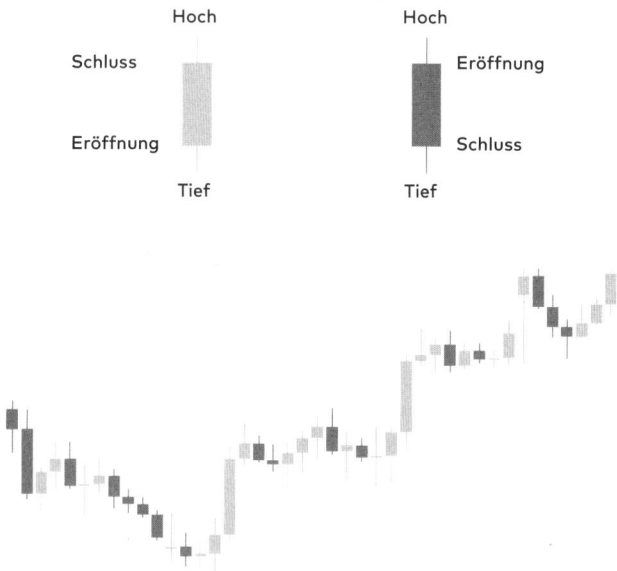

Während es bei der Fundamentalanalyse weniger darum geht, den richtigen Zeitpunkt, sondern vielmehr die richtige Aktie zu finden, steht bei der Chartanalyse die Frage nach dem perfekten Timing im Mittelpunkt: Wann steigt man ein, und wann steigt man wieder aus? Man versucht also, Trends zu erkennen und dementsprechend zu handeln. Liegt zum Beispiel der Tiefststand einer Aktie immer weiter höher, dann befindet sich die Aktie in einem Aufwärtstrend. Wenn der Tiefststand der Aktie jedoch immer niedriger wird, befindet sie sich in einem Abwärtstrend. Chartanalysten versuchen, eine Aktie am Anfang ihres Aufwärtstrends zu kaufen. Wichtig ist hier natürlich, dass sich der Trend nicht umkehrt und die Aktie plötzlich doch fällt. Andersherum kann man auch versuchen, eine Aktie auf ihrem Tiefststand zu kaufen, um von einem anschließenden Aufwärtstrend zu profitieren. Aber um zu sehen, dass der Boden erreicht ist und die Aktie nicht noch weiter fällt, benötigt es äußerst viel Erfahrung. Falls du dich darin versuchen möchtest, Trends zu erkennen, aber noch kein Geld einsetzen möchtest, gibt es die Möglichkeit, ein Musterdepot anzulegen. Hierbei werden Käufe und Verkäufe simuliert – wie bei einem Computerspiel –, und du kannst schon mal erste Handelserfahrungen machen, ohne dein Geld zu riskieren.

↗ Die Sentimentanalyse

Lass uns über Gefühle reden: Bei der Sentimentanalyse stehen nicht das Unternehmen oder die Aktiencharts im Vordergrund, sondern die Marktteilnehmer. Nachdem der Preis einer Aktie von Angebot und Nachfrage bestimmt wird, erscheint es ja auch irgendwie sinnvoll, dass man mal innehält und sich fragt: Bin ich denn die Einzige, die überhaupt Avocados möchte? Möchten die anderen auch Avocados? Wissen sie mehr als ich? Stimmt etwa das Gerücht, dass Avocados zu Blähungen führen und sie deshalb niemand mehr kaufen möchte? Wenn bei vielen Menschen solche Gedankenmuster aufkommen, kann es plötzlich zu einer Massenpanik führen, und alle Händler versuchen, ihre Avocados möglichst billig zu verkaufen, um sie einfach nur loszuwerden. Gleichzeitig geht das Gerücht um, dass Granatäpfel Falten für immer vorbeugen – und schon wollen alle Granatäpfel kaufen, und deren Preis geht in die Höhe.

Behavorial Finance ist ein immer beliebter werdender Wissenschaftszweig, der untersuchen möchte, warum Menschen entscheiden, wie sie entscheiden. Letztendlich geht es dabei meist um zwei extreme Gefühlslagen: Angst und Gier. Bei Angst werden Aktien oftmals unter ihrem wahren Wert verkauft und bei Gier gerne mal über ihrem Wert gekauft. Im Kapitel zur Börsenpsychologie gehe ich noch genauer auf diese beiden dominierenden Börsengefühle ein. Denn eines ist sicher: Jeder, der in Aktien investiert, wird früher oder später genau diese Stimmungen in sich entdecken – manchmal sogar stärker, als einem lieb ist. Die Stimmungsanalyse sollte allerdings nie allein für sich betrachtet werden, sondern ist eher als zusätzlicher Indikator bei der Aktienwahl zu verstehen und sollte auf der technischen Analyse aufbauen.

Als Indikator für die Stimmungsanalyse kann der Sentix (Sentiment Index) dienen. Ausgewählte Investoren werden nach ihrer individuellen Einschätzung des Marktes befragt, und daraus wird dann abzulesen versucht, wie sich der Aktienmarkt im Folgemonat verhalten könnte. Auch beliebt ist die *Put-Call-Ratio* (PCR), die nicht aus Umfragen, sondern aus dem tatsächlichen Marktverhalten ermittelt wird. Dazu muss man wissen, dass Menschen, die auf Put kaufen, auf fallende Kurse setzen. Sie gehen also davon aus, dass eine Aktie fällt – ja, auch das geht an der Börse. Optimisten setzen hingegen auf Calls und somit auf steigende Kurse. Aus dem Verhältnis zueinander kann man also nun Rückschlüsse auf die Stimmung am Markt ziehen.

In seinem Buch *Schatz, ich habe den Index geschlagen!* berichtet der Single- und Paarberater Christian Thiel von einer ganz anderen, einfacheren »Stimmungsanalyse«. Er schaut sich einfach in seinem Haus und bei seinen Kindern in deren Kinderzimmer um: Welche Produkte und Marken dominieren dort? Was wollen gerade alle haben? Was sind die Trends? Dementsprechend kauft er die passenden Aktien. Und siehe da: Es läuft! Natürlich kauft er die jeweiligen Aktien nicht, ohne sich vorher auch den Kurs angeschaut zu haben. Aber er beweist: Eine sinnvolle Stimmungsanalyse kann man auch in seinem direkten Umfeld machen. André Kostolany befragte dazu sogar jeden Menschen, der ihm im Laufe des Tages begegnete. Was verdiente der Taxifahrer? Was sorgte die Friseurin? Was erzählte ihm der Kellner? All diese Informationen sammelte er und ließ sie in seine Aktienwahl mit einfließen.

Doch seien wir mal ehrlich: Wir sind alle keine vermögenden und extrovertierten Kostolanys, die den ganzen Tag Aktienkurse studieren und ständig mit fremden Menschen sprechen wollen. Auf bekannten Portalen wie *finanzen.net* finden sich dafür mittlerweile sehr gute, computergestützte Analysen, die aufzeigen, welches Risiko eine Aktie hat, ob mehr positive oder negative Pressemitteilungen zu einem Unternehmen erscheinen oder ob die Aktie lieber gekauft, gehalten oder verkauft werden sollte. All diese Menschen können auf eine Vielzahl von sehr guten Analysen und Informationen zurückgreifen, die uns normalsterblichen Aktionären nicht vorliegen. Bevor man sich also als Anfänger oder Anfängerin an die technische Analyse macht und im Freundeskreis versucht herauszufinden, ob nun alle eher das Deo von Nivea (Beiersdorf) oder von Dove (Unilever) benutzen, kann man solche Analysen zu Rate ziehen.

Easy green!

Natürlich kannst du dein Geld auch ausschließlich in nachhaltige Unternehmen und ihre Aktien investieren. Unabhängige Nachhaltigkeits-Ratingagenturen wie die oekom research AG haben es sich zur Aufgabe gemacht, Unternehmen anhand bestimmter ökologischer oder ethischer Kriterien zu bewerten. Online-Portale wie *ecoreporter.de* publizieren aktuelle Pressemitteilungen,

Nachrichten und Aktienkurse. Hier bekommst du einen guten Überblick über Ökoaktien. Für die tiefer gehende Recherche empfehle ich dir aber, auf *finanzen.net* zu wechseln.

Checklist: So kaufst du eine Aktie

Keine Angst vorm Aktienkauf! Natürlich ist das erste Mal sehr aufregend. Schließlich bestellst du hier nicht mal eben einen neuen Pullover, den du bei Nichtgefallen zwei Wochen später wieder zurückschicken kannst. Trotzdem ist es easy – befolge einfach diese drei Schritte, dann kann fast nichts schiefgehen.

1. Schritt: Wertpapierkennnummer recherchieren
   Wenn du eine Aktie kaufen möchtest, gibst du nicht einfach »Adidas« oder »Apple« in die Suchmaske ein. Jede Aktie besitzt eine konkrete Kennzahl, damit es keine Missverständnisse gibt. Es könnte ja sein, dass du nicht Apple Inc., das Unternehmen mit den tollen Laptops oder Handys, meinst, sondern die Apple Green Holding Inc., die Apple Rush Co Inc. oder die Apple Flavor & Fragrance Group. All diese Unternehmen bieten ebenfalls Aktien an der Börse an. Hier ist also Vorsicht geboten und vorherige Recherche. Eine zuverlässige Seite dafür ist wieder einmal *finanzen.net*. Die in Deutschland gebräuchliche Nummer, mit der du eine Aktie identifizieren kannst, ist die sechsstellige Wertpapierkennnummer und wird mit WKN abgekürzt. Bei Adidas ist es zum Beispiel die A1EWWW. Die internationale Kennnummer heißt International Security Identification Number – oder auch einfach ISIN. Diese beginnt immer mit dem Länderkürzel, an dem du sehen kannst, in welchem Land die Aktie herausgegeben wurde. Apples ISIN zum Beispiel lautet US0378331005.

2. Schritt: Stückzahl

Als Nächstes gibst du die gewünschte Stückzahl an:
Wie viele Aktien möchtest du insgesamt kaufen? Viele
Online-Broker bieten feste Ordergebühren an, die nicht
vom Ordervolumen abhängig sind. Denke daran, diese
mit einzukalkulieren und über genügend Geld auf dem
Depot zu verfügen. Die Stückzahl gibst du dann einfach
ohne Nachkommastelle in die entsprechende Maske ein.

3. Schritt: Handelsplatz

Nachdem du die WKN oder ISIN sowie die Stückzahl
angegeben hast, wird es richtig spannend. Dein Online-
Broker zeigt dir nun eine Liste mit möglichen Handels-
plätzen an. Das kann zum Beispiel die große XETRA in
Frankfurt sein oder die Börse in Stuttgart, München,
Hamburg etc. Daneben siehst du den Geldkurs und den
Briefkurs. Der Geldkurs ist der Kaufkurs, der Briefkurs ist der Verkaufskurs. Idealerweise wählst du den
Handelsplatz mit dem geringsten Spread, das bedeutet
die Börse mit dem geringsten Unterschied zwischen
Kauf- und Verkaufskurs. Bei manchen Online-Brokern
erscheint bereits ganz oben das beste Ergebnis. Da sich
ein Aktienkurs in Sekundenschnelle ändern kann, ist
nun Eile geboten, sonst läuft die Abfrage ab, und du
musst den Kurs erneut abfragen. Hast du dich für einen
Handelsplatz entschieden, klickst du einfach nur auf
»Kaufen«.

Wichtig: Anschließend solltest du dich mit einem Glas
Prosecco oder einem Bier belohnen und auf deine erste
Aktie anstoßen. Cheers!

BÖRSENPSYCHOLOGIE: KEEP CALM AND INVEST ON

Investitionen sind eine schöne Sache. Man lernt etwas über die Wirkungsweise der Wirtschaft, versteht politische Vorgänge besser, und man erfährt, dass der Aktienkauf ein ähnliches Hochgefühl auslösen kann wie ein neues Paar Schuhe. Vor allem aber lernt man sich selbst dabei von einer ganz anderen Seite kennen. Denn egal wie cool und lässig du bist – spätestens an der Börse wirst du Gefühle kennenlernen, die du sonst vielleicht nur selten empfindest. Fast alle Prognosen zu Aktien oder der Wirtschaft im Allgemeinen bauen auf mathematischen Formeln und Berechnungen auf. Dabei vergisst man allerdings allzu schnell, dass im Mittelpunkt des Investitionstaumels Menschen stehen – und Menschen haben nun einmal Gefühle.

Früher ist man vom *Homo oeconomicus* ausgegangen: Ein stets rationales Geschöpf, das den eigenen Gewinn maximieren möchte, sich vollständig über alle Gegebenheiten am Markt informiert und anschließend die perfekte Entscheidung trifft. Diese Herangehensweise berücksichtigt nicht, dass wir manchmal voller Euphorie zu viel Geld für ein Konzertticket ausgeben, voller Frust auch mal eine Tafel Schokolade essen oder vor Wut einen Teller gegen die

Wand werfen. Man kann nicht einmal behaupten, dass es den Menschen an der Börse nur um die eigene Gewinnmaximierung geht. Manche mögen vielleicht einfach das Spekulieren, andere möchten ein ganz bestimmtes Unternehmen unterstützen. Und natürlich besitzen wir nicht alle Informationen, die zu einem Unternehmen und seinem Umfeld vorhanden sind. Weil sie uns nicht zugänglich sind oder wir keine Zeit haben, uns mit ihnen zu befassen, oder vielleicht möchten wir am Abend lieber den *Tatort* schauen, statt Pressemitteilungen von Daimler zu lesen.

Vor allem aber bewerten wir die Informationen, die wir bekommen, auch unterschiedlich: Manch einer freut sich, wenn Siemens trotz milliardenhoher Gewinne 6000 Stellen abbaut und kauft die Aktie, weil sie nun attraktiver ist. Ein anderer trennt sich vielleicht von der Aktie, weil er es aus moralischen und ideellen Gründen nicht verantworten möchte, dass sein Gewinn auf Kosten anderer ausgetragen wird. So gewinnt *Financial Behaviour* immer mehr an Bedeutung: Anstatt rational zu denken, lassen wir uns in Finanzentscheidungen oft von Emotionen und einfachen Faustregeln leiten. Müssen wir uns in Gelddingen entscheiden, tun wir dies meist mit dem Kleinhirn.[74] Leider ist diese Hirnregion auch für die Motorik zuständig[75] und entscheidet sich daher nicht für den besten, sondern für den schnellsten Weg. Wir suchen also nach Abkürzungen, wenn es ums Geld geht. Der klassische Test am Menschen läuft hierbei so ab: Man fragt jemanden, ob er lieber 50 Euro hier und jetzt oder lieber 100 Euro nächste Woche geschenkt bekommen möchte. Was tun wir? Wir nehmen die Abkürzung und möchten das Geld sofort, anstatt diese eine Woche zu warten und doppelt so hoch belohnt zu werden.

Wie wir schon gesehen haben, kaufen wir manchmal Dinge vollkommen irrational, lassen einzig und allein durch unser Handeln Spekulationsblasen entstehen und ärgern uns hinterher, dass wir es nicht besser wussten. Oder wir kaufen eine Aktie einfach nur, weil wir den CEO sympathisch finden, aber eigentlich überhaupt keine Ahnung haben, wie es denn überhaupt um das Unternehmen steht. Wir Menschen sind nun einmal so. Umso wichtiger, dass wir verstehen, warum wir manchmal handeln, wie wir es tun, und warum wir nicht immer unserem Bauchgefühl vertrauen sollten – insbesondere dann, wenn wir noch wenig Erfahrung und kaum Ahnung haben. Bevor du nun also all das Gelernte endlich in die Tat umsetzt, möchte ich dich noch vor einem undurchschaubaren, irrational handelnden und manchmal emotional fragilen Marktteilnehmer warnen: vor dir selbst.

⚡ 1. Phase: Informationsbeschaffung

Du weißt, wie der Aktienmarkt funktioniert, du hast dein Geld zusammengespart und möchtest nun dein erstes Investment in eine Aktie tätigen. Und da lauert auch schon die erste Psychofalle: Deine selektive Wahrnehmung hindert dich daran, Informationen korrekt zu verarbeiten. So wird zwischen relevanten und nicht relevanten Informationen nur selten unterschieden (»Oh, Jeff Bezos lässt sich scheiden? Dann verkauf ich lieber meine Amazon-Aktien, bevor sie leiden«), oder man lässt sich einfach vom Prinzip der Ähnlichkeit leiten. So geschehen Ende der Neunzigerjahre: Der Mobilfunkanbieter MCIC stand vor einer milliardenschweren Fusion, deren Ausgang man nicht absehen konnte. Die Aktionäre waren verunsichert, und der Kurs erlebte entsprechende Schwankungen. Die selektive Wahrnehmung der Marktteilnehmer führte jedoch dazu, dass der Aktienkurs der ähnlich klingenden Telefongesellschaft MCI plötzlich die gleichen

Kursschwankungen erlebte.[76] MCI ist einige Jahre später übrigens insolvent gegangen und hat mit Fehlbuchungen von über 11 Milliarden Dollar für einen der weltweit größten Börsenskandale gesorgt. Ups!

Bei der Informationsbeschaffung gilt es also trotz der Informationsüberflutung, der wir gegenüberstehen, relevante Informationen herauszufiltern und sie möglichst neutral zu bewerten. In einem Blindtest zwischen Coca-Cola und Pepsi schneidet in der Regel Pepsi besser ab. Die Lieblingsmarke ist trotzdem Coca-Cola. Wir dürfen uns in unseren Entscheidungen also nicht von einem coolen Image und einem lachenden Weihnachtsmann beeinflussen lassen.

⚡ 2. Phase: Investitionsentscheidung

Wenn du dich in dein Aktiendepot einloggst, hast du die Möglichkeit, dein Geld in der gesamten Welt zu investieren. Jedes Jahr gehen etwa 1500 Unternehmen an die Börse und bieten ihre Unternehmensanteile in Form von Aktien an. Mit nur wenigen Klicks kannst du dein Geld in einen Mobilfunkanbieter in Afrika, ein Solarunternehmen in Australien oder eine Wasseraufbereitungsanlage in Südamerika investieren. Alles erfolgversprechende und renditestarke Möglichkeiten. Worin investieren wir aber? Am liebsten in das mittelständische Unternehmen aus der nächstgelegenen Großstadt, in dem Onkel Hans schon vor vierzig Jahren seine Ausbildung gemacht hat. So findet man in deutschen Aktiendepots zu etwa 60 Prozent nur deutsche Aktien. Dabei beläuft sich der deutsche Anteil an der weltweiten Marktkapitalisierung auf 2,4 Prozent.[77] *Home Bias* nennt man diese Ausprägung: die Tendenz, heimische Aktien zu kaufen und auf bessere Renditen zu verzichten.

Die Gründe dafür sind naheliegend: Wir kennen die Unternehmen und ihre Marken, haben einen emotionalen Bezug zu ihnen, da wir teilweise mit ihnen aufgewachsen sind und sie ständig in den Medien präsent sind. Geht es um die Stärke der deutschen Unternehmen, verfallen wir einer klassischen Form der Selbstüberschätzung und bewerten die hiesige Entwicklung positiver als die der Unternehmen im Ausland. So geht es natürlich nicht nur uns Deutschen, auf der ganzen Welt findet sich das Phänomen der investierenden Heimatliebe. Im Hinblick auf die Risikostreuung und Renditeerhöhung lohnt es sich jedoch, den Blick auch mal über den Tellerrand zu werfen und sich im Ausland nach interessanten Unternehmen umzuschauen.

Neben dem Home Bias ist auch der *Sektoren-Bias* ein weitverbreitetes Phänomen: Statt in unterschiedliche Branchen zu investieren, setzen manche Anleger am liebsten auf eine, die ihnen am nächsten ist. Trotz Dieselskandalen und Streit um Abgaswerte lieben die Deutschen zum Beispiel ihre Autos. Und so horten sie in ihrem Aktienportfolio zehnmal mehr Automobilaktien als der MSCI World Index.

Dasselbe Phänomen ist auch in den unterschiedlichen Berufssparten zu beobachten: Bänker kaufen Aktien aus dem Finanzsektor, und ITler kaufen Aktien aus dem Telekommunikationssektor. Problematisch wird es, wenn es aufgrund neuer Entwicklungen einer ganzen Branche schlecht geht oder sie komplett von einem neuen Sektor abgelöst wird. Ich frage mich ja immer wieder, wer eigentlich die Menschen sind, die noch Farbfilme oder brennbare CDs bei Rossmann oder dm kaufen. Ich habe nicht einmal mehr ein Gerät, in das ich eine CD oder DVD reinstecken könnte.

↗ 3. Phase: Halten oder Verkauf

Du hast dich entschieden: Nachdem du dich reichlich informiert und alle Emotionen abgestellt hast, hast du endlich eine Handvoll Aktien gekauft. Dabei hast du breit diversifiziert und branchenübergreifend sowohl im Inland als auch im Ausland investiert. Doch damit liegt die dunkle Welt der Psychofallen keineswegs hinter dir. Denn nun geht die Kursrallye los, und du erlebst zum ersten Mal das Auf und Ab der Börse und der Gefühle, die es mit sich bringt.

Mit Aktien ist es ähnlich wie mit Beziehungen: Wir bleiben länger in einer Beziehung, die uns eigentlich nicht guttut, und bei einem Partner oder einer Partnerin, von dem oder der wir uns längst auseinandergelebt haben. Und wenn die Beziehung der besten Freundin oder des besten Freundes nach nur wenigen Monaten scheitert, sind wir die Ersten, die es ja gleich gewusst haben. Dass wir noch kurze Zeit vorher ein euphorisches »Ihr passt so toll zusammen« gerufen haben, wissen wir nicht mehr.

Im ersten Fall handelt es sich um den *Besitztumseffekt*, auch *Endowment-Effekt* genannt: Wenn wir bereits etwas erworben haben und es nun unser Eigen nennen, schreiben wir diesem einen viel höheren Wert zu, als er objektiv hat. Wer schon mal versucht hat, etwas bei eBay zu versteigern, kennt das nur zu gut: Die drei Jahre alte Bluse, die einen Neuwert von 50 Euro hatte, ist doch jetzt mindestens noch 20 Euro wert. Und so stellt man sie bei eBay rein, hofft auf den gewünschten Betrag und wundert sich, dass trotz aufwendiger Bilder niemand mehr als 3 Euro für das alte Teil zahlen will. Wir verlangen für die Dinge, die wir besitzen, so hohe Preise, wie wir sie selbst nie zahlen würden. Leider ist dieses Verhalten auch an der Börse festzustellen: Selbst wenn es einer Aktie schlecht geht, ein Unternehmen nur noch rote Zahlen schreibt und der Kurs bergab geht, wollen wir es dennoch nicht wahrhaben und halten an der Aktie fest.

Unterstützt wird dieses Festhalten vom *Optimismus-Effekt*, durch den wir zu allem Übel zukünftige Marktentwicklungen eher positiv als negativ bewerten. »Gewinne laufen lassen und Verluste begrenzen«, lautet eine alte Börsenweisheit. Trotzdem werden Verliereraktien viel zu lange gehalten. Wer schon Verluste gemacht hat, glaubt mit seinem Überoptimismus auf eine Kehrtwende. Muss doch wieder werden, dass die Aktie die Kurve kriegt. – Tut sie aber manchmal nicht, und statt sie mit kleinen Verlusten zu verkaufen, hält man sie, bis es zu spät ist und man nur noch ein paar Kröten retten kann. Eine Untersuchung zur durchschnittlichen Haltedauer von Aktien ergab, dass Gewinneraktien im Durchschnitt 105 Tage im Portfolio verbleiben und Verliereraktien 124 Tage vor sich hin schmoren.[78]

Wer nicht in Fonds und ETFs investiert, sondern auf Einzelaktien setzt, muss sich noch intensiver mit seiner Verzerrung befassen. Während ein Index immer wieder Schwankungen durchlebt und Bären- und Bullenmarkt sich abwechseln, also Ab- und Aufschwünge, kann ein schlechter Aktienkurs auch einfach eine schlechte Unternehmensentwicklung spiegeln, die womöglich sogar zur Insolvenz des Unternehmens führt. So ist auch die *Verlust-Aversion* einer der häufigsten Gründe, warum Menschen ihre Aktien nicht verkaufen, obwohl sie schlecht laufen. Die Ordnungsberaterin und Aufräumexpertin Marie Kondo würde an dieser Stelle sagen: Wenn die Aktie dich nicht mehr glücklich macht, dann trenn dich von ihr.

In jeder Phase: Angst und Gier

Ich möchte dieses Kapitel nicht beenden, ohne noch einmal auf die zwei stärksten Gefühle aufmerksam zu machen, die es an der Börse gibt: Angst und Gier. Niemand gibt gern zu, gierig zu sein oder gar ängstlich. Aber auch diese Momente werden kommen. Ich kann dir noch so oft erzählen, dass es an der Börse Hochs und Tiefs gibt, dass dies ganz normal ist und dass sich der Markt wieder beruhigen und deine Aktien wieder steigen werden. Wenn du diesen Moment aber zum ersten Mal miterlebst und siehst, wie sich dein Vermögen verkleinert, überkommt dich spätestens jetzt ein unruhiges Gefühl. So weit, so normal. Wenn diese Unruhe dann in Angst umschlägt, wird es ernst. Betrifft es viele Menschen gleichzeitig, geht es auch schon mal um fundamentalere Veränderungen an der Börse.

Verluste werden übrigens in der gleichen Hirnregion verarbeitet wie Schmerzen oder bedrohliche Situationen. Die Natur hat uns für solche Momente mit exakt drei Alternativen ausgestattet, zwischen denen wir wählen können: kämpfen, fliehen oder gleich totstellen. Kämpfen würde in dem Fall bedeuten, wir glauben an unseren Sieg, nutzen die Gunst der Stunde und kaufen sogar Aktien nach, da der Preis gerade besonders günstig ist. Fliehen: Wir verkaufen die Aktien und versuchen damit, unseren Verlust nicht zu vergrößern. Denn besser mit einem blauen Auge davonkommen, als am Ende aufgefressen zu werden. Und totstellen bedeutet, dass wir in einer Angststarre verharren und versuchen, möglichst wenig zu tun, bis die Situation an uns vorübergezogen ist. Die meisten erfahrenen Aktionäre, die ich kenne, schwanken dann zwischen Kämpfen und Totstellen. Als es Ende 2018, Anfang 2019 an der Börse bergab ging, habe ich meine Kröten zusammengekratzt und Aktien nachgekauft. Diese Entscheidung will aber wohlüberlegt sein, und insbesondere in solchen Momenten gilt es, sich genauestens zu informieren, ob die jeweilige Aktie nur aufgrund einer allgemeinen Rezession einknickt oder weil es dem Unternehmen per se schlecht geht.

Eine ebenso starke Emotion wie Angst ist Gier. (Ja, ich weiß, du bist natürlich nicht gierig. Just wait and see ...) Jedenfalls: Neurowissenschaftler der Stanford University werteten 21 experimentelle Untersuchungen aus, die den neuronalen Wurzeln der Geldgier auf den Grund gingen.[79] Dabei stellten sie fest, dass in allen Versuchen die Probanden besonders stark auf einen erwarteten finanziellen Gewinn reagierten. Das Geld, das sie bereits besaßen, weckte nur eine schwache Gefühlsregung in ihnen. Die Aussicht auf einen noch so kleinen Geldsegen führte aber regelrecht zu einem neuronalen Feuerwerk im Inneren. Auch hier gilt also das alte Sprichwort »Vorfreude ist die schönste Freude«.

Vorfreude entsteht nicht nur beim Kleiderkauf oder beim Buchen einer schönen Reise, sondern ebenso beim Aktienkauf. Aber beim Aktienkauf braucht es eine kleine Portion Gier, damit man auch mal bereit ist, kleine, kalkulierte Risiken einzugehen. Als die VW-Aktie 2015 fiel, habe ich zugeschlagen. Es war mein erster Kauf einer Einzelaktie, und ich habe genau das gemacht, was viele Anfänger scheuen: eine Aktie gekauft, während sie fällt. Wenige Monate später habe ich sie wieder verkauft und einen ersten Gewinn von fast 50 Prozent gemacht! »Gier ist gut. Gier ist richtig«, sagt Gordon Gecko in *Wall Street*. Du wirst aber sehen: Es gibt auch eine gesunde Art von Gier, die dich anspornt und nicht gleich zu einem der größten Antihelden der Filmgeschichte macht. Am Ende geht es darum, dass du dir Wissen erworben, dein Geld fleißig gespart hast und Risiken eingegangen bist, um es erfolgreich zu investieren. Es ist okay, in solchen Momenten auch mal etwas gierig sein zu wollen und dich für all diese Schritte mit einer schönen Rendite zu belohnen.

ETFS:
AKTIEN FÜR FAULE

Als ich mich das erste Mal mit dem Thema Aktien auseinandergesetzt habe, war ich unglaublich motiviert, sofort loszulegen und meine ersten Aktien zu kaufen. Ich sah
mir die Top- und Flop-Aktien des Tages an, verglich die
Kurse der dreißig DAX-Unternehmen, nahm anschließend
die Aktienkennzahlen unter die Lupe und konnte mich einfach nicht entscheiden: Auf welche Aktie sollte ich denn
nun meine ersten Kröten setzen? Wie sollte ich anfangen?
Nach einigem Grübeln entschied ich mich erst einmal gegen
die Investition in eine Einzelaktie. Das kann man zwar zu
einem späteren Zeitpunkt tun, aber für den Anfang ist es
wichtig, sein Risiko breit zu streuen. Oder wie es in einer
alten Börsenweisheit formuliert wird: »Lege nie alle Eier in
einen Korb.«

Meine Oma hatte einst tatsächlich einen richtigen Hüh-
nerstall. In den Sommerferien, die ich oft bei ihr auf dem
Land verbracht habe, war es morgens meine Aufgabe, die
frischen Eier zu holen. Ich muss zugeben, dass alles, was
einen spitzen Schnabel hat, mit dem man gut in Kinder-
beine picken kann, mir noch nie geheuer war. Also bin ich
immer schnell rein, habe fix alle Eier, die ich gesehen habe,

eingesammelt und bin mit meinem Körbchen wieder raus aus dem gackernden und federfauchenden Häuschen und zurück zum Haus gerannt. Während einer dieser kleinen Mutproben bin ich anschließend euphorisch (weil ich es überlebt hatte!) und unvorsichtig über den Hof gehüpft, gestolpert, und die Eier flogen im hohen Bogen über meinen Kopf hinweg – platsch! Das war's dann mit den Frühstückseiern. Hätte ich nun alle Eier, so wie in der Börsenweisheit empfohlen, auf mehrere Körbe verteilt, hätten vielleicht ein paar Körbe inklusive Eiern den Sturz unbeschadet überstanden.

Für ein paar Frühstückseier ist das wahrscheinlich übertriebene Vorsicht, aber an der Börse kann es um richtig viel Geld gehen. Eine Investition in Aktien kann die besten Gewinne abwerfen, setzt du aber alles auf die falsche Karte, dann kann es passieren, dass du auch alles verlierst. In der Aktienwelt weiß man nie so genau, wann ein Sturz droht und welchen Korb es trifft. Deshalb ist es wichtig, dass du nicht nur Aktien von einem bestimmten Unternehmen oder aus einer bestimmten Branche hast. Denn würdest du deine Aktieninvestments nur auf Daimler, Audi, BMW & Co. streuen, die Menschen aber plötzlich keine Autos mehr kaufen, dann hast du ein Problem. Besser also in die Breite gehen und auch andere Branchen einbeziehen.

✎ Diversity is the key

»Lege nie alle Eier in einen Korb« klingt ja schön und nett, aber auch ein bisschen drollig. Doch der Gedanke dahinter wurde sogar mit dem Nobelpreis ausgezeichnet: Im Jahr 1952 entwickelte Harry Markowitz die bekannte Portfoliotheorie, in der er mit mathematischen Formeln, die kein Normalsterblicher versteht, berechnete, wie sich ein Portfolio zusammensetzen muss, damit es ein möglichst geringes Risiko trägt. Ja, 1952 ist schon lange her, aber der gute alte Harry landete damit einen Volltreffer, der noch heute gültig ist. Unterm Strich besagt seine Theorie, dass man seine Investitionen möglichst breit streuen sollte – über verschiedene Anlageklassen wie auch Branchen oder Unternehmen hinweg. Jede Anlageklasse reagiert anders auf Marktgegebenheiten. Der Klassiker ist, dass viele Anleger ihr Geld in weniger rentable, aber sicherere Finanzprodukte wie Gold oder Anleihen investieren, wenn es dem Aktienmarkt gerade schlecht geht und turbulente Zeiten durchzustehen sind. Andersherum kann es sich natürlich genauso verhalten: Sinkt beispielsweise der Ölpreis, können Aktien von Unternehmen, die vom Öl abhängig sind, steigen. Das betrifft dann zum Beispiel Fluglinien, die nun günstiger Kerosin einkaufen können und so eine größere Gewinnspanne haben. Es sei denn, Greta Thunberg wird zum Vorbild und jeder segelt ab sofort zwei Wochen lang über den Atlantik statt zu fliegen. Gerade in unseren Zeiten, wo angesichts einer immer rasanter werdenden Globalisierung kein Mensch mehr den Überblick über sämtliche Entwicklungen und wirtschaftliche Zusammenhänge behalten kann, ist eine möglichst große Diversifikation besonders wichtig.

Wie aber gestaltet sich nun die perfekte Zusammensetzung? Es gibt eine Theorie, die besagt, dass 60 Prozent aus Aktien, 25 Prozent aus Anleihen und 15 Prozent aus Rohstoffen bestehen sollten. Meiner Meinung nach ist dies vielleicht für einen alten, risikobewussten Mann, der einen Schritt von der Rente entfernt ist, attraktiv. Mich macht diese Formel nicht besonders an. Wir als junge Millennials können da ruhig etwas risikoreicher sein. Eine andere Faustregel besagt, dass man, wenn man von 100 sein Alter abzieht, den Prozentsatz erhält, der aus Aktien bestehen sollte. Wer also 30 Jahre alt ist, sollte in seinem Portfolio 70 Prozent des Vermögens in Aktien investieren. Auch das ist Blödsinn, if you ask me. Vielmehr hängt die Zusammensetzung deiner Vermögenswerte von deinen Zielen und deinem Anlagehorizont ab.

Die wenigsten Menschen, die in Aktien einsteigen, haben gleich einen fünfstelligen Betrag zur Verfügung, mit dem sie ihre Investments schön verteilen können. Daher sind ETFs eine hervorragende erste Investition, mit der man mühelos in unterschiedliche Unternehmen investieren kann. Die Abkürzung ETF steht für *Exchange-Traded Fund* und bezeichnet einen Investitionsfonds, einen sogenannten börsengehandelten Indexfonds. Ein Fonds (nicht zu verwechseln mit Fond, denn der gehört in die Suppe und nicht in deine Vermögensanlage) ist wie eine bunte Tüte verschiedener Aktien. So enthält ein DAX-ETF Anteile aller dreißig Unternehmen, die im DAX verzeichnet sind. Die Gewichtung der einzelnen Aktien im ETF ist so wie in dem Index, auf den sich der ETF bezieht. Auch wenn ich nur einen kleinen Teil aus diesem ETF kaufe, bekomme ich trotzdem immer alle dreißig Aktien – aber eben nur anteilig.

ETFs gibt es nicht nur auf den DAX, sondern auch auf den amerikanischen Dow Jones, den französischen CAC 40, den chinesischen Hang Seng und viele andere Länderindizes. Man kann auch nach speziellen Branchen wählen, wie Landwirtschaft, Technologie, Gesundheitswesen und vieles mehr. Wer beim Anlegen auch ein gutes Gewissen haben möchte, investiert in sogenannte Ethik- oder Ökofonds. Diese beinhalten je nach Schwerpunkt nur Unternehmen, die nachhaltig mit Ressourcen umgehen, und/oder solche, die festgelegte soziale und humanitäre Vorgaben erfüllen, oder auch solche, die zum Beispiel die Gleichstellung von Männern und Frauen im Visier haben. Wem die Rendite wichtiger ist als der ruhige Schlaf, der kann auch einen ETF wählen, der sich auf Waffen, Alkohol, Tabak, Glücksspiel und Pornos spezialisiert. Für jeden Geschmack ist etwas dabei. Dies ist einer der Gründe, warum sich ETFs zum Investorenliebling entwickelt haben. Bereits 5300 ETFs standen den Anlegern 2017 zur Auswahl, und es kommen jedes Jahr etwa 500 neue dazu.[80] 2017 belief sich das in ETFs investierte Geld auf sagenhafte 700 Milliarden Euro.[81] Es gibt aber neben der großen Vielfalt auch andere interessante Gründe, die das Investieren in ETFs besonders attraktiv machen.

Mit ETFs kann jeder Anleger und jede Anlegerin bereits mit wenig Geld ein diversifiziertes Portfolio aufbauen. (Dennoch ist es auch hier wichtig, darauf zu achten, dass man keine ETFs wählt, die ähnliche Titel beinhalten.) ETFs sind aber nicht bloß stark diversifiziert, sie weisen auch eine sehr gute Performance auf! Das gemeinnützige Verbraucherportal *finanztip.de* hat sich die Mühe gemacht, die durchschnittliche Jahresrendite des MSCI World Index seit 1975 zu berechnen. In diesem Index stecken aktuell über 1600 Aktien aus 23 Industrieländern. Das Ergebnis: Wer beliebige fünfzehn Jahre in den MSCI World investierte, erzielte im Schnitt satte 7,7 Prozent jährliche Rendite![82] Damit du eine bessere Vorstellung davon hast, wie viel das ist, möchte ich dir ein paar Rechenbeispiele zeigen.

1. Du hast einmalig 100 Euro investiert. Das Ergebnis nach fünfzehn Jahren: 304,25.

2. Du hast einmalig 10.000 Euro investiert. Das Ergebnis nach fünfzehn Jahren: 30.425,35 Euro.

3. Du hast fünfzehn Jahre lang monatlich 25 Euro in einen Sparplan eingezahlt. Das Ergebnis: 8289,84 Euro. Davon hast du über den gesamten Zeitraum selbst nur

4500 Euro eingezahlt. Die restlichen 3789,84 Euro sind allein durch den Zinseszinseffekt entstanden.

4. Du hast fünfzehn Jahre lang 100 Euro monatlich in einen Sparplan eingezahlt. Dann hast du insgesamt 18.000 Euro angelegt, bekommst aber am Ende 33.159,36 Euro ausgezahlt.

Du siehst: Unterschätze nie die Kraft des berühmt-berüchtigten und heiß geliebten Zinseszinseffekts! Wenn du rechtzeitig anfängst, kannst du dir auch mit einem kleinen Betrag von 25 Euro monatlich einen schönen, weichen finanziellen Puffer aufbauen.

 Beim Investieren ist nicht nur die Höhe des Geldbetrags entscheidend, sondern auch die Dauer.

Was ETFs von klassischen Aktienfonds unterscheidet

Während Aktienfonds immer das Ziel haben, den Index zu schlagen, das heißt besser zu performen als dieser, ist der bescheidene Grundgedanke von ETFs einfach nur der, einen Index nachzubilden. Somit werden klassische Aktienfonds von einem Fondsmanager oder einer Fondsmanagerin verwaltet, weshalb man sie auch als *aktive* Fonds bezeichnet. Der Fondsmanager oder die Fondsmanagerin hat die Fäden in der Hand und entscheidet, in welche Unternehmen zu welchem Anteil investiert wird. Das heißt, hier verschiebt sich der Inhalt des Fonds immer mal wieder, und der Erfolg hängt letztendlich vom Wissen und Können des Managers ab. Und wie wir bereits wissen, erzielen selbst Schimpansen eine bessere Rendite als so manch ein Profi. Bei einem ETF hingegen handelt es sich um einen *passiven* Fonds. Das Nachbilden des Index beziehungsweise des Kurses erledigt ein Computer, da es hier keine Entscheidungen zu fällen oder Strategien zu entwickeln gibt. Wenn du dich also für einen DAX-basierten ETF entscheidest, steigt der ETF-Kurs dann, wenn auch der DAX steigt. Ganz easy, oder?

Man muss jetzt kein Berufsberater der Arbeitsagentur sein, um zu wissen, dass ein Fondsmanager nicht gerade den schlechtesten Verdienst hat. Sechsstellige Jahreseinkommen plus fette Boni sind nicht ungewöhnlich. Und diese müssen natürlich auch bei aktiv gemanagten Aktienfonds irgendwie bezahlt werden. Mit bis zu 25 Prozent des Gewinns kann die besondere Leistung des Fondsmanagers in Form einer Performancegebühr eingezogen werden. Aber auch, wenn der Aktienfonds kaum Gewinne macht und ein schlechtes Jahr einfährt, werden Gebühren fällig: Bei bis zu 5 Prozent der Gesamtinvestition liegen die Verwaltungsgebühren bei Aktienfonds. Hinzu kommt ein Ausgabeaufschlag (auch Agio genannt), der einmalig anfällt und bis zu 6 Prozent der Investitionskosten beträgt. Das heißt, ohne auch nur einen Cent Gewinn zu machen, zahlt man schon mal bis zu 11 Prozent einzig und allein an Gebühren – und das schmälert deinen potenziellen Gewinn natürlich enorm.

Beim ETF gibt es niemanden, der ständig etwas berechnen, hin und her schieben muss und auf Boni oder Gehaltserhöhungen besteht. Das macht alles ein Computer. Der Ausgabeaufschlag entfällt sogar vollkommen. Die Verwaltungsgebühren bei ETFs liegen zwischen 0,05 und 1 Prozent jährlich. Darin enthalten sind die Betriebskosten, die Depotbankgebühren, die Lizenzgebühren und die Vertriebsgebühren. Wie man sieht, gibt es also auch beim ETF ein paar Kosten, die gedeckt werden müssen. Der Preis hierfür ist allerdings äußerst fair und überschaubar.

Halten wir also fest: Ein ETF hat gegenüber einem klassischen Aktienfonds zwei entscheidende Vorteile: Menschliche Fehler, die durch einen einzelnen Fondsmanager gemacht werden könnten, werden vermieden. Und die Gebühren, die der Investor oder die Investorin trägt, sind deutlich geringer, was unterm Strich bedeutet: Wir haben mehr vom Gewinn!

⤴ Sparpläne – the easy way

Wegen ihrer breiten Streuung in unterschiedliche Aktien und ihrer sehr geringen Verwaltungsgebühren fiel mein erstes Investment also auf einen ETF. Wenn du dich für einen ETF entscheidest, kannst du dein Geld einmalig investieren oder einen Sparplan eröffnen. Ich habe mich für letztere Variante entschieden. Beim ETF-Sparplan legst du eine bestimmte Summe fest, die du monatlich investieren möchtest. Bei vielen Anbietern geht das schon ab 25 oder 50 Euro monatlich. Das heißt, die Ausrede »Ich habe kein Geld für Aktien« zählt ab sofort nicht mehr. Denn auch wenn du noch studierst oder manchmal knapp bei Kasse bist, heißt die Devise: Eine Party, einen Kinobesuch oder ein Restaurantdiner weniger im Monat – und das gesparte Geld stattdessen in einen ETF investieren. Wer im Laufe des Monats auf fünf Biere oder drei Cocktails beim Ausgehen mit seinen Freunden verzichtet, kann sich stattdessen eine erste Altersvorsorge gönnen, die später das Zigfache wert sein kann.

Solltest du keine Schulden haben, die du zurückzahlen musst, kannst du dich auch an der beim Kassensturz vorgestellten 50/30/20-Regel orientieren und folgendermaßen vorgehen: 10 Prozent deines Einkommens zahlst du auf dein Tagesgeldkonto als Notfalldepot ein, und weitere 10 Prozent deines Einkommens investierst du in ETFs. So kannst du gleichzeitig dein finanzielles Polster aufbauen und von Anfang an in Aktien investieren. Die Frage ist dann nur noch: In welche ETFs willst du investieren?

↗ Physisch oder synthetisch – das ist hier die Frage

Bei dieser Frage geht es nicht um deine persönlichen Vorlieben beim Verstoßen gegen das Betäubungsmittelgesetz, sondern um die sogenannte Replikationsart des ETF. Ein DAX-ETF bildet den DAX nach – das beantwortet die Frage nach dem »Was«. Die Replikationsart beantwortet die Frage nach dem »Wie«. Dafür gibt es nun zwei Herangehensweisen: Die *physische* und die *synthetische* Replikation.

Ähnlich wie auch im Betäubungsmittelgesetz sind die pflanzlichen oder auch physischen ETFs anerkannter in der Gesellschaft, während die synthetischen ETFs genau wie Ecstasy als Teufelszeug gelten, von dem man besser die Finger lässt. Beim physisch replizierten ETF werden die einzelnen Aktien tatsächlich so, wie sie auch im Index enthalten sind, gewichtet und gekauft. Im Falle des DAX kann dies relativ leicht erfolgen, da hier gerade einmal dreißig Titel verzeichnet sind und der ETF-Anbieter diese Titel entsprechend ihrer Gewichtung einkaufen kann. In diesem Fall spricht man auch von einer *Vollreplikation*. Bei einem großen Index wie dem MSCI All Country World Index, der fast 2800 Titel aus 23 Industrieländern und 24 Schwellenländern enthält, also noch mal mehr als der MSCI World

Index, ist diese Vollreplikation schon viel schwieriger und vor allem teurer. Und das würde sich natürlich wieder negativ auf die Gebühren und somit den Gewinn auswirken. In solchen Fällen wird auf das Sampling, die *Teilreplikation*, zurückgegriffen. Hier werden dann nur ausgewählte Titel gekauft, die zu den wichtigsten gehören und den Index am besten repräsentieren. Während die Vollreplikation eine relativ genaue Abbildung des Index ist, ist die Sampling-Methode eben nur ein Annäherungsversuch. Man macht dies, um die Transaktions- und Verwaltungskosten für den ETF gering zu halten. Denn schließlich ist dies einer der größten Vorteile eines ETFs gegenüber einem klassischen Aktienfonds. Der Nachteil dabei liegt natürlich auf der Hand: Viele kleine, vielleicht auch interessante Titel aus dem Index sind dann nicht mehr enthalten, und es gibt eine Abweichung zwischen Index-Kurs und ETF-Kurs. Da aber natürlich auch hier trotzdem alles präzise berechnet und gemessen wird, gibt es für diese Abweichung auch eine Kennzahl, die täglich ermittelt wird. Man bezeichnet sie als Tracking Error, und der ist ein Qualitätsfaktor für den ETF: Je niedriger der Tracking Error, desto besser und genauer die Nachbildung des Index im ETF.

Man kann sich jetzt schon vorstellen, was es mit den synthetischen ETFs auf sich hat. Richtig: Die Replikation erfolgt nicht nur per Kauf, sondern auch künstlich. Dazu geht der ETF-Anbieter einen Deal mit einer Bank ein, ein sogenanntes Swap-Geschäft. Wörtlich übersetzt bedeutet Swap »Austausch« und steht für die Vereinbarung der beiden Parteien, in Zukunft Zahlungen auszutauschen. Der ETF-Anbieter hat ein Basisportfolio an Werten, die physisch erworben wurden. Darüber hinaus lagern dort allerdings nicht die gleichen Papiere, wie sie im Index enthalten sind. Es kann sogar passieren, dass in einem rein deutschen ETF, der den DAX nachbildet, auch chinesische oder japanische Aktien vorhanden sind. Während die Bank nun die Wertpapiere entsprechend dem Index nachkauft, bezieht sie gleichzeitig Erträge aus dem ETF. Obwohl per Gesetz maximal nur 10 Prozent des ETFs aus Swap-Geschäften bestehen dürfen, kritisieren viele Anleger und Verbraucherschützer ein solches Vorgehen. Für die Swap-Geschäfte werden meist Derivate genutzt, die bei vielen als Wettgeschäfte auf die Zukunft geächtet sind. Der Kerngedanke eines ETFs ist hier somit nicht mehr gegeben.

Zudem besteht für den Anleger ein zusätzliches Risiko: Geht die Partnerbank pleite, ist das Geld aus den Swap-Geschäften nicht abgesichert, und du verlierst im Insolvenzfall gegebenenfalls einen Teil deines Geldes. Das nennt man Kontrahentenrisiko. Da auch der ETF-Anbieter solch ein Szenario verhindern möchte, werden vom Swap-Partner Sicherheiten hinterlegt, die im Ernstfall eingesetzt werden. Letztendlich muss der Anleger dem Emittenten (so nennt sich der Herausgeber des ETFs) vertrauen, da er nie zu hundert Prozent nachvollziehen kann, ob alles mit rechten Dingen zugeht.

Synthetische ETFs haben trotz mancher berechtigter Kritik auch Vorteile: Die Wertentwicklung eines Index lässt sich effizienter nachbilden, da nicht stets alle relevanten Wertpapiere gehandelt werden müssen. Somit sind die Kosten für synthetische ETFs oft niedriger als für physische. Daneben gibt es auch Werte, die gar nicht physisch repliziert werden können. Das betrifft zum Beispiel Rohstoffe wie Erdöl und Gold, Wertpapiere aus bestimmten Schwellenländern oder auch ETFs auf einen Währungskorb. Ja, genau: Du kannst mit ETFs nicht nur in Aktien und somit in Unternehmen investieren, sondern auch in Anleihen, Rohstoffe, Immobilien und Währungen!

Kurs- oder Performance-Index – das ist eine weitere Frage

Beim *Kursindex* wird ausschließlich die Kursänderung berücksichtigt: Wenn ein Index fällt, fällt auch der ETF-Kurs. Steigt der Index, so steigt auch der ETF-Kurs. Wie wir allerdings schon wissen, gibt es bei Aktien auch immer mal wieder Dividendenauszahlungen, die nicht zu vernachlässigen sind. Bei einem Kursindex wird die Dividende an dich als Anleger ausgeschüttet und landet in deinem Aktiendepot. Daher wird diese Form des ETFs ganz einfach als *ausschüttend* bezeichnet. Schön für dich, oft aber nicht schön für den Kurs. Im Normalfall fällt der Kurs nach der Dividendenzahlung erst einmal, weil dem Unternehmen durch die Ausschüttung Geld entzogen wird, sie also an Wert einbüßt.

Beim *Performance-Index* werden die Dividenden nicht ausgezahlt, sondern wieder reinvestiert (den ETF nennt man dann auch *thesaurierend*). Dadurch bleibt der Wert des ETFs stabil oder steigt. Die Reinvestition wirkt sich auch im Hinblick auf den Zinseszinseffekt positiv aus. Wer also auf lange Sicht in einen ETF investieren möchte, wählt einen Performance-Index, der durch die Reinvestition einen besseren Kursverlauf nimmt. Wer sich ab und an über eine kleine Dividendenausschüttung freuen oder damit sogar eine passive Einkommensquelle generieren möchte, wählt einen Kursindex.

⚡ Was ETF-Sparpläne mit Smoothies zu tun haben

Wenn man sich auf die Suche nach einem sparplanfähigen ETF macht und Vergleichsseiten wie *justetf.com* aufruft, stellt man fest, dass im Gegensatz zu Aktienportalen hier nur selten der einzelne Wert des ETFs dargestellt wird. Wieso das denn? Da du bei einem ETF die Summe frei auswählst, die du investieren möchtest, kommt es hier auf andere Aspekte wie die Ausschüttungsart, die Replikationsart oder den Tracking Error, an. Doch wie genau funktioniert nun so ein Sparplan? Am besten lässt sich das anhand eines köstlichen Smoothies erklären.

Stell dir vor, der ETF ist eine große 1-Liter-Flasche leckerer Frucht-Smoothie. Darin befinden sich Bananen, Beeren oder Chiasamen, die für die jeweiligen Unternehmen beziehungsweise Aktien stehen, die im ETF enthalten sind. Der Inhalt ist so gut vermischt, dass überall in der Flasche die gleichen Anteile der unterschiedlichen Zutaten zu finden sind. Die ganze Flasche kostet gerade 100 Euro – es ist eben ein besonderer Smoothie. Wenn du dich nun entschließt, jeden Monat 25 Euro in den Smoothie zu investieren, bekommst du in diesem Monat genau ein Viertel der Flasche, also 250 Milliliter. Das ist der Anteil im ersten Monat deines ETF-Sparplans.

Jetzt sind aber im Folgemonat die Kurse gestiegen, dein Gefäß hat zwar noch dasselbe Fassungsvermögen, und alle Aktienanteile sind gleich geblieben, aber der Smoothie ist teurer geworden. Für deine 25 Euro bekommst du diesmal nur 150 Milliliter dazu. Du bekommst zwar weniger, aber du darfst nicht vergessen, dass du ja auch bereits Anteile hast, deren Wert natürlich auch gestiegen ist. Wenn nun im dritten Monat die Kurse fallen, wirst du für die 25 Euro wieder mehr Smoothie beziehungsweise mehr Aktien bekommen.

Natürlich gibt es wie an der Börse auch in einem ETF immer Gewinner und Verlierer. Mal sind die Bananen im Smoothie mehr wert und der Wert der Beeren sinkt, und manchmal ist es andersrum. Über die lange Dauer eines Sparplans gesehen (Anlagehorizont) fallen einzelne Wertschwankungen aber nicht sonderlich ins Gewicht, und du kannst schon mit wenig Geld in Aktien investieren und dein Geld auf verschiedene Unternehmen streuen, deren Einzelaktien du dir vielleicht nicht leisten könntest oder bei denen du unsicher bist, ob sie rentabel sind. Steht eine Aktie mal schlecht da, weil das betreffende Unternehmen aktuell mit einem Skandal fertigwerden muss, gibt es immer eine andere Aktie, die den Wert des Portfolios stabil hält und den Kursverlust abbremst. Dies bezeichnet man auch als Cost-Average-Effekt oder Durchschnittskosteneffekt: Du nimmst die ganzen Kursschwankungen mit und kaufst immer zu einem Durchschnittspreis. Fallen die Kurse, kannst du dich freuen, weil du mehr Saft kaufen kannst – steigen die Kurse, kannst du dich ebenfalls freuen, weil dein Vermögen steigt. Easy as that! Natürlich trifft das nicht auf Ausnahmesituationen wie Börsencrashs zu – aber auch hier haben wir gelernt, dass Crashs und Krisen alle paar Jahre vorkommen und meist nur gutes Sitzfleisch erfordern.

ETFs – Deutsch, Deutsch – ETFs

Du bist informiert, du bist motiviert und willst dein Geld in die Hand nehmen, um es zu investieren. Doch dann verstehst du plötzlich nur noch Bahnhof. Soll es vielleicht der *UBS ETF (LU) Barclays MSCI US Liquid Corporates Sustain-*

able UCITS ETF (hedged to EUR) A-acc sein? Oder vielleicht doch etwas Gängiges wie der *Xtrackers MSCI World Index UCITS ETF 1C*? Ja, so heißen ETFs. Sie sind die Ausgeburt und nächste Stufe von vermeintlich individuellen Dreifachnamen. Wären sie Kinder, würden sie Julienne-Alyshia-Fabienne, Noel-Killian-Maurice oder Joyce-Leaticia-Dilara heißen – zum Glück sind Dreifachnamen in Deutschland verboten. Doch anders als bei diesen ach so niedlichen Namen verstecken sich hinter den ETF-Namen wichtige Infos. Sie beinhalten folgende vier Hauptbestandteile:

1. Hauptanbieter,

2. Index-Name,

3. Regulatorische/rechtliche Hinweise,

4. Spezifische ETF-Merkmale und Zusätze.

Manchmal weichen ETF-Namen auch von dieser Reihenfolge ab, oder einzelne Bausteine fallen weg. Schauen wir uns doch mal den *Xtrackers MSCI World Index UCITS ETF 1C* etwas genauer an.

1. *Xtrackers*: Anbieter ist Xtrackers, eine der größten Fondsgesellschaften, die zur Deutschen Bank gehört. Der weltweit größte ETF-Anbieter ist übrigens iShares und gehört zu – Surprise! – BlackRock, dem größten und mächtigsten Vermögensverwalter des Universums.

2. *MSCI World Index*: Dies ist der Index, der im ETF repliziert werden soll, und das ist meiner Meinung nach die grundlegendste Info, die du brauchst. Der MSCI World Index ist auch der absolute Liebling, was Einsteiger-

ETFs betrifft. Einfacher und gleichzeitig rentabler kann man sein Portfolio mit einem Kauf kaum diversifizieren.

3. *UCITS*: Die Abkürzung wirst du am häufigsten finden. Sie steht für »Undertakings for Collective Investments in Transferable Securities«, oder auf Deutsch OGAW: »Organismus für gemeinsame Anlage in Wertpapiere«. Dieses Kürzel bedeutet, dass der betreffende ETF auf einer EU-Richtlinie basiert, die unter anderem besagt, dass der Anbieter seinen Anlegern und Anlegerinnen ausführliche und vereinfachte Verkaufsprospekte vorlegen muss.

4. *ETF 1C*: Der vierte Teil bezieht sich auf die Spezifika des ETFs und ist in seiner Varianz etwa so umfassend wie die Zutatenliste mit E-Nummern bei einer Maggie-Fertigsuppe. *C* und *Acc* stehen zum Beispiel für thesaurierende (= accumulating) ETFs, bei denen die Dividende wieder reinvestiert wird. *D*, *Dis* und *Dist* für ausschüttende (= distributing) ETFs, bei denen die Dividende an die Anteilseigner ausgezahlt wird. Darüber hinaus gibt es *DR* für Direct Replication, eine volle physische Replikation, *Hedged* für währungsgesicherte ETFs oder *ex* für Regionen oder Branchen, die von dem Index ausgeschlossen sind. Du musst diese ganzen Abkürzungen nicht auswendig lernen. Wichtig ist, dass du dir immer das Factsheet zum ETF anschaust und dort alle Informationen checkst, die du brauchst. Welche das sind, findest du in der Checklist am Ende des Kapitels, a.k.a. »Spickzettel«.

Easy green!

Natürlich gibt es auch bei ETFs nachhaltige Produkte. Der MSCI World SRI-Index entfernt zum Beispiel Unternehmen, die in den Bereichen Alkohol, Tabak, Rüstung, zivile Feuerwaffen, Pornografie, Glücksspiel oder genetisch modifizierte Organismen tätig sind. Mehr über das Investieren in nachhaltige ETFs findet du auf *fortunalista.de*

Checklist: So wählst du den passenden ETF

1. Investitionsart

a) Einmaliges Direktinvestment: Sollte mindestens 500 Euro betragen, damit die Ordergebühren nicht zu viel Volumen ausmachen, und man muss den passenden Zeitpunkt abwarten.

b) Sparplan: Der Zeitpunkt ist egal (Cost-Average-Effekt), und Investitionen sind ab 25 Euro monatlich möglich. Achte auf kostenlose ETF-Order oder auf möglichst günstige.

2. Index

Gerade wenn du am Anfang nur in einen ETF investierst, sollte er einen möglichst großen, diversifizierten und sicheren Index nachbilden. Denk dabei an die Eier im Korb. Der MSCI World mit über 1600 Unternehmen aus 23 Ländern ist hier nach wie vor die Nummer 1 bei Anlegern. Wenn du dich für einen nachhaltigen ETF entscheidest, solltest du auch hierbei darauf achten, dass es kein Branchen-ETF ist, in dem sich zum Beispiel nur nachhaltige Energieanbieter befinden. Denn geht es der Branche mal schlecht, geht es auch deinem Geld schlecht, auch wenn es innerhalb der Branche gestreut ist.

3. Replikationsmethode
a) Physische Replikation
b) Sampling (Teilreplikation)
c) Synthetische Replikation (auf niedrigen Tracking Error achten)

4. Fondsvolumen
Mindestens 100 Millionen Euro sollten sich im Fonds befinden. So kann der Anbieter die Kosten gut verteilen und die Wirtschaftlichkeit des ETFs garantieren. Ansonsten droht die Gefahr, dass der Anbieter den Fonds einstellt und liquidiert.

5. Ertragsaufwendung
a) Thesaurierend: Die Dividende wird wieder reinvestiert – das ist gut, wenn du auf lange Sicht sparen und investieren möchtest.
b) Ausschüttend: Die Dividende wird dir ausgezahlt – das ist gut, wenn du dir ein passives Einkommen aufbauen möchtest.

6. Währung
Nur wichtig bei Währungen außerhalb des Euro-Raums: In welcher Währung wird der ETF angeboten, und ist die Währung gesichert?

7. Kosten
a) Depotkosten: Was kostet das Aktiendepot?
b) Transaktionskosten: Wie hoch sind die Ordergebühren für Kauf und Verkauf des ETFs oder seiner Anteile?

c) Verwaltungskosten: Wie hoch sind die Kosten für den ETF? Diese Information findest du unter TER (= Total Expense Ratio).

d) Haltungskosten: TCO (= Total Cost of Ownership), die auch Handelsgebühren oder Steuern berücksichtigen.

e) Renditenunterschied: Während der Tracking Error die inhaltliche Differenz widerspiegelt, zeigt der TD (= Tracking-Differenz) den Renditeunterschied bei synthetisch replizierten ETFs.

Sobald du dich für einen passenden ETFs entschieden und deinen Sparplan angelegt hast, überweist du die entsprechende Summe per Dauerauftrag einfach von deinem Girokonto auf dein Aktiendepot. Der Rest erfolgt automatisch. Kleiner Tipp am Rande: Die meisten richten ihren ETF-Sparplan zum Monatsanfang ein, was einen höheren Preis verursachen kann, da die Nachfrage nach dem entsprechenden ETF nun steigt. Handle also antizyklisch und wähle als Stichtag lieber ein Datum zwischen dem 15. und 25. des Monats.

ANLEIHEN –
SICHERHEIT FRISST RENDITE

Staaten oder Unternehmen brauchen immer wieder Geld, um neue Investitionen zu tätigen, etwa für den Straßenbau oder die Digitalisierung einer Fabrik. Dabei haben sie keinen Bankberater, zu dem sie im besten Anzug oder Kostüm gehen und Klinken putzen müssen, sondern können das ganz entspannt über Anleihen regeln. Anleihen werden auch Bonds, Pfandbriefe, Obligationen oder auch, um es ganz verwirrend zu machen, Renten genannt. Sie haben jedoch nichts mit der Rente zu tun, auf die wir alle hoffen, aber vermutlich kaum etwas davon sehen werden, sondern sind ganz einfach Schuldverschreibungen. 2017 wurden aus dem deutschen Bundeshaushalt 17,5 Milliarden Euro für Zins tilgungen bestehender Schulden ausgegeben. Diese werden von Steuergeldern bezahlt. Nun kannst du es dir aussuchen: Zahlst du einfach brav deine Steuern, damit sie in Form von Zinsen an die Inhaber von Anleihen ausgegeben werden können, oder mischst du mit und kassierst auch einen Teil der Zinszahlungen?

Wenn du nun eine Anleihe kaufst, dann wirst du zum Gläubiger, ähnlich wie wenn du einem in Not geratenen Freund Geld leihst. Der Herausgeber der Anleihe (auch

Emittent) ist der Schuldner. Dafür, dass du das Geld leihst, erhältst du regelmäßig Zinszahlungen, die in diesem Fall allerdings Kupons heißen. Wäre ja auch alles viel zu einfach, wenn man die Dinge beim Namen nennen würde. Anders als beim Geldverleihen an deinen Freund hast du bei der Anleihe aber eine Urkunde in der Hand, die dir das Forderungsrecht einräumt. Ähnlich wie beim Bankkredit gibt es auch hier eine festgelegte Laufzeit. Als Gläubiger hast du folgende Rechte:

1. Recht auf Verzinsung in Höhe des Kupons
   = Du bekommst Zinsen.

2. Recht auf Rückzahlung des Nennwerts
   = Du bekommst dein Geld zurück.

3. Vorrangige Rückzahlung gegenüber Aktionären im Konkursfall
   = Du bekommst dein Geld vielleicht auch zurück, wenn der Schuldner pleitegeht.

Wie du siehst, sind Anleihen eine recht sichere Geldanlage und werden insbesondere von Menschen bevorzugt, denen Sicherheit wichtig ist. Du erhältst dein Geld zurück und bekommst regelmäßig Zinszahlungen. Sofern niemand pleitegeht. Da wir als potenzielle Anleihekäufer natürlich nicht wissen können, wie sicher es ist, dass der Schuldner nicht pleitegeht, kommen die berühmt-berüchtigten Ratings von Ratingagenturen ins Spiel. Besonders seit der Finanzkrise sind die Agenturen Moody's, Standard & Poor's und Fitch über Insiderkreise hinaus bekannt geworden. Ihre Aufgabe ist es, zum Beispiel die Bonität eines Landes festzustellen – je besser die Bonität, desto besser das Rating und desto geringer das Risiko einer Zahlungsunfähigkeit. Bewertet wird das Land dann im besten Fall mit einem AAA-Rating und im schlechtesten Fall mit einem C-Rating. Deutschland gilt als sehr sicher und wird von allen drei Agenturen mit einem Triple A bewertet, was deutsche Staatsanleihen besonders beliebt macht – so sicher wie das Amen in der Kirche. Griechenland schwankt zwischen einem B+ (S & P), einem B3 (Moody's) und einem BB– (Fitch).[83] Wie du siehst, gibt es also zahlreiche Zwischenstufen, und nicht immer sind sich alle Agenturen einig darüber, wie gut die Bonität eines Landes nun tatsächlich ist. So oder so: Wenn diese Ratings veröffentlicht werden, sorgen sie eigentlich immer für Schlagzeilen.

Im August 2018 stuften Standard & Poor's sowie Moody's die Türkei um jeweils eine Stufe herunter. Mit einem B+ stand die Türkei hinsichtlich ihrer Bonität nun auf einer Stufe mit Ländern wie Honduras, Kenia oder Bahrain, und die Staatsanleihen der Türkei galten fortan als ziemlich spekulative Ramschware. Präsident Erdogan tobte und sah sich sogleich inmitten einer wirtschaftlichen Verschwörung. Denn was passiert, wenn die Ratingagenturen die Staaten herunterstufen? Zum einen bringen diese ihre Anleihen nicht mehr so einfach an die Leute, und zum anderen steigen die Zinsen, die der Staat den Anteilseignern zahlen muss. Denn wenn du als Anleger schon ein höheres Risiko eingehst und einem schlecht gerateten Staat dein Geld anvertraust, dann mochtest du doch zumindest entsprechend attraktive Zinsen dafür haben, sonst entscheidest du dich eben anders. Für Anleihen aus einem besser bewerteten Land. Für die Regierung eines Landes ist es also sehr wichtig, dass sie ein gutes Rating erhält, da es sonst in mehrfacher Hinsicht teuer für sie werden kann. Vor diesem Hintergrund versteht man natürlich, warum sich Staatsoberhäupter wie Erdogan meist massivst gegen eine Herabstufung wehren.

↗ Unterschiedliche Arten mit Vor- und Nachteilen

Hier sind die drei gängigsten Arten von Anleihen. Das Hauptunterscheidungsmerkmal ist jeweils der Emittent. *Staatsanleihen* werden von einem Staat ausgegeben. Damit ist jedoch nicht nur die Bundesrepublik gemeint, sondern auch Bundesländer, Städte und Gemeinden. In Deutschland unterscheidet man dabei zwischen Bundesanleihen mit einer Laufzeit von bis zu dreißig Jahren, Bundesobligationen mit einer Laufzeit von etwa fünf Jahren, Bundesschatzanweisungen mit zwei Jahren Laufzeit sowie Bundesschatzbriefen und Finanzierungsschätzen. Daneben gibt es auch noch die Eurobonds, das sind Staatsanleihen von Ländern in der EU (Vorteil: kein Währungsrisiko), Staatsanleihen außerhalb der EU und die Emerging Market Bonds aus den Schwellenländern. Letztere sind nur etwas für risikofreudigere Anleger.

Pfandbriefe werden von Kreditinstituten herausgegeben. Die Forderungen sind mit Hypothekenforderungen abgedeckt. Das bedeutet, dass hier eine sehr hohe Sicherheit vorliegt, weil der Emittent die Deckungsmasse anhand von Grundstücken oder ähnlichen Werten abdeckt. Die Kredite, die in Pfandbriefe einfließen, dürfen nur der Finanzierung von Grundstücken und Häusern dienen.

Unternehmensanleihen oder Corporate Bonds bieten oft interessante Zinsen. Unternehmen nutzen Anleihen als Alternative zum Bankenkredit, um an Geld zu kommen. Wenn Unternehmen insbesondere in Zeiten niedriger Kreditzinsen diese Form der Finanzierung wählen, ist jedoch Obacht geboten! Denn es bedeutet, dass die eine oder andere Bank nicht mehr bereit war, dem Unternehmen Geld zu attraktiveren Zinsen zu leihen. Man sollte sich also genau anschauen, wem man sein Geld anvertraut.

⚲ Vorteile von Anleihen

Anleihen sind nichts, worauf man sich ausschließlich spezialisieren sollte. Sie ergeben meiner Meinung nach eher Sinn, wenn du deinem Vermögensportfolio noch ein paar sichere Anteile beimischen möchtest. Nicht umsonst heißt es: »Wer gut essen will, kauft Aktien. Wer gut schlafen will, kauft Anleihen.« Anleihen bringen kontinuierliche Zinserträge, ihr Wert kann während der Laufzeit wachsen, und das Ganze erfolgt relativ risikoarm.

In der Regel entwickeln sich Aktien vollkommen anders als Anleihen. Wenn es an der Börse turbulent zugeht, investieren viele Menschen ihr Geld lieber sicher in Anleihen. Steigen hingegen die Aktienkurse, werden Anleihen aufgrund ihrer geringen Erträge uninteressant, und die Menschen investieren lieber vermehrt in Aktien. Anleihen lohnen sich daher als Stabilisator des Vermögens, weil sie dein Investitionsrisiko insgesamt senken können.

Ende 2018 konnte man auch genau dies beobachten: Der DAX nahm seine Talfahrt auf und verlor innerhalb eines Jahres satte 18 Prozent. (Warum dich das als zukünftige Anlegerin oder zukünftigen Anleger nicht beunruhigen sollte, haben wir ja bereits gesehen: Anlagehorizont.) Aus Angst vor einer Rezession (davon spricht man, wenn die Wirtschaft eines Landes in zwei aufeinanderfolgenden Quartalen stagniert oder schrumpft), einem Handelskrieg zwischen den USA und China und den Folgen des Brexits wurde mehr Geld in die sicheren Anleihen investiert. Leider war 2018 aber auch für Anleihen kein besonders gutes Jahr: Während US-Staatsanleihen mit zehnjähriger Laufzeit immerhin noch etwa 2,75 Prozent Rendite einbrachten, lagen Bundesanleihen bei etwa 0,23 Prozent. Nichts, was mich persönlich zu Freudensprüngen verleitet. Wodurch wir auch schon zu den Nachteilen von Anleihen kommen.

⚡ Nachteile von Anleihen

Wenn man die aktuelle Inflationsrate den Zinserträgen von Anleihen gegenüberstellt, sieht man, dass wir unser Geld mit Anleihen nicht großartig vermehren – im Zweifel verliert unser Geld real sogar an Wert. Mit Anleihen werden wir also nicht reich, da unsere Renditechancen auf die Zinsen und die Kursgewinne während der Laufzeit begrenzt sind. So kann es auch zu Kursverlusten während der Laufzeit kommen, was zur Folge hat, dass wir die Anleihen auch nicht vor Ende der Laufzeit verkaufen können, ohne Geld zu verlieren. Nur wer die gesamte Laufzeit durchhält, erhält am Ende sein eingezahltes Geld zurück – vorausgesetzt, der Emittent ist in der Zwischenzeit nicht pleitegegangen. Um dieses Risiko zu vermindern, sollte man auf jeden Fall die entsprechenden Ratings berücksichtigen!

⚡ Wie und wo du Anleihen kaufen kannst

Anleihen kannst du wie auch Aktien an der Börse über dein Online-Depot kaufen. Dazu benötigst du die sechsstellige Wertpapierkennnummer der Anleihe. Bei internationalem Handel benötigst du die ISIN. Letztendlich ist es nichts anderes als die IBAN und SWIFT eines Bankkontos, mit der man dann ein Papier genau zuordnen kann.

Easy green!

Anleihen gibt es auch in Grün: Der Markt für die sogenannten Green Bonds boomt. Hierbei soll das eingenommene Geld ausschließlich in klimafreundliche Projekte fließen. Neben Staats- und Unternehmensanleihen bieten auch öffentliche Träger wie die KfW Bankengruppe grüne Anleihen an. Wer sich nicht nur für ökologische, sondern auch für ethische Anleihen interessiert, investiert in Nachhaltigkeitsanleihen.

Checklist: So wählst du Anleihen aus

1. Nominalwert

Dies ist die Höhe des Geldbetrags, um den es hier geht, also quasi das Geld, das du an den Emittenten verleihst. Viele Anleihen liegen für Privatanleger bei 1000 Euro. Manche allerdings auch bei 50.000 Euro oder sogar 100.000 Euro. Ab diesem Betrag macht selbst eine geringe Verzinsung von 2 Prozent immerhin 2000 Euro Gewinn pro Jahr aus – vor Steuern.

2. Laufzeit

Wie lange möchtest du dein Geld dem Emittenten leihen? Während Unternehmensanleihen eher eine kurze Laufzeit haben, sind bei Staatsanleihen Laufzeiten von zehn, zwanzig oder sogar dreißig Jahren möglich. Grundsätzlich gilt: Je kürzer die Laufzeit, desto geringer das Risiko. Denn schließlich weiß niemand, wie sich die Bonität eines Unternehmens oder eines Landes tatsächlich entwickelt.

3. Kupon

Das ist die Höhe der Zinszahlungen, die du regelmäßig vom Emittenten erhältst. Die Höhe der Zinsen wird im Voraus festgelegt. Dabei gilt: Je besser das Rating und somit je geringer das Ausfallrisiko, desto niedriger die Zinsen.

4. Kurswert

Eine Anleihe hat ähnlich wie eine Aktie auch einen Börsenkurs. Dieser wird aber nicht in Euro, sondern in Prozent angegeben und zeigt, ob der Börsenkurs dem Nennwert entspricht oder darunter- beziehungsweise darüberliegt. Auch hierfür haben sich Finanzexperten wohlklingendere Namen ausgedacht: Gleicher Kurs heißt »zu pari«, niedrigerer Kurs »unter pari« und höherer Kurs »über pari«. Voilà! Der Kurswert wird übrigens dann interessant, wenn man die Anleihe noch während der Laufzeit verkaufen möchte.

5. Währung

Achte unbedingt auch auf die Währung, in der die Anleihe ausgegeben wird. Wenn du dich für eine risikoreichere Anleihe aus einem Land mit schwacher Währung entscheidest, besteht ein großes Währungsrisiko. Verliert die Währung an Wert, dann geht es auch mit deiner Anleihe bergab.

6. Liquidität

Zu guter Letzt lohnt sich noch ein Blick auf die Anzahl der Anleihen, die ausgegeben werden. Willst du deine Anleihen innerhalb der Laufzeit verkaufen, brauchst du Abnehmer. Je mehr Anleihen im Umlauf sind, desto einfacher findest du einen Abnehmer und wirst die Anleihe wieder los.

KAFFEE, GOLD UND ÖL – INVESTIEREN IN ROHSTOFFE

Im Jahr 2050 sollen zehn Milliarden Menschen auf diesem kleinen Planeten leben. Es wird also etwas eng werden für uns alle – und es wird knapp. Insbesondere was die natürlichen Ressourcen der Erde betrifft und die Ernährung der Menschen, wird es langsam Zeit, umzudenken und nach Lösungen zu suchen. Denn immer mehr Menschen brauchen immer mehr Nahrung. Auf der anderen Seite gibt es immer mehr Spekulanten, die großes Geld wittern – mit Rohstoffen. Während Gold zu den natürlichen Ressourcen gehört, ohne die die Menschheit klarkommen würde, und Erdöl hoffentlich bald an Bedeutung verliert, bilden Weizen, Mais und Reis die Grundlage der Welternährung. Und Kaffee – zwar nicht offiziell, aber es ist mein Buch, und deswegen gehört hier auch Kaffee rein.

In diesem Kapitel möchte ich dir zeigen, warum manche Menschen in Rohstoffe investieren, wie auch du dein Portfolio damit ausstatten kannst – und von welchen Rohstoffen du die Finger lassen solltest, wenn du nicht in der bösen Spekulantenhölle schmoren möchtest.

⟋ Es ist nicht alles Gold, was glänzt

2017 wurde eine wertvolle Fracht aus den USA nach Deutschland geholt: 300 Tonnen Gold überquerten bestens bewacht den Atlantik, um wieder in die heimischen Tresore zu wandern. Weitere 374 Tonnen des Edelmetalls wurden aus Paris nach Frankfurt transportiert. Kosten der beiden Reisen: 7,7 Millionen Euro.[84] Nach der Finanzkrise dachten ein paar Politiker, dass sie sich dadurch bei der Bevölkerung beliebt machen und Vertrauen gewinnen würden, wenn sie den laut *Bild*-Zeitung »wertvollsten Schatz, den wir Deutsche besitzen« in die hiesigen Keller holen. Gesagt, getan. Deutschland hat nach den USA die größten Goldreserven der Welt. Aber was macht das Metall so kostbar, dass ein Land bereit ist, es für solch eine stolze Summe um die halbe Welt zu transportieren, nur um es in einem dunklen Keller unter Frankfurts Oberfläche zu verstauen? Schließlich hat es ähnlich wie Geld keinen intrinsischen Wert: Ich kann es nicht essen – auch wenn manche Restaurants ihren Gästen geschmacksneutrales und geschmackloses Blattgold als Dessertgarnitur servieren, damit sich die Kundschaft noch luxuriöser fühlt. Ich kann damit kein Feuer machen oder mich darin kleiden. Und selbst wenn ich es könnte, wäre es einfach unverhältnismäßig teuer: Eine Unze Gold, die etwa 31 Gramm entspricht, kostet stolze 1255,89 Euro (Stand: 13. Juli 2019). Betrachtet nach Gewicht sprechen wir hier von etwa zwei Riegeln einer Milka-Schokolade.

Gold ist jedoch ein absolutes Raumwunder. Als im beschaulichen Schellenberg in Bayern der 2,6 Quadratmeter große Kirchturm vergoldet werden sollte, wurden dafür gerade einmal 0,5 Gramm Gold verwendet! Würde man die 190.000 Tonnen Gold, die die Menschheit bisher geschürft hat, in einen Würfel gießen, hätte der eine Kantenlänge von gerade einmal 21 Metern. Jedes Jahr kommen 3200 Tonnen hinzu. Und genau das macht den Reiz von Gold aus: Es ist unglaublich selten, wahnsinnig ergiebig und gilt als krisensicher. Der Preis von Gold wird einzig und allein von der Nachfrage bestimmt. Schaut man in Richtung der arabischen Länder, edler Restaurants und des nicht enden wollenden Hypes um Goldschmuck, wird schnell klar, dass die Nachfrage gegeben ist. Seit 2016 hält sich der Preis relativ konstant. Im Laufe des Jahres 2019 konnte Gold sogar einen Zuwachs von etwa 30 Prozent verzeichnen! Wer sein Geld nach der Finanzkrise in Gold steckte, konnte es in nur vier Jahren sogar verdoppeln. Und genau für solche Fälle ist Gold geeignet: Da es nicht an andere Werte wie Aktien, Anleihen oder Immobilien gebunden ist, kann es das Portfolio stabilisieren, wenn andere Werte gerade Achterbahn fahren. Auch in den letzten fünf Jahren ist der Goldpreis zwar gestiegen – er ist aber immer wieder auch großen Schwankungen ausgesetzt. Wer Lust auf Gold hat, kann ein paar Prozent seines Vermögens darin investieren.

Dabei solltest du aber bitte zwielichtige Hauptbahnhofsboutiquen meiden, die mit dem An- und Verkauf von Gold werben – ebenso ist eBay keine seriöse Anlaufstelle für Goldgeschäfte. Auch sind Münzen oder aufwendig verarbeitete Sondereditionen nicht unbedingt ihr Geld wert. Hier zahlst du für die Verarbeitung zusätzlich drauf. Dabei möchte sich doch eigentlich niemand eine kitschige Münze mit dem Abbild eines alten Mannes oder eines langweiligen Gebäudes ins Regal stellen. Zudem hast du hier einen großen Spread beim Kauf- und Verkaufspreis. Mein Rat lautet daher: Setz lieber auf Unzen, die in der Regel einen Feingoldgehalt von 99,99 Prozent haben. Eine gute Anlaufstelle für den physischen Goldkauf ist zum Beispiel Degussa. Nicht vergessen: Anschließend die Unze zu Hause oder im Tresor der Hausbank gut verstauen!

Einfacher ist der Goldkauf mit ETC. Das steht für *Exchange Traded Commodities* und bedeutet »börsengehandelte Rohstoffe«. Man sollte ETCs allerdings nicht mit ETFs verwechseln. Denn wenn du einen Gold-ETC kaufst, hast du tatsächlich und ganz real auch einen Anspruch auf den physischen Anteil an Gold. Du kannst also einen ETC ganz bequem über dein Aktiendepot kaufen und dir dann irgendwann das Gold zuschicken lassen. Natürlich ist dies dann wiederum mit Kosten verbunden. Der Nachteil von Gold-ETC ist, dass es zum Sondervermögen gehört und du nicht geschützt bist, falls der Herausgeber pleitegeht. Und auch steuerlich ergeben sich Nachteile gegenüber dem physischen Kauf: Auf ETCs zahlst du eine Abgeltungssteuer, beim physischen Gold entfällt diese vollkommen, sofern du das Gold länger als ein Jahr hältst. Andernfalls erhebt der Staat sogar eine Spekulationssteuer.

Gold ist krisensicher und wird vermutlich nie wertlos werden.

Füge maximal 5 bis 10 Prozent zu deinem Portfolio hinzu.

Eine physisch gekaufte Feinunze Gold ist sicherer als ein ETC und nach einem Jahr vollkommen steuerfrei handelbar.

Schwarzes Gold

Was haben Saudi-Arabien, Russland und die USA gemeinsam? Nicht nur sind ihre jeweiligen Staatsmänner richtig dicke Homies, sie sind die drei größten Ölförderstaaten der Welt. Mit jeweils 12 bis 13 Prozent Anteil am weltweiten Ölmarkt geben sie vor, wo's langgeht beim schwarzen Gold. Der Ölpreis wird dabei von vielen Faktoren bestimmt: Dazu gehören die vorhandenen Ölvorräte, die Weltkonjunktur, aktuelle Wechselkurse, das jeweilige Zinsniveau, die gegenseitigen Preisabsicherungen von Unternehmen und Staaten, die internationale Geopolitik und eben auch persönliche Beziehungen. Wichtigster Punkt ist aber wohl die natürliche Verknappung – Erdöl ist begrenzt. Ob wir nun Peak Oil (das globale Fördermaximum) überschritten haben oder noch nicht, und auch wenn erneuerbare Energien auf dem Vormarsch sind und immer wichtiger werden, bleibt Öl trotzdem der Hauptantriebsmotor unserer Wirtschaft.

Früher wurde das schwarze Gold aus der Erde gepumpt und in Fässern transportiert. Jedes Fass entsprach dabei 159 Litern. Daher wird auch heute als Maßeinheit für den Ölpreis die Bezeichnung und Maßeinheit Barrel verwendet. Angegeben wird der Preis pro Barrel immer in US-Dollar. Für uns als Anleger aus Deutschland oder der Eurozone heißt das, dass wir auch immer den Dollarkurs im Auge behalten müssen. Steigt der Ölpreis, machen wir Gewinn – steigt aber ebenso der Dollarpreis prozentual ähnlich, hebt sich der Gewinn für uns wieder auf.

Es gibt viele Möglichkeiten, in Erdöl zu investieren. Die einfachste Methode ist es, Aktien von Ölgesellschaften (zum Beispiel ExxonMobil, Chevron, BP oder Shell) zu kaufen. Hierbei profitierst du nur indirekt vom Ölpreis, bist aber flexibel und kannst die Aktie jederzeit kaufen und verkaufen. Oder du investierst in einen ETF oder ETC. Beide kannst du an der Börse kaufen. Während dein Vermögen in einem ETF im Insolvenzfall des Anbieters aufgrund der automatischen Diversifikation geschützt ist, besteht beim ETC das sogenannte Emittentenrisiko.

Wegen der hohen Volatilität solltest du nur einen geringen Prozentsatz deines Vermögens in Öl stecken, wenn du dein Portfolio breit diversifizieren möchtest. Reich wie einst Rockefeller wirst du damit schon lange nicht mehr.

Der Ölpreis ist auch immer an den Dollarpreis gekoppelt.

Aufgrund seiner hohen Volatilität solltest du – wenn überhaupt – nur im unteren einstelligen Prozentsatz in Öl investieren.

Wer auf nachhaltige und ökologische Investments setzt, lässt die Finger vom Öl.

Investieren in Kaffee & Co.

Die bereits erwähnte Spekulantenhölle ist vornehmlich für Investoren bestimmt, die in Nahrungsmittel investieren. Trotzdem sind Investitionen in die Landwirtschaft sehr beliebt, und der Markt boomt. Ja gut, heutzutage stirbt zwar immer noch alle zehn Sekunden ein Kind an den Folgen von Hunger, und 800 Millionen Menschen weltweit haben nicht genug zu essen,[85] aber das eine hat doch wohl nichts mit dem anderen zu tun – oder? Das Thema ist ein absolutes Streitthema, und so wie es Menschen gibt, die behaupten, der Klimawandel sei eine Erfindung der Chinesen, gibt es auch Menschen, die behaupten, Spekulationsgeschäfte mit Agrarrohstoffen trieben die Preise nicht in Höhen, die sie für Bedürftige oft unbezahlbar machen.

Den traditionellen Handel an der Börse gibt es schon seit Hunderten von Jahren. Relativ neu hingegen ist, dass man sowohl auf fallende als auch auf steigende Preise setzen kann. Oder anders gesagt: Man wettet auf Lebensmittelpreise. Seitdem bestimmen starke Kursschwankungen und

Preisblasen den Markt. Deutschlands sympathischste Bank bewarb ihren DB Platinum Agriculture Euro Fonds, der die sieben wichtigsten Agrarrohstoffe beinhaltet, gar mit dem sensiblen Spruch: »Freuen Sie sich auch auf steigende Preise?« Die Deutsche Bank – man muss sie einfach lieben. Aber wie funktioniert das Geschäft dahinter? Und warum verdient der Anleger an steigenden Preisen?

Fondsmanager kaufen Nahrungsmittel, wie zum Beispiel Weizen, nicht real, sondern mit einem Terminkontrakt. Das bedeutet: Der Landwirt, der nicht weiß, wie seine Ernte im Folgejahr ausfallen wird, möchte sich und seine Existenz finanziell absichern. Dazu geht er einen Deal mit einem Fondsmanager ein. In einem Vertrag wird festgelegt, dass der Landwirt zu einem bestimmten Zeitpunkt eine festgesetzte Menge des Weizens zum festgelegten Preis liefern muss. Was soll allerdings der Fondsmanager mit x Tonnen Weizen anstellen? Gar nichts – er verkauft sie einfach kurz vor dem Liefertermin weiter an jemanden, der sie wirklich braucht, wie eben an einen Müller für seine Mühle. Wenn die Preise für Weizen in der Zwischenzeit gestiegen sind, streicht der Fonds Gewinne ein. Das funktioniert natürlich nicht nur mit Weizen, sondern auch mit Kaffee, Sojabohnen, Zucker, Kakaobohnen, Rindern, Milch, Orangensaft, Mais oder Reis. Und da viele Banken dieses Geschäft im großen Stil betreiben, werden die Preise künstlich in die Höhe getrieben, weswegen NGOs wie Oxfam oder die Welthungerhilfe diese Praxis für Hungerkrisen verantwortlich machen. Laut Oxfam ist der Anteil der reinen Spekulation am Weizenhandel seit Mitte der Neunzigerjahre von 12 auf 70 Prozent gestiegen.[86] Andererseits könnte man auch argumentieren, dass der Landwirt durch diesen Vertrag abgesichert ist, falls die Ernte schlecht für ihn ausfällt.

Es gibt Studien, die belegen, dass die Banken für den Preisanstieg der Grundnahrungsmittel verantwortlich sind, und es gibt Studien, die belegen das Gegenteil. Einen wissenschaftlichen Konsens gibt es hier also nicht. Meine persönliche Meinung dazu ist aber, dass es zahlreiche andere Möglichkeiten gibt, sein Geld rentabel anzulegen. Und: Mit Essen spielt man nicht. Am Ende des Tages muss natürlich jede oder jeder selbst wissen, wie sie oder er nachts besser schlafen kann.

Ob Spekulationen mit Lebensmitteln schuld an Hungerkrisen sind, ist bis heute wissenschaftlich nicht bewiesen.

Wenn du dennoch mit Nahrungsmitteln spekulieren möchtest, solltest du dir vorher gut überlegen, ob du dich auf einen Handel mit dem Teufel einlassen möchtest.

NEUE INVESTITIONS-MÖGLICHKEITEN

Wenn du mit deinen ersten Investments anfängst, wird sich irgendwann herauskristallisieren, welcher Typ von Anleger oder Anlegerin du wirklich bist. Vielleicht bist du der passive Anlegertyp, der auf ETF-Sparpläne setzt, sie einmalig anlegt, sich zurücklehnt und alles Weitere einfach laufen lässt. Oder du entdeckst deine Leidenschaft für Aktien, widmest dich jeden Abend intensiv der Fundamentalanalyse exotischer Unternehmen und überlegst jeden Tag, wie du deine Anlagenstrategie optimieren kannst.

Es ist eine spannende Reise, auf die du dich begibst, und dank dieser wunderbaren Erfindung namens Internet gibt es auch immer vielfältigere Möglichkeiten, dein Geld anzulegen. Aktien, Anleihen, ETFs, Rohstoffe oder Gold sind die etabliertesten, bekanntesten und beliebtesten. Daneben sind aber in den letzten Jahren noch viele weitere Produkte auf den Markt gekommen, deren Renditen sich sehen lassen können und die eine interessante Möglichkeit sind, die Zusammensetzung deines Portfolios ein wenig bunter zu gestalten. Auf den nächsten Seiten werde ich dir einen Überblick über vier dieser Produktgruppen geben. Sollte eine davon dein Interesse besonders stark wecken, dann gilt auch hier wie bei allen anderen Finanzprodukten: Erst informieren und verstehen, bevor du dein Geld irgendwo reinsteckst. Hier bekommst du lediglich eine erste Orientierungshilfe!

↗ P2P-Kredite

Normalerweise werden Kredite durch Banken vergeben – nicht so bei P2P-Krediten. Hier erfolgt die Leihgabe von Mensch zu Mensch, oder auch »peer to peer«. Auf P2P-Plattformen treffen sich Menschen, die Kredite brauchen, mit solchen, die ihr Geld investieren wollen. Der Kreditnehmer gibt an, wofür er den Kredit braucht: Das kann die Finanzierung der eigenen Selbstständigkeit sein, die Renovierung eines alten Kindergartens oder auch einfach der Maledivenurlaub. Du als Kreditgeber kannst dir nun aussuchen, welches Projekt du unterstützen möchtest, wobei du deinen Anlagebetrag auch auf verschiedene Projekte streuen kannst. Hier funktioniert jede Plattform etwas anders. P2P-Plattformen sind zum Beispiel Auxmoney (Deutschland), Mintos, Twino (beide Lettland), Bondora oder EstateGuru (beide Estland).

Die Mindestanlage je Kredit beträgt zwischen 1 und 10 Euro (außer bei EstateGuru, hier sind es aktuell 50 Euro). Manche Anbieter haben auch ein Bonitätssystem und checken ihre Kunden vorher durch – manche wiederum nicht. Außerdem nehmen sie rechtliche Schritte vor, wenn Zahlungen ausbleiben. Manche Plattformen bieten dir auch eine Rückkaufgarantie an, bei der du im Falle eines Zahlungsverzugs dein Geld von der Plattform zurückerstattet bekommst. Läuft alles nach Plan, erhältst du nach Abschluss des Darlehens dein Geld monatlich und nach einem festgelegten Tilgungsplan zurück – natürlich inklusive Zinsen.

Ganz ohne Banken funktioniert dieses Konzept am Ende dann aber doch nicht. In Deutschland dürfen ausschließlich lizenzierte Banken solche Privatkredite vermitteln und sind somit die Vertragspartner beider Seiten. P2P-Plattformen stellen letztlich also nur den ersten Kontakt her. Da sich die durchschnittlichen Renditen, die du mit P2P-Krediten erzielen kannst, um die 5 bis 12 Prozent bewegen, werden sie für Investoren immer beliebter. Wichtig ist, dass du dich vorher intensiv mit dem Betreiber der Plattform auseinandersetzt und gründlich recherchierst. Für weitere Informationen empfehle ich dir das Buch *Investieren in P2P-Privatkredite* von Kolja Barghoorn und Lars Wrobbel.

Easy green!

Unter den P2P-Krediten gibt es natürlich auch ökologische und soziale Projekte, die du mit deinem Geld finanzieren kannst. Eine andere Möglichkeit sind sogenannte Mikrokredite. Diese richten sich an Existenzgründer und Kleinunternehmer aus Schwellenländern und liegen bei maximal 1000 Euro. In den ärmeren Regionen Afrikas oder Asiens können manchmal auch schon 100 Euro reichen, damit aus einem Bauer ein Unternehmer wird.

Crowdinvesting

Mit Crowdinvesting kann heutzutage jeder zu einer Art Business Angel werden. Business Angels sind Menschen, die in junge Start-ups investieren und sie mit Kontakten und Know-how unterstützen. Also so ähnlich wie die Löwen in der *Höhle der Löwen* im Fernsehen. Egal ob Himmel oder Höhle – diese Investitionsform war bisher nur steinreichen Menschen vorbehalten. In der Regel investieren Business Angels gleich in mehrere Unternehmen, deren Idee und Businessplan sie überzeugt, und erhalten im Gegenzug eine Gewinnbeteiligung. Hier und da werden dann ein paar Hunderttausende oder Millionen Euro verteilt, und am Ende hofft der Engel darauf, dass eines der Unternehmen das nächste Amazon oder Tesla wird und er seinen Einsatz exponentiell vermehrt hat. Mit Crowdinvesting kannst auch du mit kleineren Beiträgen in erfolgversprechende Unternehmen investieren.

Der Unterschied zwischen Crowdinvesting und Crowdfunding ist, dass du bei Ersterem Geld investierst, wovon du dir Gewinne erhoffst, und bei Letzterem dein Geld für ein bestimmtes Projekt spendest. Also genau hinschauen, dass du nicht aus Versehen einem europäischen Studenten einfach nur seinen nächsten Bali-Trip finanzierst – denn auch das ist beim Crowdfunding möglich. Der Mechanismus bei Crowdinvesting-Projekten funktioniert folgendermaßen: Über Crowdinvesting-Portale oder eigene Projekt-Websites werden die Idee und das Unternehmen vorgestellt. Außerdem erfährst du etwas über das benötigte sowie das bereits gesammelte Kapital und bekommst ein paar Zahlen zur bisherigen Entwicklung. Um dir das Investment schmackhaft zu machen, präsentieren dir machen Anbieter noch das Entwicklungspotenzial und mögliche Renditen. Anschließend kannst du die Summe wählen, die du investieren möchtest. In letzter Zeit sind auch Crowdinvesting-Projekte, mit denen Immobilien finanziert werden, immer beliebter.

Egal, für welche Form des Crowdinvesting du dich entscheidest – das Thema kann zwar lukrativ sein, ist aber mit großer Vorsicht zu genießen. So gibt es keine ständige Aufsicht, Bilanzkontrolle oder Einlagensicherung, sprich: Das Geld kann auch einfach weg sein.

# REITs

Sogenannte *Real Estate Investment Trusts* – oder kurz REITs – sind ebenfalls eine relativ neue Möglichkeit des Investments. Dabei geht es rein um Immobilien und Grundstücke, die von börsennotierten Unternehmen (die ebenfalls REIT genannt werden) erschlossen, finanziert, verwaltet oder bewirtschaftet werden. Mit REITs können sich Anleger, für die ganze Immobilien unerschwinglich sind, mit einem Bruchteil der Kosten am sogenannten Betongold beteiligen. REITs geben ihre Erträge aus den Immobilien in Form von Dividenden an ihre Aktionäre weiter.

Sicherheit bietet dir als Investor, dass REITs strengen Richtlinien unterliegen, die sie erfüllen müssen, um sich als solche zu qualifizieren. Dazu gehört, dass sie einen Großteil ihrer Einnahmen vollständig an die Anleger ausschütten müssen. Je nach Land variiert die Zahl zwischen 80 und 95 Prozent. Dies muss eine klassische Aktiengesellschaft beispielsweise nicht tun. Außerdem müssen mindestens 75 Prozent ihrer Investitionen in Immobilien oder Grundstücken liegen und genau so viel Prozent aus ebensolchen erwirtschaftet werden.

Falls du in Zeiten von Wohnraummangel und Gentrifizierung Bedenken hast, in REITs zu investieren, gibt es zumindest für Deutschland Entwarnung: Deutsche REITs dürfen nämlich nicht in Wohnobjekte investieren, was bedeutet, dass dein Geld nicht dazu verwendet wird, Luxuswohnungen zu bauen und die normalsterbliche Bevölkerung an den Stadtrand zu verdrängen. Stattdessen investieren sie in Bereiche wie Einkaufszentren, Bürogebäude, Hotels oder Krankenhäuser. Also Gebäude, in denen die wenigsten Privatanleger überhaupt investieren könnten.

REITs können aufgrund ihrer sehr guten Gesamtrendite lukrativ sein. Allerdings bergen sie auch Gefahren: Wenn die Zinsen wieder steigen oder die Immobilienblase platzt, kann es auch für REITs brenzlig werden. Du kannst REITs genauso wie Aktien einfach an der Börse über deinen Online-Broker kaufen. Natürlich gilt auch hier: Erst gründlich informieren, bevor du etwas kaufst. Weitere Infos findest du zum Beispiel in dem Buch *Geldanlage in REITs* von Luis Pazos.

⤴ Kryptowährungen

Des einen Freud, des andern Leid: Es gibt Menschen, die sind mit Kryptowährungen Millionäre geworden, und es gibt solche, die damit ihre gesamten Ersparnisse verloren haben. Ich mag neue Entwicklungen und bin damals auch in Kryptowährungen eingestiegen. Allerdings habe ich meine Risiken kalkuliert. Ich habe mir zunächst überlegt, welchen Betrag ich investieren möchte. Dann habe ich mir überlegt, wie lange ich brauchen würde, um genau diese Summe wieder einzusparen, falls ich mein ganzes Geld verlieren würde. Ich hätte etwa anderthalb Jahre gebraucht, laut meiner Rechnung. Ich wog die Chancen gegen die Risiken ab und investierte. Am 4. Juli 2017 kaufte ich für 2300 Euro einen ganzen Bitcoin. Den Rest verteilte ich auf unterschiedliche andere Währungen wie Ethereum, Monero, Ripple, IOTA und NEO. Möglich, dass all diese Namen wie Figuren aus *Harry Potter* klingen, trotzdem war ich vor allem fasziniert von der Technik und den neuen Möglichkeiten. Die Kurse für Kryptowährungen stiegen seitdem immer stärker an. Im Dezember 2017 lag ich in Vietnam am Strand und beobachtete aus der Ferne, wie sich mein Geld nahezu verzehnfacht hatte. Ende Januar 2018 erlebten Kryptowährungen ihren Höhepunkt – und ab da ging es steil bergab. Am Ende ging es für mich recht glimpflich aus. Ich war rechtzeitig eingestiegen und nach über einem Jahr mit vielen euphorischen Hochs und tieftraurigen Tiefs zog ich meinen Einsatz wieder raus. Einen Teil des Geldes habe ich investiert gelassen und warte nun ab, was damit passiert. Um Kryptowährungen zu verstehen, reicht es nicht, ihnen ein paar Seiten in diesem Buch zu widmen. Dafür gibt es mittlerweile viele gute Bücher, die es dir ausführlich und besser erklären können.

Kryptowährungen kannst du an sogenannten Exchanges online handeln. Dabei durchläufst du bei allen seriösen Anbietern ein ähnliches Anmeldeverfahren wie bei einer klassischen Bank. Du kaufst also nicht vollkommen anonym Bitcoins & Co. Und auch wenn man immer wieder liest, dass Exchanges gehackt werden, sind die Sicherheitsvorkehrungen teilweise wesentlich durchdachter als die deiner Bank. Wenn du nun Bitcoins oder andere Coins (Altcoins) kaufst, dann wird diese Transaktion in der Blockchain gespeichert – für immer und ewig. Sie ist nicht mehr veränderbar und kann gelöscht werden, da es keine zentrale Ablagestelle gibt, sondern alles dezentral über viele Rechner funktioniert. Genau das ist der ideelle Grundgedanke von Kryptowährungen: Sie existieren nicht auf einem einzigen Server, kontrolliert von einer Bank, sondern jeder kann sich die Blockchain auf seinen Computer runterladen und beobachten, was dort vor sich geht. Jede Transaktion ist eindeutig nachvollziehbar, bleibt aber anonym.

Entstanden ist der Bitcoin als Antwort eines mysteriösen Satoshi Nakamoto auf die Finanzkrise: Raffgierige Bänker hatten mit Geld gezockt, es in den Sand gesetzt, und nun musste die ganze Welt dafür büßen. Satoshi hatte keine Lust mehr darauf, dass unser Finanzsystem von einigen wenigen Auserwählten kontrolliert und als Spielwiese für Zockereien und Manipulationen genutzt wurde. Mit dem Bitcoin erschuf er ein System, das für alle da sein sollte – obwohl bis heute niemand so genau weiß, wer sich hinter Satoshi verbirgt.

Wer der Meinung ist, dass Kryptowährungen aufgrund ihres anonymen Charakters nur genutzt werden, um illegale Waffendeals abzuschließen und Drogen zu kaufen, dem sei gesagt: Das wird mit herkömmlichem Geld genauso getan, ob in bar oder elektronisch. Nicht das System ist schuld, sondern die Menschen, die es für ihre individuellen Zwecke nutzen.

Um den Bitcoin herum ist mittlerweile eine große Branche entstanden. Unternehmen werden gegründet, und mit dem Verkauf von Coins können sich Investoren an diesen Unternehmen beteiligen. Natürlich ist die erste Blase geplatzt, und natürlich gibt es schwarze Schafe, die nur Geld absahnen und sich damit aus dem Staub machen möchten – so einen Ausstiegsbetrug nennt man übrigens Exit Scam. Die Gründer von Savedroid haben sich 2018 einen irrwitzigen PR-Gag erlaubt, als sie vorgaben, genau dies getan zu haben. Am nächsten Tag stellte sich heraus, dass alles nur Show war, bloß fand die infantile Aktion bis auf die Gründer niemand wirklich lustig.

Es bleibt auf jeden Fall spannend zu sehen, wie sich Kryptowährungen in den kommenden Jahren entwickeln werden. Werden sie vollends von der Bildfläche verschwinden, oder sind sie ein weiterer Beweis dafür, dass jeder technische Fortschritt von einer Spekulationsblase begleitet wird?

UND JETZT?

Jetzt kennst du nicht nur die verschiedenen Investitionsarten. Du weißt, was zu tun ist, um dein Geld nachhaltig zu verwalten, es vor unachtsamen Handlungen zu schützen, dich selbst abzusichern und dir eine schöne Zukunft zu ermöglichen.

Wofür auch immer du deine Finanzen nutzen möchtest: Ob für die zukünftigen Prosecco-Nachmittage mit deinen Freundinnen, nicht mehr endendes Insel-Hopping auf den Malediven oder auch schlicht für deine Altersvorsorge – du hast in der Hand, was du mit deinem Geld machst. Trau dir zu, dass du es kannst – auch ohne eine Eins in Mathe und reiche Eltern im Rücken. Die passende Geldanlage zu finden ist nicht schwieriger, als die passende Foundation zu finden, das perfekte Auto oder die wirklich individuelle Reise an einen menschenleeren Strand. Es erfordert ein wenig Wissen, etwas Recherche – und dann den Mut es zu tun.

Falls du Unterstützung darin brauchst, die Theorie in die Praxis umzusetzen, findest du unter *fortunalista.de* E-Learning-Kurse, die dir dabei helfen, deine Altersvorsorge Schritt für Schritt aufzubauen. Außerdem findest du hier auch aktuelle Beiträge und Informationen, die dir den Start erleichtern.

So oder so – es ist alles total easy mobisi!

DANKE

Ich danke meinen Eltern und meiner Schwester, die mich immer in allem unterstützen und mir alles ermöglicht haben. Danke auch an meinen Freund, der immer da ist und mich in allem ermutigt – egal, wie verrückt die Idee ist. Danke auch an meine Freunde, die jeden Erfolg und jede Enttäuschung unermüdlich mit mir feiern. Und natürlich auch ein großes Dankeschön an meine treuen Leserinnen und Leser.

ANMERKUNGEN

1 Siehe: http://www.faz.net/aktuell/wirtschaft/netzwirtschaft/naina-debatte-wie-ein-tweet-eine-bildungsdebatte-ausloesen-konnte-13372015.html (zuletzt aufgerufen am 6. 2. 2019).

2 Robert Kiyosaki, *Rich dad, poor dad*, München 2007, S. 21.

3 Signium international, Zukunftsinstitut GmbH – Internationale Gesellschaft für Zukunfts- und Trendberatung, 2013. https://www.zukunftsinstitut.de/fileadmin/user_upload/Publikationen/Auftragsstudien/studie_generation_y_signium.pdf (zuletzt aufgerufen am 3. Juli 2019).

4 Siehe: http://www.zukunftsentwicklungen.de/gesellschaft.html (zuletzt aufgerufen am 03. 07. 2019).

5 Siehe: https://www.wiwo.de/politik/deutschland/rentenpaket-so-viel-mehr-geld-bekommen-rentner-ab-2019/23593988.html (zuletzt aufgerufen am 6. 2. 2019).

6 Erobique, siehe: https://www.youtube.com/watch?v=l4yVnd4WvZw (zuletzt aufgerufen am 6. 2. 2019).

7 Dominik Geppert, *Die Ära Adenauer*, Darmstadt 2007, S. 132.

8 https://www.destatis.de/DE/Presse/Pressemitteilungen/2019/06/PD19_242_12411.html (zuletzt aufgerufen am 03. 07. 2019).

9 Georg Döller, Jana Schulze, *WISO Altersvorsorge*, Frankfurt/New York 2013, S. 12.

10 Siehe: https://www.bundeshaushalt.de/#/2018/soll/ausgaben/einzelplan/110263681.html (zuletzt aufgerufen am 03. 07. 2019).

11 https://australiancentre.com.au/wp-content/uploads/2018/10/ MMGPI-Report-2018.pdf (zuletzt aufgerufen am 03.07.2019)

12 Siehe: https://www.deutsche-rentenversicherung.de/cae/servlet/ contentblob/238692/publicationFile/61815/01_rv_in_zahlen_2013. pdf, Seite 27 (zuletzt aufgerufen am 10.07.2019).

13 Siehe: https://www.deutsche-rentenversicherung.de/Allgemein/de/ Inhalt/Allgemeines/FAQ/Rente/_Prozent20rentenniveau/renten niveau.html (zuletzt aufgerufen am 10.07.2019).

14 Siehe: https://www.deutsche-rentenversicherung.de/cae/servlet/ contentblob/238692/publicationFile/61815/01_rv_in_zahlen_2013. pdf, S. 35 (zuletzt aufgerufen am 10.07.2019).

15 Siehe: http://www.sueddeutsche.de/wirtschaft/altersvorsorge-wenn-die-betriebsrente-wackelt-1.3967295 (zuletzt aufgerufen am 6.2.2019).

16 Siehe: https://www.faz.net/aktuell/wirtschaft/wirtschaftspolitik/ steuerzahler-traegt-ein-drittel-der-gesetzlichen-rente-15060061. html (zuletzt aufgerufen am 6.2.2019).

17 Horst Gischer, »Was ist Geld?«, in: Susanne Peters (Hrsg.), *Geld. Interdisziplinäre Sichtweisen*, Wiesbaden 2017, S. 23.

18 Friedrich Weik, *Der größte Raubzug der Geschichte*, Marburg 2012, S. 20.

19 Siehe: https://www.tagesspiegel.de/weltspiegel/sonntag/inflation-1923-ein-ei-fuer-32000000000-mark/9083660.html (zuletzt aufgerufen am 7.2.2019).

20 Hanno Beck, *Geld denkt nicht*, München 2012, S. 133.

21 »Pro-Kopf-Geldvermögen in ausgewählten Ländern weltweit im Jahr 2017 (in Euro)«, online unter: https://de.statista.com/statistik/ daten/studie/164626/umfrage/geldvermoegen-pro-kopf-2009/ (zuletzt aufgerufen am 7.2.2019).

22 »Durchschnittlicher Bruttomonatsverdienst von Vollzeitbeschäftigten in den Ländern der Europäischen Union (EU) im Jahr 2014«, online unter: https://de.statista.com/statistik/daten/studie/183571/ umfrage/bruttomonatsverdienst-in-der-eu/ (zuletzt aufgerufen am 7.2.2019).

23 Siehe: https://www.destatis.de/DE/ZahlenFakten/Gesamtwirt schaftUmwelt/Preise/Verbraucherpreisindizes/Methoden/verbrau cherpreisindex.html (zuletzt aufgerufen am 7.2.2019).

24 Siehe: https://www.presseportal.de/pm/71699/3527713 (zuletzt aufgerufen am 7.2.2019).

25 Siehe: http://www.spiegel.de/spiegel/spiegelgeschichte/d-66214348. html (zuletzt aufgerufen am 7. 2. 2019).

26 Siehe: https://www.welt.de/wirtschaft/article156376890/So-reich-ist-die-katholische-Kirche-wirklich.html (zuletzt aufgerufen am 8. 2. 2019).

27 Siehe: http://www.sueddeutsche.de/bayern/kirchenvermoegen-das-kreuz-mit-dem-geld-1.1750682–2 (zuletzt aufgerufen am 8. 2. 2019).

28 Siehe: https://www.cia.gov/library/publications/resources/the-world-factbook/rankorder/2102rank.html (zuletzt aufgerufen am 8. 2. 2019).

29 Siehe: http://www.rki.de/DE/Content/Gesundheitsmonitoring/ Gesundheitsberichterstattung/GBEDownloadsK/2014_2_soziale_ unterschiede.pdf?__blob=publicationFile (zuletzt aufgerufen am 8. 2. 2019).

30 Ebd.

31 Siehe: https://www.axa.co.uk/newsroom/media-releases/2006/ money-sickness-syndrome-could-affect-almost-half-the-uk-population/?_ga=2.253597069.547630596.1526991451–694634603. 1526991447 (zuletzt aufgerufen am 8. 2. 2019).

32 Siehe: http://www.gluecksforschung.de/Botenstoffe.htm (zuletzt aufgerufen am 8. 2. 2019).

33 Hanno Beck, *Geld denkt nicht*, München 2012, S. 147.

34 Liu, Z; Liu, T; Mu, S., »Mental accounting in decision-making for self versus others«, in: *Journal of Neuroscience, Psychology, and Economics*, 10, 2–3, 81–94, June 2017. Online unter: https://www. researchgate.net/publication/319115522_Mental_Accounting_in_ Decision-Making_for_Self_Versus_Others (zuletzt aufgerufen am 8. 2. 2019).

35 »Entwicklung der durchschnittlichen Neuwagenpreise in den Jahren 1995 bis 2017 in Deutschland (in Euro)«, online unter: https:// de.statista.com/statistik/daten/studie/36408/umfrage/durch schnittliche-neuwagenpreise-in-deutschland/ (zuletzt aufgerufen am 8. 2. 2019).

36 Kahneman, *Schnelles Denken, langsames Denken*, München 2012, S. 152.

37 Kahneman, ebd., S. 154.

38 Prof. Dr. Jens Winter, Verena Riem, »Behavioral Real State – der

Framing-Effekt und der Ankereffekt in der Immobilienwirtschaft«, in: *Immobilien & Finanzierung*, Heft 7/2018, S. 291.

39 »Anzahl der Marktforschungsinstitute in Deutschland in den Jahren 1986 bis 2017«, online unter: https://de.statista.com/statistik/ daten/studie/161536/umfrage/anzahl-der-marktforschungsinsti tute-in-deutschland-seit-1986/; »Umsatz der Marktforschungs-institute in Deutschland in den Jahren 1986 bis 2017 (in Millionen Euro)«, online unter: https://de.statista.com/statistik/ daten/studie/161551/umfrage/umsatz-der-marktforschungsinsti tute-in-deutschland/ (beides zuletzt aufgerufen am 8. 2. 2019).

40 Siehe: https://www.focus.de/wissen/experten/ludwig/der-coolidge-effekt-untreue-phaenomen-warum-maenner-fremdgehen-mues sen_id_3183970.html (beides zuletzt aufgerufen am 8. 2. 2019).

41 Boniversum, Microm, Creditrefom, *SchuldnerAtlas 2017*, online unter: https://www.creditreform.de/fileadmin/user_upload/crefo/ download_de/news_termine/wirtschaftsforschung/schuldner atlas/2017_Analyse_SchuldnerAtlas.pdf, S. 7 (zuletzt aufgerufen am 8. 2. 2019).

42 Siehe: http://www.badische-zeitung.de/wirtschaft-3/von-dem-geld-das-wird-nicht-haben-kaufen-wir-unnoetig--113429816.html (zuletzt aufgerufen am 8. 2. 2019).

43 Boniversum, Microm, Creditrefom, *SchuldnerAtlas 2017*, a.a.O., S. 70.

44 Stefan Thomas: *Exklusion und Selbstbehauptung. Wie junge Menschen Armut erleben*, Frankfurt am Main 2010, S. 105.

45 »Anfragen von Banken nach einer SCHUFA-Auskunft im Rahmen der Kreditkonditionenermittlung in Deutschland von 2015 bis 2017«, online unter: https://de.statista.com/statistik/daten/ studie/879595/umfrage/schufa-auskuenfte-im-rahmen-der-kredit konditionenermittlung-in-deutschland/ (zuletzt aufgerufen am 8. 2. 2019).

46 Siehe: https://www.schufa.de/media/editorial/ueber_uns/bilder/ studien_und_publikationen/kredit_kompass/skk_2018/SCHUFA_ Kredit-Kompass-2018.pdf , S. 27 (zuletzt aufgerufen am 8. 2. 2019).

47 »Höhe der Konsumausgaben privater Haushalte in Deutschland von 1991 bis 2017«, online unter: https://de.statista.com/statistik/ daten/studie/155148/umfrage/private-konsumausgaben-in-deutsch land-zeitreihe/ (zuletzt aufgerufen am 8. 2. 2019).

48 Siehe: https://www.musterhaushalt.de/durchschnitt/einkommen-und-ausgaben/singlehaushalt/ (zuletzt aufgerufen am 8. 2. 2019).

49 »Beliebteste Geldanlagemöglichkeiten (Besitz im Haushalt) in Deutschland von 2014 bis 2018«, online unter: https://de.statista.com/statistik/daten/studie/171481/umfrage/geldanlagen-im-haushalt/ (zuletzt aufgerufen am 8. 2. 2019).

50 »Das Volk der bequemen Sparer«, in: *Frankfurter Allgemeine Zeitung*, 24. 8. 2018, S. 25.

51 Siehe: https://www.t-online.de/unterhaltung/kino/id_65154536/allianz-berechnet-hobbit-schaeden.html (zuletzt aufgerufen am 5. 8. 2019).

52 Michael Opoczynski, Stefan Horn, *WISO – rundum gut versichert*, Frankfurt am Main 2013, S. 14.

53 Siehe: http://www.faz.net/aktuell/gesellschaft/kriminalitaet/prozess-tatort-wiehltalbruecke-unfallverursacher-verurteilt-1255628.html (zuletzt aufgerufen am 11. 2. 2019).

54 Nur wer vor dem 2. Januar 1961 geboren ist, bekommt noch eine Rente wegen Berufsunfähigkeit aus der gesetzlichen Rentenversicherung ausgezahlt. Aber auch nur dann, wenn der Anspruch bereits vor dem 31. Dezember 2000 bestand.

55 Deutsche Rentenversicherung, »Erwerbsminderungsrente: Das Netz für alle Fälle«, 13. Auflage (08/2018), online unter: http://www.deutsche-rentenversicherung.de/cae/servlet/content blob/232616/publicationFile/49858/erwerbsminderungsrente_das_netz_fuer_alle_faelle.pdf, S. 5 (zuletzt aufgerufen am 11. 2. 2019).

56 Kristiana Ludwig, »Risikofaktor Schicksal«, in: *Süddeutsche Zeitung*, 9. 8. 2018, S. 4.

57 Ebd.

58 Britta Langenberg, »Wenn der Körper nicht mehr kann«, in: *Capital*, 1. 6. 2018, S. 128, online unter: https://www.capital.de/geld-versicherungen/wenn-der-koerper-nicht-mehr-kann (zuletzt aufgerufen am 11. 2. 2019).

59 »Anzahl der Personen in Deutschland, die eine Berufsunfähigkeitsversicherung im Haushalt haben, von 2013 bis 2017«, online unter: https://de.statista.com/statistik/daten/studie/250108/umfrage/personen-mit-berufsunfaehigkeitsversicherung/ (zuletzt aufgerufen am 11. 2. 2019).

60 Nadine Oberhuber, »Achtung, unnötige Versicherung!«, in: *Frankfurter Allgemeine Sonntagszeitung*, 27. 5. 2018.

61 Siehe: https://www.morgenundmorgen.com/downloadcenter/ PRESSEMITTEILUNGEN/2017_05_10_PM_MM_BU_Rating.pdf (zuletzt aufgerufen am 11. 2. 2019).

62 Siehe: https://www.faz.net/aktuell/finanzen/meine-finanzen/geld-ausgeben/geldanlage-frauen-sind-risikoscheuer-als-maenner-15595208.html (zuletzt aufgerufen am 21. 2. 2019).

63 Siehe: https://www.zeit.de/2015/47/geld-anlegen-frauen-finanz markt/seite-3 (zuletzt aufgerufen am 21. 2. 2019).

64 Bei Hebelzertifikaten werden Gewinne oder Verluste mit einem Faktor x multipliziert.

65 Penny Stocks sind hochspekulative Aktien, die unter einem Euro gehandelt werden.

66 »Zahl der direkten Aktionäre in Deutschland von 1996 bis 2017«, online unter: https://de.statista.com/statistik/daten/studie/75227/ umfrage/zahl-der-direkten-aktionaere-in-deutschland (zuletzt aufgerufen am 11. 2. 2019).

67 Siehe: https://www.eu2007.de/studie-10-millionen-deutsche-spielen-offenbar-regelmaessig/ (zuletzt aufgerufen am 11. 2. 2019).

68 Das ganze Video gibt es hier zu sehen: https://www.tagesschau. de/multimedia/video/video-231567.html (zuletzt aufgerufen am 11. 2. 2019).

69 https://www.tu-ilmenau.de/fileadmin/media/fin/Schriften/Schriften_zur_Finanzwirtschaft_Heft10.pdf , S. 21; https://www.fuw.ch/ article/die-anatomie-der-spekulationsblase/

70 »Altersstruktur der Aktienbesitzer in Deutschland in den Jahren 1997 bis 2014«, online unter: https://de.statista.com/statistik/ daten/studie/413492/umfrage/anzahl-der-aktienbesitzer-in-deutschland-nach-alter/ (zuletzt aufgerufen am 12. 2. 2019).

71 Siehe: http://www.faz.net/aktuell/finanzen/finanzmarkt/studie-dax-weiter-mehrheitlich-in-auslaendischer-hand-15559163.html (zuletzt aufgerufen am 12. 2. 2019).

72 André Kostolany, *Die Kunst über Geld nachzudenken*, München 2000, S. 119.

73 Ebd. S. 127.

74 Rolf Daxhammer, Máté Fascar, *Behavioral Finance*, Konstanz 2018, S. 9.

75 https://www.amboss.com/de/wissen/Kleinhirn (zuletzt aufgerufen am 13. Juli 2019).

76 Rolf Daxhammer, Máté Fascar, *Behavioral Finance*, Konstanz 2018, S. 172.

77 Siehe: https://www.welt.de/wirtschaft/bilanz/article163263857/Warum-Patrioten-an-der-Boerse-draufzahlen.html (zuletzt aufgerufen am 21. 2. 2019).

78 Rolf Daxhammer, Máté Fascar, *Behavioral Finance*, Konstanz 2018, S. 257.

79 https://www.welt.de/gesundheit/psychologie/article2759355/Forscher-entschluesseln-Ursachen-der-Geldgier.html (abgerufen am 13. Juli 2019)

80 »Anzahl der weltweit verwalteten ETFs von 2004 bis 2017«, online unter: https://de.statista.com/statistik/daten/studie/219379/umfrage/anzahl-der-etfs-weltweit-seit-1997/ (zuletzt aufgerufen am 12. 2. 2019).

81 Ingo Narat, »Börsengehandelte Indexfonds, eine simple Idee«, in: *Handelsblatt*, 3. 12. 2018, S. 33.

82 Siehe: https://www.finanztip.de/presse/pm-finanztip-msci-world-rendite/ (zuletzt aufgerufen am 13. 2. 2019).

83 Siehe: https://www.tagesschau.de/wirtschaft/ratings102.html (zuletzt aufgerufen am 13. 2. 2019).

84 Siehe: https://www.sueddeutsche.de/wirtschaft/bundesbank-es-nuetzt-nichts-deutschlands-gold-zurueckzuholen-1.3640317 (zuletzt aufgerufen am 14. 2. 2019).

85 Siehe: https://www.welthungerhilfe.de/hunger/ (zuletzt aufgerufen am 14. 2. 2019).

86 Marcus Jauer, »Korn der Welt«, in: *Frankfurter Allgemeine Zeitung*, 24. 12. 2018, S. 22, online unter: https://www.faz.net/aktuell/race-to-feed-the-world/race-to-feed-the-world-korn-der-welt-15961146.html (zuletzt aufgerufen am 14. 2. 2019).